中国档案学会
2024年度学术论文集

—— 档案学基础理论篇

中国档案学会档案学基础理论学术委员会◎编

中国文史出版社

图书在版编目（CIP）数据

中国档案学会 2024 年度学术论文集 . 档案学基础理论篇 / 中国档案学会档案学基础理论学术委员会编 .

—— 北京 : 中国文史出版社 , 2024.8.

—— ISBN 978-7-5205-4760-4

Ⅰ . G270-53

中国国家版本馆 CIP 数据核字第 2024K79N80 号

责任编辑：戴小璇　詹红旗

出版发行：中国文史出版社

社　　址：北京市海淀区西八里庄路 69 号院　邮编：100142

电　　话：010-81136606　81136602　81136603（发行部）

传　　真：010-81136655

印　　装：北京中科印刷有限公司

经　　销：全国新华书店

开　　本：787×1092　1/16

印　　张：132

字　　数：2400 千字

版　　次：2024 年 11 月北京第 1 版

印　　次：2024 年 11 月第 1 次印刷

定　　价：398.00 元（全 6 册）

出版说明

　　2024 年是实现"十四五"规划目标任务的关键一年，推动档案事业高质量发展是"十四五"期间档案工作的核心主题。在这关键一年，探讨档案事业高质量发展的理论与实践具有重要意义，有助于形成中国自主的档案事业高质量发展新理论，探索中国式现代化档案新实践，谱写新时代档案事业发展新篇章。为提供档案事业高质量发展理论研究与特色实践的学术交流平台，中国档案学会档案学基础理论学术委员会组织开展档案事业高质量发展理论与实践征文活动，各地档案工作者积极响应，结合本单位档案工作实际与个人学术思考，踊跃提交论文。经评议遴选，结集汇编为《中国档案学会2024 年度学术论文集——档案学基础理论篇》。入选论文主要围绕推动档案事业高质量发展主题，研究探讨了档案事业高质量发展的相关理论、技术手段与应用实践。

目 录

国家文化数字化战略下档案馆文化传播研究

周林兴　殷名

上海大学文化遗产与信息管理学院

摘要：《关于推进实施国家文化数字化战略的意见》指明要"增强文化的传播力、吸引力、感染力"，为档案馆文化传播作出政策引导。在此语境下，档案馆应以提高社会公众文化素质、弘扬中华民族文化传统、提升爱国主义教育效果为目标，加大优质文化资源供给、加强馆际数字传播效能、加宽受众情感体验领域、加速新兴技术落地应用，打造文化传播高地。

关键词：档案文化；文化传播；文化数字化战略

0 引言

文化传播是文化强国的重要举措与工作基石，是中华文化全景呈现的切实方向。2022 年 5 月，中共中央办公厅、国务院办公厅出台的《关于推进实施国家文化数字化战略的意见》(以下简称《意见》)以"中华文化数字化成果全民共享、优秀创新成果享誉海内外"为主要目标，在工作原则中指明要"增强文化的传播力、吸引力、感染力"[1]，为激活文化资源、共享文化成果作出方向指引，彰显在文化数字化战略落实中文化传播的核心地位。不仅如此，习近平总书记多次提到要讲好中国故事、传播好中国声音[2]，不断提升中国文化感染力和中华文明影响力[3]，将文化传播摆在习近平文化思想的突出位置，把提升中华文化的传播效能作为展示中华文化独特魅力的重要手段。这一语境下，档案作为人类社会实践活动的产物，是"贮存和传播知识的一种形式"[4]，在蕴藏着丰富多样文化内涵的同时承载着文化传播使命。其中，档案是社会记忆的"记忆体"[5]，兼具文化记忆留存、信息储备、传播交流、教育启迪及休闲娱乐等多元功能，能够储存、激发和建构人类的情感体验[6]，是将浩如烟海的中华历史和文化以具象化的形态加以挖掘、保护和传播的重要资源基础。而档案馆汇聚了大量珍贵的档案资源，拥有厚重的历史文献积淀和深邃的文化底蕴，不仅是档案贮存和管护的重要机构、公共文化服务体系的核心支柱力量 [7]，更是文化强国的主要阵地、文化传播的重点单位。因此，档案馆有责任有义务有能力承担起文化记忆、传承、社会教育与服务的时代使命，在提高公众文化素质、弘扬民族文化传统、提升爱国教育效果中发扬档案文化传播功能，为国家文化数字化战略的落实和习近平文化思想的贯彻作出有效探索和范式借鉴。

1 国家文化数字化战略下档案馆文化传播的目标取向

新一轮科技革命和产业变革深入发展，为文化数字化发展拓展了广阔空间，为建设社会主义文化强国提供了新的机遇。档案馆能够从公众素质、民族传统、爱国教育三个维度发挥文化传播效能，推动新时代数字文化建设展现新图景。

1.1 提高社会公众文化素质

《意见》在首条工作原则中强调"坚持把社会效益放在首位"，《中华人民共和国档案法》（以下简称《档案法》）中明确"国家采取措施，加强档案宣传教育，增强全社会档案意识"，《中华人民共和国档案法实施条例》（以下简称《实施条例》）也提到要"普及档案知识，传播档案文化""促进档案资源的社会共享"。可见，档案馆文化传播的首要目标在于满足社会公众的文化需求，这是档案馆在特定的社会文化规约下行使文化传承、文化启蒙与文化沉淀的历史使命和文化意义 [8]，直接关乎着社会公众整体文化素质的提升。理论基础方面，档案馆所藏的丰富史料构成了文化传承的基因库，其内容跨越时间长河，覆盖社会生活的最大广度与深度，既是学术研究的基石，也是社会公众构建历史观、价值观和文化认同的宝贵资源，是文化素质提升的理论根基所在。实践路径方面，档案馆通过数字化转型、开放获取政策以及多元的文化普及活动，降低了社会公众获取档案资源的门槛。数字时代的档案馆突破物理设施和场所，实践场域已然逐步延伸至网络空间，转移至各种信息传播媒介，形成多样化数字文化资源共享模态，并建设"主流媒体＋政府机构＋自媒体社交账号"的数字文化资源传播体系和层次，在文化数字化战略的引领下有效促进公众文化素质的广泛提升。

1.2 弘扬中华民族文化传统

《意见》聚焦中华优秀传统文化，要求"丰富中华民族文化基因的当代表达"。档案馆作为汇集"反映历史上各时期国家治理活动、经济科技发展、社会历史面貌、文化习俗、生态环境的"材料的场所，致力于以最为原始、客观、真实的文化形态传递中华民族文化传统的基本精神、价值取向、道德准则和伦理规范。因此，档案馆应以中华优秀传统文化为主要传播客体，把握民族文化传统的数据资源建设、服务和推广，挖掘其汇聚、增强人民精神力量的丰富含蕴。故《"十四五"全国档案事业发展规划》（以下简称《规划》）提出要"着力全方位收集反映党史、新中国史、改革开放史、社会主义发展史的档案材料"，《档案法》也指出档案馆要"传承发展中华优秀传统文化，继承革命文化，发展社会主义先进文化，增强文化自信，弘扬社会主义核心价值观"。此过程中，应当注重发掘民族文化传统和本土特色文献遗产资源，加大加粗民族传统文化符号、地方特色文化标识，建立民族文化数据库、地方文化数据库 [9]，以活态化档案文化资源赋能"中华文化数据库"，挖掘档案之于民族的情感价值，进而形成主流支流均衡、中心边缘并重的中华文化多维呈现，最大限度发挥档案馆在弘扬民族文化传统中的文化传播效能，强化中华民族文化认同感和传承感。

1.3 提升爱国主义教育效果

《意见》指出要充分利用学校等文化教育设施及公共场所，"搭建数字化文化体验的线下场景"。《档案法》强调要"加强档案宣传教育；鼓励档案馆开发利用馆藏档案，通过开展专题展览、公益讲座、媒体宣传等活动，进行爱国主义、集体主义、中国特色社会主义教育。"《规划》也进一步提出，到2035年，"档案文化教育能力明显提升"的发展目标。由此，档案馆的文化传播要以中小学为重要实践场地，搭建数字化文化传播的线下教育场景，设计符合青少年认知特点的爱国主义教育活动，提升爱国教育的实际效果与深度，突出传承爱国精神的关键效用。一方面，档案馆中的一次材料以直观、生动的方式重现历史场景，推动中小学生将抽象的爱国概念具体化、情境化，自然生发与深化民族自豪感和责任感这类爱国情感，于理智和情感双重层面上增强爱国情怀。另一方面，文化数字化战略下的档案馆充分利用网络平台与多媒体技术，已然将爱国主义教育场域延伸至各级各类学校，推动爱国教育资源抵达最广阔人群，特别是激发了青少年群体的兴趣与参与度。对此，档案馆应坚守中小学这一文化教育阵地，竭力将档案文化作为核心资源融入爱国教育体系中，以数字化文化传播为桥梁，全面发挥以档育人、以文化人的社会教化功能[10]。

2 国家文化数字化战略下档案馆文化传播的实践策略

文化数字化语境下，针对档案馆文化传播的发展现状，面向服务社会公众、弘扬民族传统、强化教育功能的三大取向，关联《意见》所明确的八大重点任务，可从资源、媒介、场景、技术四个维度展开，探讨档案馆文化传播的实践策略。

2.1 资源维度：加大优质文化资源供给

把握传播语境与传播主客体的双重变迁，全面开展文化资源的梳理、整合和盘活，加大档案馆传播过程中的优质文化资源供给，是文化数字化战略下的应有之义。一是主体向度，要架构档案系统内外协作、上下联动的工作格局，以多主体丰富档案馆文化资源供给，建构主体协同性档案馆文化传播模态。首先，坚持局馆协同，找准行业内各业务条线之间文化传播的切入点、特色点与合作点。如浙江省绍兴市档案局在部门单位的协作协同下，以编撰《记忆绍兴》来建构具有绍兴特色的馆际文化资源供给和传播路径。[11]其次，推进机构协同，链接档案馆文化传播多元主体。如上海市奉贤区档案馆与 10 余家单位共建联建"兰台联盟"——三公里文化服务圈，打造"联盟式"档案馆文化传播。[12]最后，促进社群合作，发挥社群的传播能动性。如非遗项目的申报和传播过程中，常以非遗传承人为主要参与者，积极发动社会力量与民间组织的文化资源供给能量。[13]二是客体向度，要聚焦中华优秀传统文化，提高档案馆文化传播资源数量、质量和丰富度。一方面，建立专业、权威的内容遴选机制，对档案馆文化传播内容进行把控，确立"内容为王"的传播原则。如 2021 年中央档案馆推出的《红色档案——走进中央档案馆》微纪录片便从整体性和局部性视点出发，内容翔实、内涵丰富地呈现出中国共产党的红色文化脉络。另一方面，打造档案文化旗舰品牌，增强档案馆文化传播的辐射力和影响力。如中国丝绸档案馆联合相关部门打造首个创新 IP"第七档案室"，已然取得突出成效。

2.2 媒介维度：加强馆际数字传播效能

如何把握传播行业的媒介变革和用户迁徙，加强档案馆文化全媒体传播体系建设、推动馆际与新媒体深度融合发展，是文化数字化背景给出的时代课题。因此，要借助媒介融合趋势，构建多方联动、开放立体的互动传播模式，强化档案馆数字文化传播效能。一是构建档案馆文化全媒体传播矩阵，打造"大屏 + 小屏"的一次传播体系。"大屏"上，联通纸媒等传统媒介，依托数字电视、广电 5G 网络等基础数字设施，拓展"馆际传播""客厅传播"空间，提高档案馆数字文化视听供给水准。"小屏"上，为社交媒体、短视频等移动客户端量身定制个性化多样性的档案文化数字内容，并积极实现不同媒介之间的内容互推与信息共享。例如，西安电子科技大学以"西电记忆"微信公众号为主，联合今日头条、豆瓣读书等多个数字传播平台，同时以系列读物形式抓牢线下场域，实现了档案馆文化编研成果全媒体联合传播。[14] 二是重视传播受众反馈效力，完善二次传播分享机制。平台建设上，积极拓展微信互动小程序、VR 全景网上展厅、3D 游戏等新式传播功能，并在全平台设置评论、弹幕、"对话厅"等即时反馈通道，建立传播主体和受众的需求互动与反馈机制。受众引导上，畅通用户多平台再传播渠道，增设精神与物质激励相结合的社群用户再传播激励机制，调动用户再传播行为热情。[15] 例如苏州档案部门跨省市联合举办的"海丝情忆展"以线上线下全流程共享、多要素融合互动模式引发了"主流媒体 + 社交媒体 + 自媒体"的三次传播浪潮，实现了全方位、多角度、沉浸式的档案馆文化传播。[16]

2.3 场景维度：加宽受众情感体验领域

文化数字化背景和融媒体环境的双重作用下，档案文化传播呈现更为复杂、多维和动态的特征，所以档案馆必须坚持用户分层原则，多维度、多层面、多场景地把握用户信息需求和情感需求。[17] 一是在社会层面关注公众需求的多元性，深化身份认同、文化认同等不同传播场景的情感体验。面向信息需求模糊的一般受众，在文化传播过程中创设具有真实感的虚拟情境，突出民族文化符号、英雄符号等群体符号，强化历史认知、国族认知和身份认知，引导个体情感能量的积聚和群体凝聚力的提升。[18] 面向信息需求明确的特殊受众，则通过在传播平台设立不同栏目等方式作出引导和指向，并通过与栏目相匹配的叙事风格触发公众情感共鸣。例如，《如果国宝会说话》纪录片以广泛的传播渠道和独特的传播内容为核心，满足了社会公众对该节目所呈现出的多类型情感趋向和差异化关注视角需求。[19] 二是在学校层面以传播红色档案文化为主要手段，深化爱国主义和集体主义教育。针对线上教学需求，整合红色档案教育资源，把握档案馆数字化文化传播的进程与特点，采用多媒体、线上展厅、3D 重建、教学游戏等形式展示红色档案，达到"1+1＞2"的"立体化传播"效果。[20] 针对线下需求，则应充分利用现有的公共文化设施，搭建数字化红色文化体验的线下场景，将红色档案资源融入学生熟悉的日常场域，在不知不觉间激发学生的爱国主义情怀。实践中，甘肃全省 90% 以上的红色旅游景区等免费开放，积极利用数字化文化资源和新媒体渠道为青少年学生开展特色教育实践活动和红色主题研学旅行开辟绿色通道。[21]

2.4 技术维度：加速新兴技术落地应用

多元数字信息技术与媒体体验技术的交融互渗是文化数字化战略下档案馆文化传播面临的全新挑战。档案馆在实现数字化转型升级的同时，还应提升数字化文化传播水平，加快文化传播产业数字化布局。一是夯实基础设施，实现智能硬件的集成与升级，打造档案馆文化"智慧传播"。在关联形成中华文化数据库的基础上，线下高效部署和更新智能服务设备，积极探索应用物联网、元宇宙等科技成果，于档案馆文化数字化线下传播场景中集成新型体验技术；线上深度融合各类现代信息技术，实现文字、图像、动画、视频及音乐等多元媒介的交织融合，生动立体地揭示档案馆文化资源的信息实质和精神内涵，拓宽受众对各类档案材料及其内容的认知边界和体验深度。如 VR/AR 技术可作为新时代档案馆文化传播的媒介工具，呈现"网上展览 +VR""移动客户端展览 +VR""档案基本陈列 +VR" 3 种档案展示形式。[22] 二是依托新兴技术搭建数字化文化传播平台，合理布局档案馆数字化文化传播业态。可根据不同档案文化资源的特性及受众需求有针对性、有侧重地选择、搭建数字化文化传播平台，平衡传统媒体与新兴媒体，实现档案文化分众式传播。[23] 如国风原创作者嘉玲以"实景拍摄 + 换装"模式重现《山海经》，精准打中抖音、哔哩哔哩、小红书等年轻化平台的传播侧重，在相关社交媒体平台上收获粉丝超 500 万。又如《只此青绿》舞蹈诗剧将档案文化元素融入舞台设计，以高水准的剧目质量登陆各大剧场，已演出 500 余场，海内外传播声量浩大，线下数字化文化传播场景逐步向线上蔓延。

3 结语

　　档案不是静止的存在，而是声量的聚集，从中可以听见鼓角争鸣，看见波澜壮阔，感受历史与文化的脉动。国家文化数字化战略下的档案馆需要聚合多元传播主体的跨界协作力量，提升以中华优秀传统文化为主的传播内容的质量与丰富度，更广更深利用新兴传播媒介，重视传播受众的互动与反馈，打造多层级、高效能的文化传播矩阵。未来，档案馆要着力资源、媒介、场景、技术四个维度的深化和发展，在文化传播中承担当代文化使命，坚定社会公众的文化自信、文化自觉。

注释及参考文献

[1] 新华社.中共中央办公厅 国务院办公厅印发《关于推进实施国家文化数字化战略的意见》[EB/OL].[2024-01-05].https://www.gov.cn/zhengce/2022-05/22/content_5691759.htm.

[2] 央广网.【每日一习话】讲好中国故事、传播好中国声音 [EB/OL].[2024-01-05]. https://news.cnr.cn/dj/sz/20230219/t20230219_526158241.shtml.

[3] 习近平:高举中国特色社会主义伟大旗帜 为全面建设社会主义现代化国家而团结奋斗——在中国共产党第二十次全国代表大会上的报告 [EB/OL].[2024-01-05].http://www. qstheory.cn/yaowen/2022-10/25/c_1129079926.htm.

[4] 吴宝康.从一个侧面看我国档案学研究的现状和动向——全国第一次档案学术讨论会论文专题评述 [J].档案学通讯,1982(Z1):10-38.

[5] 丁华东.论档案记忆研究思维的当代转变 [J].档案与建设,2023(7):8-13.

[6] 曲春梅.国外档案学研究的"情感转向" [J].档案学研究,2020(4):128-134.

[7] 苏君华.论公共档案馆融入公共文化服务体系建设 [J].浙江档案,2014(2):11-13.

[8] 周林兴.档案馆的社会文化建构功能研究 [J].档案学通讯,2017(4):42-45.

[9] 周林兴,张笑玮.国家文化数字化战略背景下图档博 (LAM) 协同发展研究 [J/OL]. http://kns.cnki.net/kcms/detail/23.1331.G2.20221228.1350.001.html.

[10] 周林兴,崔云萍.国家文化数字化战略下档案文化的建设路径探析 [J].档案学通讯,2023(2):10-17.

[11] 赵佳维.构建档案文化传播链 打造档案文化新高地 [J].浙江档案,2023(1):53-54.

[12] 胡琳娜.上海奉贤区档案馆"兰台联盟"文化服务圈建设正式启动 [EB/OL].[2024-05-20].http://www.zgdazxw.com.cn/news/2023-03/07/content_339824.htm.

[13] 周林兴, 殷名. 世界记忆项目的价值旨趣、空间向度与中国话语——兼评《传承人类记忆遗产——联合国教科文组织世界记忆项目研究》[J/OL]. 档案与建设. http://kns.cnki.net/kcms/detail/32.1085.G2.20240419.1338.004.html.

[14] 中国人民大学档案事业发展研究中心. 案例分享 | 年度档案工作创新提名案例之"全媒体背景下档案资源开发利用及档案文化传播力研究"项目 [EB/OL].[2024-05-20]. https://mp.weixin.qq.com/s/tUCPhNjb2C44OCQTgh1y_g.

[15] 罗宝勇, 胡丹. 基于扎根理论的档案社交媒体信息再传播行为影响因素研究 [J]. 档案与建设,2023(7):23-26.

[16] 中国人民大学档案事业发展研究中心. 案例分享 | 年度十佳优秀新媒体传播案例之档案文献遗产 立体式信息传播实践 [EB/OL].[2024-05-20].https://mp.weixin.qq.com/s/E0znDRevik7sXINHny5wUQ.

[17] 赵彦昌, 宋雪婷. 融媒体环境下档案文化传播路径研究——基于《"十四五"全国档案事业发展规划》的学术考察 [J]. 浙江档案,2022(6):23-26.

[18] 常大伟, 程芊慧. 国家文化数字化战略下红色档案文化传播体系建设研究 [J]. 档案与建设,2024(1):17-23.

[19] 苏君华, 宋帆帆. 基于情感分析的档案文化传播影响力研究——以《如果国宝会说话》为分析对象 [J]. 档案学研究,2023(1):91-99.

[20] 赵彦昌, 冯嘉然. 高校课程思政视域下红色档案文化传播路径研究 [J]. 北京档案,2023(2):31-34.

[21] 中国旅游报. 让红色基因代代相传——全国各地积极开展红色讲解员进校园活动 [EB/OL].[2024-05-20].https://article.xuexi.cn/articles/index.html?art_id=13966050384345098479&item_id=13966050384345098479&study_style_id=feeds_default&t=1656672338674&showmenu=false&ref_read_id=fd13eaa5-a2c3-457c-b551-9ac62c3b9519_17168550354 27&pid=&ptype=-1&source=share&share_to=wx_single.

[22] 付正刚, 项敏刚. 基于 VR/AR 的新时代档案文化传播展示方式研究 [J]. 中国档案,2024(2):64-65.

[23] 张文兰, 黄星. 国家文化数字化战略背景下档案文化传播力提升探赜 [J]. 山西档案,2023(4):80-88.

建构主义理论下乡村红色档案课程思政教学研究：设计原则、作用机理与开发路径

朱明龙　　孙军

扬州大学社会发展学院

摘要：乡村红色档案因其独有的乡土元素和红色文化，在唤醒学生乡村情怀、激发爱国情怀上具有独特的课程思政价值。本研究基于建构主义理论，分析乡村红色档案在育人理念、形式及情境方面的课程思政设计原则，运用同化、顺应、平衡三个认知阶段的作用机理，形成情境、交流、会话、意义构建四个维度的乡村红色档案课程思政路径，为档案学乡村红色档案课程思政提供借鉴。

关键词：建构主义理论；乡村红色档案；课程思政

0 引言

自 2014 年，上海市提出"课程思政"概念并率先在部分高校进行试点以来，课程思政已成为引导当代学生树立正确的国家观、民族观、历史观、文化观的重要教育举措。2020 年教育部发布的《高等学校课程思政建设指导纲要》明确要求"高等学校围绕构建高水平人才培养体系，不断完善课程思政工作体系、教学体系和内容体系"[1]。乡村红色档案承载着党领导群众在乡村地区开展武装斗争、建设社会主义的历史记忆，是高校课程思政建设的重要资源。作为高校课程思政教育改革的重要课题，当前诸多学者结合档案学专业课程实践教学对档案学课程思政进行探讨。有学者从新文科建设[2][3][4]、"双一流"建设[5]等国家政策驱动下建构档案学课程思政及人才培养体系，设计档案学课程思政教学方案。部分学者基于一级学科视角探讨课程思政改革方案[6]、课程思政专业实践[7]、课程思政与高质量学科人才培养等内容[8]。此外，也有学者从教师教学[9]、元宇宙场域[10]、数字人文[11]、

案例式教学[12]等视角创新档案学课程思政模式。但课程思政本质上属于一种教育活动，目前较少有学者在教育学相关理论框架下研究档案学专业课程思政建设路径，这为本文基于建构主义理论探讨乡村红色档案课程思政价值及实现路径提供思路。

1 建构主义理论下乡村红色档案课程思政的建设原则

建构主义理论最早可追溯至瑞士心理学家皮亚杰 (J.Piaget)，他认为个体的认知结构通过同化与顺应过程逐步建构起来，并在"平衡—不平衡—新的平衡"的循环中得到不断的丰富、提高和发展[13]。建构主义理论强调知识是学习者在一定的情境下借助他人的帮助，利用必要的学习资源，通过意义建构的方式而获得的，"情境""协作""会话"和"意义建构"是理想学习环境的构成要素，学生在学习新知识的过程中，自身思维图式的转变需要经历"同化—顺应—平衡"的基本过程。

1.1 坚持"以学生为中心"的育人理念

建构主义理论认为"教学目标应该与学生的学习环境中的目标相符合"。强调学生在学习过程中的中心地位。乡村红色档案数量庞杂、内容丰富，在选择和运用上应立足学生的生活背景、年龄层次、地域划分、认知结构等因素，优先选择与学生之间产生直接关联的乡村红色档案开展课程思政教学活动。同时，需要在完整的教学周期中围绕学生进行考量，实现教育前综合分析学生各项要素、教育中把握学生动向、教育后追踪教育成效，使得课程思政中乡村红色档案的选择和运用满足学生的知识需求、符合学生的认知结构。

1.2 依托"以设计为导向"的育人形式

建构主义理论提倡教师是学生建构知识过程中的帮助者和引导者，应通过创设符合教学内容要求的情景和提示新旧知识之间联系的线索，帮助学生建构当前所学知识。在课程思政学习过程中，教师应结合学生实际情况，以乡村红色档案作为教学工具，完整设计整个课程思政教育方案，引导学生主动去搜集并分析乡村红色档案的相关信息和资料，在课程思政教学过程中将乡村红色档案与整体教学目标融合，创设符合课程思政教学内容要求的乡村红色档案应用情境和提示新旧知识之间联系的线索。

1.3 打造"以资源为基础"的育人情境

在实际课程思政教学中，并非所有学生都会对课程思政内容产生原始兴趣，但多数学生能够在课程设计的教学情境的引导下建构起对课程思政内容的理解，进而积极投入相应的学习实践中。乡村红色档案课程思政需要打造以资源为基础的育人情境。乡村红色档案课程思政最直接的教学资源对象是乡村红色档案，其载体多样、内容丰富。在实际课程思政过程中要充分利用各类乡村红色档案资源，从形式的多样、内容的富集、内涵的深邃等方面充分挖掘乡村红色档案的课程思政元素。

2 建构主义理论下乡村红色档案课程思政的作用机理

建构主义理论认为，学生思维图式的转变需要经历"同化—顺应—平衡"三个基本过程。乡村红色档案课程思政教学过程中，传输乡村红色档案内容，让学生形成对乡村红色档案的初步认知（同化）；伴随教学进程的推进和认知的深入，乡村红色档案内涵与学生原有思维逐渐融合（顺应）；最终将两者融于一体，形成新的思维图式（平衡）。如图1所示。

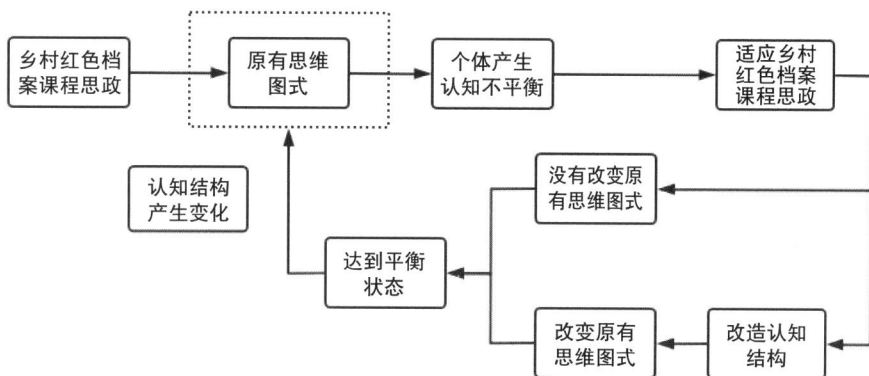

图 1　乡村红色档案课程思政基本过程

2.1 同化：乡村红色档案内容纳入学生思维图式

同化是个体把外界刺激所提供的信息整合到自己原有认知结构内的过程，这个过程是乡村红色档案经由课程思政吸收进来并结合到学生已有的思维图式的过程，学生经由同化形成对乡村红色档案的基本认知。在这个过程中学生能够初步接触乡村红色档案的各项信息，在思维层面形成对乡村红色档案的初步认知。学生通过教师在思政课程对乡村红色档案各类信息的传授，将相关信息吸纳进自己原有的思维图式中，学生的思维图式得到扩充，形成对乡村红色档案的初印象。出于对乡村的故土情结、党的奋斗历程的心理认同抑或优秀个人的偶像崇拜等心理，学生能够从情感认知层面接纳乡村红色档案，让乡村红色档案在课程思政教学的带动下成为自身思维图式的一部分。

2.2 顺应：乡村红色档案情境改造学生认知结构

顺应是个体的认知结构因外部刺激影响而发生改变的过程。建构主义理论认为学习是与一定的情境相联系的。在乡村红色档案课程思政过程中，学生的认知结构并不一定能完全接纳乡村红色档案的各类信息。而学生在课程思政同化过程中已经形成对乡村红色档案的初步认同，当课程思政过程中乡村红色档案无法被同化的情况下，学生能够在整体课程思政教学设计的牵引下逐渐改造自身认知结构，以达到对乡村红色档案新的认知。这种课程思政教学设计的牵引不再是表层化地向学生输出乡村红色档案信息，而是通过乡村红色档案教学资源的牵引促使学生对乡村红色档案进行深层次理解。

2.3 平衡：乡村红色档案内涵促进学生素养提升

平衡是个体通过同化和顺应使得外部信息环境与自身认知结构达到和谐状态的过程。当个体能够通过原有的思维图式同化新信息时，就处于一种平衡的认知状态；而当原有思维图式不能同化新信息时，认知平衡即被破坏，需要通过顺应的过程寻找新的认知平衡，使得个体在"平衡—不平衡—新平衡"的循环中得到不断发展。乡村红色档案形成时与学生处于不同的认知环境，在发挥课程思政价值方面必然从认知上造成差异。教师通过引导学生对乡村红色档案进行自主学习、交流协作，从中提取和凝练乡村红色档案的内涵，将这种内涵与课程思政的教学目标进行辩证融合，让学生对乡村红色档案内涵达成共识。

3 建构主义理论下乡村红色档案课程思政开发路径

　　"情境""协作""会话"和"意义建构"作为构建理想学习环境的四要素，贯穿于乡村红色档案课程思政。依托乡村红色档案资源，从情感角度搭建课程思政情景，以多方互动开展交流协作，通过共享会话促进学生思维创新，最终以深度阐释内涵实现乡村红色档案课程思政的意义构建，实现乡村红色档案的思政育人价值。如图 2 所示。

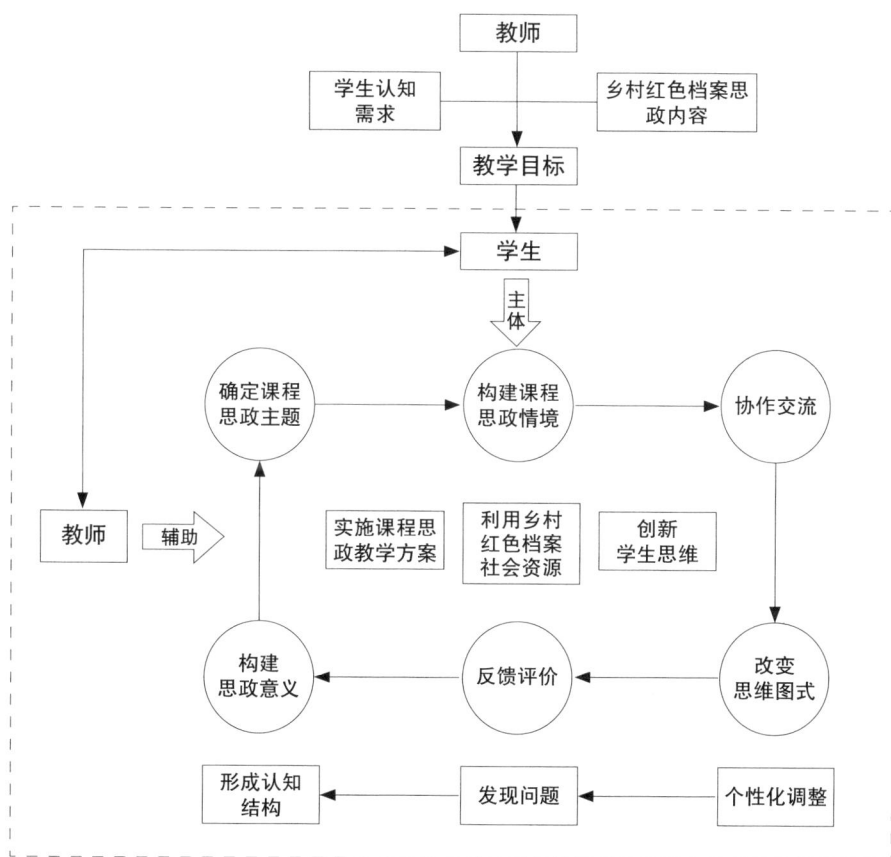

图 2　乡村红色档案课程思政路径展示图

3.1 情境：面向资源　勾连情感

基于建构主义理论的教学模式情境创设是实现乡村红色档案课程思政的关键。教师在这个过程中要面向乡村红色档案资源，创设有利于乡村红色档案课程思政学习主题的直观情境、社会情境及活动情境等，以此促进学生的自主学习和意义构建。教师需要寻找乡村红色档案与课程思政的逻辑关联，从历史背景、完整内容、深度内涵等多个方面与课程思政的教学目标紧密结合，力求乡村红色档案融入课程思政的全过程。在课程教学中，教师要综合考虑学生学习需求和课程思政教学需求，采用案例分析、专题研讨等途径设置完整的情境，在启发和引导学生进行自主学习的同时，达到乡村红色档案课程思政育人的教学目标，形成满足学生课程思政学习、启发学生综合素养提升的学习情境。通过各类乡村红色档案资源与课程思政教学的紧密结合，能够形成多种对学生情感产生深远影响的教学情境，使学生在良好的情境下实现综合素养的全面提升。

3.2 协作：多方互动　开拓形式

建构主义理论认为学习者与周围环境的交互作用，对学习资料的搜集与分析、假设的提出与验证、学习成果的评价乃至意义的最终建构均有重要作用，乡村红色档案课程思政教育过程中要根据教师的组织和引导，师生、生生之间进行多方互动。教师围绕乡村红色档案某一特定对象或内容进行课程思政教学展示，在教师示范之后，通过轮番展示的形式对学生的自主学习内容进行具体评价反馈，示范和引导学生参与到乡村红色档案课程思政的讨论中。此外，在多种情境的支持下乡村红色档案课程思政的协作形式也进一步得到拓展。在理论学习中，教师可以通过小组汇报、专题展示、案例分析等形式构建学生原有知识与乡村红色档案课程思政之间的联系。在实践教学下，学生通过接触实物、人物对话、沉浸体验等形式，自发产生自身与乡村红色档案的深度对话，在协作中形成整个学习群体对乡村红色档案课程思政教学内容的意义构建。

3.3 会话：共享交流　创新思维

会话是协作过程中不可缺少的环节。教师与学生需要通过会话商讨如何完成规定的课程思政教学计划。会话应贯穿于整个乡村红色档案课程思政教学过程中。教学前，教师和学生通过会话交流，在为具体的教学课程设计提供调研依据的同时，学生也能了解乡村红色档案课程思政的教学目标、教学内容和教学过程。在教学过程中，通过会话，教师及时了解学生对乡村红色档案知识的掌握程度，整体把握教学进程，以便及时调整课程设计，顺利实现乡村红色档案课程思政教学目标。在教学后，师生通过会话及时对乡村红色档案课程思政进行总结交流，促进课程思政教学的创新升级，加快乡村红色档案和课程思政的融合，更好的发挥乡村红色档案课程思政价值。

3.4 意义建构：深化认知　阐释内涵

意义构建是整个乡村红色档案课程思政的最终目标，学生通过课程思政教学能够深刻理解乡村红色档案的性质、规律并与之形成内在联系，促进自我素养的提升。乡村课程思政过程中，教师要将构建学生认知与乡村红色档案的联系作为课程思政的最终目标。一方面，教师自身要明确乡村红色档案与课程思政的内在联系，寻求二者的共性之处，以此为蓝本进行整个课程思政教学设计；另一方面，乡村红色档案在课程思政中充当教学情境的作用，其最终落脚点应在课程思政教学效果上。教师在实际教学中要将乡村红色档案课程思政的内涵进行阐释，在讲解乡村红色档案时引入相关的思政内容，让思政内容能够通过乡村红色档案与学生建立内在关联。内涵阐释下，学生能够直接或间接对乡村红色档案中的红色故事、红色记忆、红色精神进行感知，由此引发为国家建设、人民幸福奋斗的理想信念，形成高尚正确的世界观、人生观和价值观，激励学生不懈奋斗，实现学生综合素养的全面提升。

注释及参考文献

[1] 中华人民共和国教育部.教育部关于印发《高等学校课程思政建设指导纲要》的通知 [EB/OL].[2020-06-01].http://www.moe.gov.cn/srcsite/A08/s7056/202006/t20200603_462437.html.

[2] 卞咸杰.新文科背景下档案学专业课程思政建设 [J].档案管理,2021(6):102-103.

[3] 赵雪芹,胡慧慧,李天娥.新文科背景下档案学研究生课程思政建设：内涵、问题与路径 [J].档案与建设,2022(7):37-40.

[4] 邓君,钟楚依,胡程杰,等.新文科背景下吉林大学档案学专业课程思政建设模式研究 [J].档案学研究,2023(2):50-58.

[5] 武青艳,冯甫,刘燕."双一流"建设背景下档案学课程思政教育模式创新研究 [J].档案管理,2023(1):90-91,94.

[6] 邓三鸿,罗萍,刘素洋,等.图书情报与档案管理学科"思政育人"格局构建与实施路径——以南京大学为例[J].图书情报工作,2022(1):22-29.

[7] 张久珍,步一,李世娟,等.图书情报与档案管理学科课程思政实践——以北京大学为例[J].图书情报工作,2022(1):4-10.

[8] 张靖,陈晨.课程思政与人才培养高质量发展——中山大学信息管理学院的实践和思考[J].图书情报工作,2022(1):39-45.

[9] 加小双,徐拥军,闫静.基于教师视角的档案学专业课程思政建设的现实进展、困境与对策分析[J].档案学通讯,2023(2):18-24.

[10] 杜梅."元宇宙"场域下的档案叙事融入案例式课程思政的内在逻辑与实现机制探讨[J].档案管理,2022(6):86-88.

[11] 王震.数字人文方法驱动红色档案打造课程思政 2.0 版的实现路径研究[J].档案管理,2022(5):94-95.

[12] 闫静,李雪婷."案例式思政"在档案学类课程思政建设中的教学实践——以"海邦剩馥 侨批档案"为例[J].档案与建设,2023(2):45-49.

[13] 高文,徐斌艳,吴刚.建构主义教育研究[M].北京:教育科学出版社,2008.

档案出境全流程风险管控：理论依据与实践策略

王兴广

中国人民大学信息资源管理学院

摘要：强化档案出境全流程风险管控，是弥补现行档案出境监管模式弊端、提升档案出境安全治理效能的内在要求。本文围绕总体国家安全观、档案治理理论、风险管理理论、回应性监管理论对于档案出境全过程风险管控的指导意义进行了阐释分析，并从事前评估、事中告警、事后溯源三个方面总结提出了加强档案出境全流程风险管控的实践策略。

关键词：档案出境；风险管控；档案安全；全程管理；档案监管

0 引言

2024 年 3 月 1 日，我国正式施行《中华人民共和国档案法实施条例》（以下简称《档案法实施条例》）。在《中华人民共和国档案法》（以下简称《档案法》）的基础上，《档案法实施条例》第二十七条对档案出境的规定予以细化和创新，从"法法衔接"的角度首次强调"档案或者复制件出境涉及数据出境的，还应当符合国家关于数据出境的规定"。自首部《档案法》出台以来，档案出境始终是我国档案立法的重点规制范畴。然而，不论是法律设计还是实践操作，当前我国档案出境监管主要聚焦于实体档案出境的安全审查，其规制视角尚需从"中前端"到"全流程"延伸。

档案出境面临的安全风险错综复杂，直接关涉国家安全、公共利益和公民合法权益，对其开展全流程风险管控极为必要。鉴于此，本文以《档案法》《档案法实施条例》为遵循，旨在从合理性的视角分析档案出境全过程风险管控的理论依据，并总结提出未来实践策略，以期为树牢档案出境安全防线、构建档案出境良性监管秩序提供参考和借鉴。

1 档案出境全流程风险管控的理论依据

1.1 总体国家安全观：统领档案出境风险管控的价值目标

2014 年 4 月，习近平总书记首次创造性地提出"总体国家安全观"并予以系统论述。总体国家安全观深刻揭示了国家安全的内在规律，以"五大要素""五对关系"之间的辩证统一为逻辑基点，实质是一种全面、完整且系统的高级、非传统国家安全观，强调对传统国家安全观与低级、非传统国家安全观的丰富、深化与超越 [1]，实现传统与非传统国家安全要素的统筹兼顾。

在总体国家安全观的指导下，档案安全的概念实现了传统意义上的突破，更为关注风险管理、全程控制，以及维护国家安全、公共利益与数据主权的重要性。开展档案出境全流程风险管控，应坚决贯彻总体国家安全观，依托全局性、系统性、综合性思维对档案出境的各种安全风险予以精准识别、研判与化解，着力避免档案出境由特定地域、场景的"局部性"风险逐步叠加扩散为威胁国家安全的"全局性"风险 [2]，助力档案出境安全监管效能提升。

1.2 档案治理理论：指导档案出境风险管控的合规善治

"档案治理"是治理理论在档案领域落地应用的具化产物，对于促进新时代国家治理体系和治理能力现代化具有基础性支撑作用。总体而言，档案治理体系是由善治、法治、共治、分治、智治五要素及其相互关系构成的具有一定结构和功能的系统，分别对应为治理目标、原则、主体、对象和手段五个维度，在理论层面表征为"价值层""行为层""技术层"构成的"三层五维"逻辑体系。[3]

档案治理理论倡导的治理依据合法正当、治理主体多元协同、治理手段整体精准等核心要义，对于推动档案出境风险管控实现合规善治具有指导意义。从要素构成而言，档案"分治"强调对档案事业发展的深层次现实问题予以精准治理、分类监管，为基于关键节点开展档案出境全流程风险管控提供了科学依据，有助于实现档案安全监管资源的优化配置，确保国家安全、公共利益和个人隐私处于不受内外威胁的安全状态。

1.3 风险管理理论：明确档案出境风险管控的直接依据

风险管理理论整体上经历了"传统风险管理—整体性风险管理—全面风险管理"的发展阶段，目前在诸多学科领域已有所落地与应用。风险管理是指通过风险识别、衡量、风险控制等，综合运用多种风险管理技术并予以优化组合，实现对风险的有效控制并对风险所致后果进行妥善处置，其目标是借助"最小化风险成本"获得最大化的安全保障。[4]

具言之，档案出境及其再转移的过程中，潜藏着被篡改、损毁、遗失及滥用等多重风险，一旦发生便可能对国家主权和安全、公共利益以及个人合法权益等构成不可预见的深远影响。依据风险管理理论，可综合采用背景建立、风险评估、风险处理、批准监督、监控审查、沟通咨询等基本手段，精准纾解档案出境在不同阶段的特定风险，从而实现档案出境风险管控的精准治理。

1.4 回应性监管理论：提供档案出境风险管控的路径指引

回应性监管理论起源于国际博弈论、法社会学与犯罪学领域[5]，基于"治理术""法律自创生""回应性法"等理论逐步拓展、完善为民主治理理论，并促进了"聪明监管""后设监管""优基监管""节点治理"等诸多衍生性理论的创生。[6]该理论倡导构建一种介于政府和非政府机构二者之间的合作型监管新范式，引导监管主体从秉持狭义的单一"政府监管"模式向树立广义的"大监管"观念转变。

档案部门可将回应性监管理论作为方法论，在扩充监管主体、明晰主体权责边界的基础上重塑档案出境监管的传统格局，推动档案出境监管走向善治。一方面，回应性监管理论体系中的"聪明监管""节点治理"理论对于厘清档案出境监管权责、推动合作型监管治理、强调第三方监管等具有指导作用；另一方面，"后设监管""优基监管"理论为档案出境方自我监管、探索档案出境安全风险自评估等提供了理论依据。

总体而言，总体国家安全观、档案治理理论、风险管理理论、回应性监管理论作为本文的理论基础，并非"非此即彼"的割裂性关系，其对于指导档案出境全流程风险管控各有侧重，"宏观层—中观层—微观层"的内生逻辑可表征其内在关联。在宏观层面，总体国家安全观之于档案出境全流程风险管控发挥"价值观统领"的作用，对于促进档案安全治理效能提升具有重要意义；在中观层面，档案治理理论的"共治""分治"等核心要义有助于为档案出境全流程风险管控实践提供方法论指导，推动构建档案出境安全监管的良性秩序；在微观层面，风险管理理论、回应性监管理论共同为档案出境全流程风险管控提供理论依据或参照路径，有助于全过程风险管理和合作性监管治理的落地实现。

2 档案出境全流程风险管控的实践策略

2.1 事前评估：构建档案出境风险评估的复合模式

档案部门应采用源头防治的管控目标，在档案出境前重点对档案出境目的、范围、方式、流向等的合法性、正当性、必要性予以确认与审查，着力构建档案出境安全"自评估—风险评估"复合评估模式（参见图 1）。

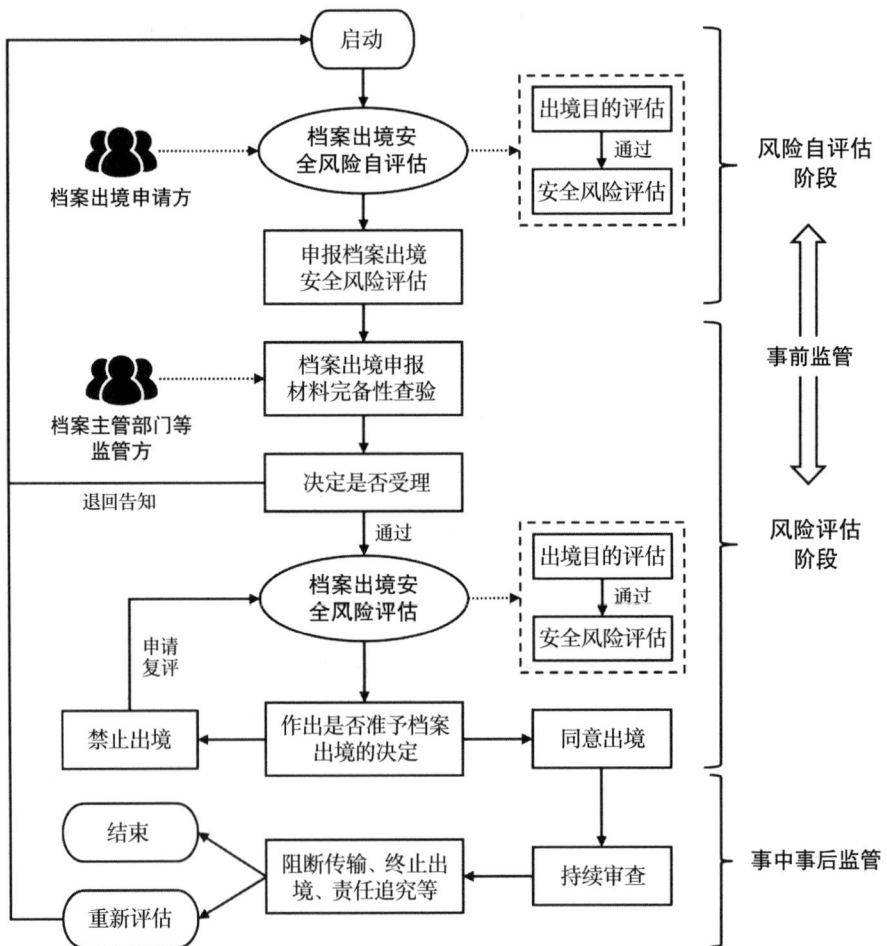

图 1　档案出境复合评估的指导流程

一方面，探索开展档案出境安全风险自评估。作为回应性监管理论的衍生产物，"后设监管"理论强调监管对象应构建适用于自身的内部监管模式，是"命令—控制"型传统监管模式的有益补充。[7] 在数据领域，中央网信办出台的《数据出境安全评估办法》《个人信息和重要出境安全评估办法（征求意见稿）》等制度文件对数据出境安全评估作出明确要求，确立了风险自评估和安全评估相结合的基本原则。鉴于此，档案主管部门可以引导档案出境申请方开展自我监管，探索引入档案出境安全风险自评估模式。这不仅有助于以低成本的形式规避档案违法出境的法律风险，同时能够纾解档案主管部门的监管压力，推动构建档案出境合规监管的良性秩序。

另一方面，持续加强档案出境安全风险评估。按照现行档案法律法规，档案主管部门可将档案出境行政许可审批工作纳入"事前评估"的监管范畴。加强档案出境安全风险评估，档案主管部门除对必要的档案出境申请材料进行合法性审查外，还应重点对出境档案接收方的国家法律政策环境、主体能力资质、权责归属、安全管控条件等开展严格评估。对于涉及出境风险或具有重要保存价值的档案，应引导档案出境方对其予以复制、备份等。国外档案立法对此已有涉及，如冰岛《1985 年国家档案馆法》规定，档案馆有权在具有重要学术价值的私人档案出境前对其进行电子或其他方式的复制。[8]

2.2 事中告警：注重档案出境安全风险的过程管控

"事中告警"强调确保档案跨境传输过程的安全可控，针对出境档案存在异常流向或非法转移、传输通道被攻击或破坏以及档案被动出境等潜在风险，采取威胁告警、终止档案出境等策略。

一方面，加强档案主管部门与海关部门协同共治。档案主管部门应切实履行档案出境的法定监管权责，着力推动构建与海关部门的协同监管工作机制。具体而言，针对实体档案出境，海关应认真履行档案出境审查批准文件的"查验放行"职责，对涉及违规出境的档案或其复制件采取没收、阻断传输、移交档案主管部门等措施，并按照《档案法》规定对档案出境方予以罚款或其他形式的责任追究。

另一方面，聚焦档案数据互联网传输出境予以重点管控。《档案法实施条例》明确指出，"档案或者复制件出境涉及数据出境的，还应当符合国家关于数据出境的规定"。这即要求，针对档案数据出境这类特殊情形，档案主管部门应着力突破、消除既有法律制度应用于档案数据出境监管而可能出现的"失灵"现象，重点围绕档案数据出境风险管控加强制度设计与标准供给，以着力规避因档案数据出境的"流动隐蔽性"而带来的潜在安全风险。除此之外，档案主管部门应注重加强与国家网信部门、保密主管部门、专业机构等的协同合作，围绕档案数据非法出境的阻断传输加强专项研究和技术攻关，不断提升档案数据出境安全风险的感知监测与追踪应对能力。

2.3 事后溯源：强化档案出境安全监管的末梢延伸

"事后溯源"作为档案出境风险全过程管控闭环的后置性环节，对于抑制、防范日益复杂的档案出境安全风险具有不容忽视的补救性、决策性功能。为此，档案主管部门应积极推动档案出境安全监管向末梢延伸，以监管闭环筑牢档案出境安全防线。

一方面，以末端治理为导向，强化境外档案安全管理。档案出境监管与境外档案管理虽属于两个互为独立的法理规制范畴，但着眼于档案出境的跨国别、跨法域以及流动性特征，档案界有必要以风险管理理论为指导，参照借鉴境外档案安全管理的原则要求，强化出境后档案的安全管理。具言之，档案出境方、接收方应充分激发自律意识，积极践行出境后档案的风险识别、监测、控制等责任与义务；探索建立出境档案风险报告与追溯制度，采取精准管控措施将出境档案面临的安全风险降至最低，从而确保我国国家主权和安全、公共利益以及个人合法权益不受侵害。

另一方面，以持续审查为原则，开展档案出境动态监管。档案主管部门应当突破档案出境"许可审批"的单向思维，不断强化档案监管权力的末梢延伸，探索构建档案出境全链式的风险管理机制。譬如，档案主管部门应对超出批准范围的档案出境行为、出境档案非法转移以及第三国中转出境等档案安全风险予以持续审查；对于档案出境安全风险评估有效期届满，或有效期内出现危及档案安全的情形，应及时采取阻断档案境外处理活动、销毁档案复制件、责令重新开展档案出境安全风险评估等措施。此外，档案主管部门应注重对不同情形的档案出境安全风险事件及成因加以总结分析，进而强化"事后追溯"反哺档案出境安全风险源头防控、决策服务等能力提升，助推档案出境全过程风险管控实现良性循环。

3 结语

构建"事前—事中—事后"的全流程管控模式，是筑牢档案出境安全防线、提升档案出境安全监管效能的应有之义，属于新时代档案安全体系建设的一项微观议题。本文初步探讨了档案出境全流程风险管控的理论依据和实践策略，但由于档案出境安全监管是一项较为宏大、复杂的研究议题，因此部分观点的提出难免存在一定的理想化色彩，尚需在未来持续修正和完善，以便更好地指导档案出境安全监管实践。

注释及参考文献

[1] 刘跃进 . 非传统的总体国家安全观 [J]. 国际安全研究 ,2014(6):3-25,151.

[2] 徐拥军 , 王兴广 . 总体国家安全观下的跨境数据流动安全治理研究 [J]. 图书情报知识 ,2023(6):20-30.

[3] 嘎拉森 , 徐拥军 . 档案治理体系的构成要素与实现路径 [J]. 档案学通讯 ,2022(6):61-69.

[4] 范道津 , 陈伟珂 . 风险管理理论与工具 [M]. 天津 : 天津大学出版社 ,2010:16-17.

[5] Ayres I, Braithwaite J.Responsive regulation: Transcending the deregulation debate[M]. Oxford:Oxford University Press,1992.

[6] 杨炳霖 . 回应性管制 : 以安全生产为例的管制法和社会学研究 [M]. 北京 : 知识产权出版社 ,2012:27-37.

[7] 刘鹏 , 王力 . 西方后设监管理论及其对中国监管改革的启示 [J]. 党政视野 ,2017(1):44-45.

[8] 国家档案局政策法规研究司 . 境外国家和地区档案法律法规选编 [M]. 北京 : 中国政法大学出版社 ,2017:421.

试论国有企业总部对所属单位的档案监管

江瀚

上海市档案局（馆）

摘要：国有企业总部对所属单位的档案监管，是国家档案监管体系的重要一环。本文通过分析国企总部开展档案监管的法律依据和理论依据，结合档案行政检查中所见国有企业总部档案监管工作现状，结合实际提出国有企业总部应从整合监管力量、推动分类监管、突出监管重点、提升监管技术等方面着手，推动落实国家关于企业档案监管的要求。

关键词：国有企业总部；所属单位；档案监管

2020年6月20日，《中华人民共和国档案法》（以下简称《档案法》）经第十三届全国人民代表大会常务委员会第十九次会议修订。此次修订新增第六章即"监督检查"专章，使《档案法》作为行政法更加完善。[1] 2023年12月29日，国务院第二十二次常务会议通过的《中华人民共和国档案法实施条例》（以下简称《实施条例》），亦根据新修订《档案法》精神，增设"监督检查"专章，实现了档案监督检查制度创新。[2]

值得注意的是，《档案法》以及配套的《实施条例》，其"监督检查"专章均针对档案主管部门所开展的行政监管而言，与该法及法规"档案机构及其职责"部分中要求机关、团体、企事业单位和其他组织对所属单位档案的监督，性质不同。目前学界对档案监管问题关注颇多，着眼点主要从档案主管部门出发，兼论社会力量参与监督的新模式。[3] 也有文章述及档案主管部门监督与上级单位监督的不同，[4] 但鲜有从上级单位立场出发，论述其对所属单位开展档案监管。本文拟结合上海市属国有企业总部相关工作情况，从档案学视角讨论国有企业总部对所属单位的档案监管，对于推进档案治理体系建设，探索档案事业中国式现代化具有重要意义。为行文方便，下文将国企总部对所属单位的档案监管，简称为国企总部档案监管。

1 国有企业总部实施档案监管的依据

国有企业作为推进中国式现代化的重要基础，其档案是国有企业全部活动的真实记录，是企业资产的依据和凭证，是国家档案资源的重要组成部分。除了接受档案主管部门的监管，国有企业亦有必要按照"统一领导、分级管理"的原则，对自身档案工作开展监管。

1.1 法律依据

首先，《档案法》和相关行政法规、部门规章明确企业有对所属单位档案工作开展监督的职责。《档案法》第二章规定档案机构及职责，于第九条第一款提到"机关、团体、企业事业单位和其他组织应当确定档案机构或者档案工作人员负责管理本单位的档案，并对所属单位的档案工作实行监督和指导"。据此，《实施条例》于第十四条第三项要求，包括企业在内的各组织应"监督、指导所属单位的档案工作"。国家档案局部门规章《企业档案管理规定》第十条规定企业档案部门职责，亦于该条第六项列入"监督和指导所属单位的档案工作"，从而"明确了企业总部对所属单位的监督、指导义务，压实了企业总部的管理责任"。[5]

其次，《档案法》和相关部门规章，将企业对所属单位档案工作监督的情况，列入档案主管部门监管企业档案工作的检查范围。《档案法》第六章第四十二条规定"档案主管部门依照法律、行政法规有关档案管理的规定，可以对档案馆和机关、团体、企业事业单位以及其他组织的下列情况进行检查"，其中第六项即"对所属单位等的档案工作监督和指导情况"。国家档案局部门规章《企业档案管理规定》第八章监督管理部分，在第六十八条规定"企业应当接受并配合档案主管部门依法组织开展的档案检查"，检查内容包括"对所属单位等的档案工作监督和指导情况"。

由上述情况可知，《档案法》及相关行政法规、部门规章将对所属单位档案工作的监督，纳入企业档案部门的工作职责，其工作成效要受到档案主管部门的监督检查。企业对所属单位档案工作开展监管，具备清晰的法律依据。

但值得注意的是，国企总部的档案监管，性质不同于行政监管。后者狭义上"监管主体仅限于享有监管权力、相对于传统行政部门具有一定独立法律地位的行政机构"，[6]通常被理解为由国家行政机关开展；前者的监管活动主体明显不同，有业内人士将此类监管活动视作档案业务监督。[7]

1.2 理论依据

档案资产理论将档案视作资产的一部分，为国有企业档案管理提供全新的理论视角。该理论关注到档案的经济价值和市场配置，认为档案资产的本质是经济资源，通过"产权"获得法律认可，并通过符合会计定义标准获得会计学认可，具备能够计量的资产价值。[8] 现阶段国有企业总部档案监管应按照资产归属关系开展工作。"对比其他领域的档案工作体制，依据资产所属关系确定企业档案工作监督和指导的权责关系，是企业档案工作的重要特点。"[9] 即国有企业将档案视作企业资产的一部分，以资产为纽带建立企业档案监管体制。

2 上海市属国有企业总部档案监管工作现状

截至 2024 年 5 月底，上海市国有资产监督管理委员会直接监管的市属国企共计 43 家，受托监管市属国企 1 家。前者又分为 15 家功能保障类国企、6 家金融服务类国企和 22 家市场竞争类国企。[10] 上海市档案局已对其中 24 家开展档案行政检查，借机初步了解上海市属国企总部档案监管的工作情况。

2.1 上海市属国企总部档案监管措施

除 3 家企业外，其余市属国企总部均对所属单位档案工作开展了监管。举措主要是对所属单位的年度归档目录开展备案，以及根据国家档案局令第 10 号要求，对二级公司编制的企业文件材料归档范围和档案保管期限表进行审核。监管所涉及的档案门类，基本能够包括除人事档案之外，企业档案十大类中余下的九大门类。在监管形式上，市属国企总部的档案工作人员依托企业条线的档案工作网络，通过实地检查、建立通讯群组等方式，从线上、线下开展监管工作。

2.2 上海市属国企总部档案监管的现存问题

虽然开展了上述监管举措，但行政检查仍然暴露出上海市属国企总部在对所属单位档案工作监管方面，与现行档案法律法规体系的要求存在明显差距。主要体现在以下几个方面：

一是监管力量不足。国家档案局在 2019 年印发的《关于在深化国有企业改革中加强档案工作的意见》中要求，企业要根据《档案法》赋予的档案保管利用和档案业务监督指导两种职能设置档案机构的岗位和配备人员。《企业档案管理规定》亦明确，企业应当配备与企业规模相适应的专职档案工作人员，其中档案业务监督指导人员数量可以根据内设部门数量、所属单位数量、项目数量等确定。可见企业应为档案工作配备专职的业务监督指导人员。

实际工作中，上海市属国企总部虽均能在综合部门设立负责档案工作的岗位，由企业正式员工担任，但除申通地铁集团、华建集团等少数企业外，该职位人员皆为兼职，不仅负担档案工作，还需兼顾文秘、机要等任务，对于档案监管所能给予的精力极为有限，档案监管力量严重不足。

二是监管技术落后。各市属国企总部档案监管，依然停留在传统的口头质询、实地检查等方式，没有引入信息化手段开展档案监管。作为考察档案工作信息化水平的参照指标，电子档案管理信息系统在市属国企总部中普及度尚可，仅有 5 家受检企业没有建立相应系统，但应用领域过于局限。除建科集团等个别国企对接了专业系统外，绝大多数市属国企总部仅将电子档案管理信息系统对接办公自动化系统，无法实现对集团各门类电子档案的集中管理，更难以做到依托该系统，对所属企业开展富含信息化手段的档案监管。

三是监管重点不清。部分市属国企总部将档案监管局限于管理类档案，对于录音、录像、照片、业务数据、公务电子邮件、网页信息、社交媒体等档案的监管严重缺失；监管过程中，未能按照监管对象所涉行业特点，开展有针对性的档案监管。较多市属国企总部未能根据《企业档案管理规定》第六条第四款规定，按照业务监督和指导关系要求所属单位报送年度档案工作情况，更无法通过年报来寻找档案监管的重点方向。

3 国有企业总部实现档案有效监管的路径

上文所归结的上海市属国企总部档案监管中存在的问题，业内已有文章触及，但提出的对策在可行性上尚可商榷。如论及力量缺乏，现有文章多提议加强人才培养，扩充人员队伍。[11]但近年各级国有企业围绕优化资源配置深化改革，发力提质增效，机构规模在这一过程中受到压缩。如央企中国有色矿业集团在 2020 年干部人事制度改革中，将公司职能部门从 18 个精简为 14 个，减少职能部门管理人员 120 余人。[12]扩大档案工作者队伍的愿景与企业当下工作趋势有所抵牾，面临着现实的困难。因此本文拟从实际出发，讨论国企总部如何在资源有限的情况下，推动对所属单位开展档案监管工作。

3.1 整合监管力量，提升监管力度

国企总部的档案部门基本设置在综合办公室，在开展档案监管之际，应按照习近平总书记对新时代办公厅工作的指示精神，加强统筹协调和督促检查，形成强大合力。面对档案专职人员缺乏的局面，要善于打统仗，将档案监管与综合办公室职责范围内其他职能的检查如保密、党建等统合，通过联合检查等方式落实档案监管。如城投集团借防汛安全检查、工作调研等契机，对所属单位开展档案监管，以有限的人力实现档案监管各项要求落地。

国企总部档案兼职人员在人力有限的条件下，应善于借力。一方面利用档案服务外包方式，从归档装订等档案事务性工作中脱离，顺应建设管理型企业总部的趋势，将更多精力投入档案监管中；同时，在档案监管中可引入第三方机构的力量。如百联集团联合第三方机构，对集团所属重点二级企业的档案工作情况展开调研，形成 10 份调研报告和 56 项整改方案，收到了良好的监管成效。另一方面，国企总部还可借助同级档案主管部门的力量，对所属企业重要专项工作的档案情况共同开展检查、验收，以提升档案监管的专业性。如申通地铁集团邀请上海市档案局共同参与在建轨交的建设项目档案验收，一定程度上提升了集团对各建设项目档案的监管效果。

在工作流程的设计上，国企总部可融入档案工作要求，凭借各项工作机制开展档案监管。如城投集团将档案工作纳入对所属单位的年度考核，也有企业将所属单位的归档质量嵌入集团质量体系审核检查流程，从而加强了档案监管的力度。

3.2 明确监管对象，分类实施监管

上文提及国有企业依据资产所属关系对所属单位开展档案监管，根据国家档案局和国务院国资委在 2009 年印发的《关于进一步加强中央企业档案工作的意见》，国企总部的档案监管对象包括所属机构、控股企业和境外机构。

目前，国有企业总部主要承担管理职能，各所属单位从事具体经营生产。且国有企业集团所涉及行业多样，各单位所形成的档案资源相应呈现差异化特征，这就对国企总部开展档案监管提出因事制宜的要求。《"十四五"全国档案事业发展规划》即提出，建立企业档案工作分类监督指导机制。根据上述情况，国企总部可尝试对所属单位分类开展档案监管，一方面考虑各单位

因行业不同产生的档案多样性，根据行业特点有针对性地调整档案监管着眼点。如光明集团、电气集团将所属单位划分档案工作协作组，根据企业特点展开档案监管；另一方面考虑各单位档案工作水平的参差，对"优等生"和"后进生"采取不同的档案监管手段，如对前者更多通过年度报告等形式，开展间接监管，对后者则坚决落实《企业档案管理规定》第七十一条要求，定期开展档案工作检查考核，并要求反馈结果，确保检查考核工作形成闭环。

3.3 厘清监管内容，突出监管重点

国有企业总部在开展档案监管时，应设计监管清单，覆盖档案工作体制、档案设施设备、档案工作各业务环节、档案信息化建设等方面内容。设立企业档案馆的，可参照国家档案局印发的《档案馆安全风险评估指标体系》确定档案监管内容。其他国企总部可参考本地档案主管部门的要求明确监管范畴，如上海市档案局编制的《上海市基层档案部门业务建设检查评价自评表》，已融合国家对档案工作的各项要求，上海市属国企总部可在此基础上修改、简化为本集团系统档案监管的依据。

在档案监管过程当中，国企总部应对照当前档案工作热点，突出档案监管重点。如按照《企业境外档案管理办法》，依据"双重遵从"原则[13]对企业境外机构档案工作情况重点监管。根据国家档案局令第17号《国有企业资产与产权变动档案处置办法》，对发生资产与产权变动的所属单位档案着重监管，如电气集团面对较多低层级企业改制的情况，成立企发公司作为处理改制企业档案的工作平台，总部通过直接监管企发公司，实现对全系统资产与产权变动档案处置情况的监管。对照中办、国办《关于加强和改进新形势下档案工作的意见》，加强对所属单位电子档案监管，"确保档案部门实现对电子文件形成、积累和归档的全程监督指导"。按照中央档案馆馆长、国家档案局局长王绍忠2024年在全国档案工作暨表彰先进会议上的报告要求，强化档案服务外包安全管理。针对益发普遍的档案外包现象，及时跟进监管，确保档案实体、信息载体和档案信息绝对安全。

3.4 统筹信息建设，优化监管技术

各国企总部需将提升本集团档案信息化水平作为长远目标，以信息化改善档案监管。利用档案机构设置于综合办公室的优势，向集团领导争取资源，将档案信息化纳入集团信息化总体规划。参考会计核算系统的做法，从总部到所属单位布设统一的电子档案管理信息系统，便利系统兼容和信息传输，

并在系统中开发监管功能，提升档案监管技术含量。学习小微企业电子会计档案管理经验，为所属规模较小、不具备电子档案保管条件的单位建设电子档案云管理平台，[14]统筹开展对所属小微企业档案工作的监管。

国有企业总部的档案监管，是目前档案监督体系的关键组成部分，对于推动企业档案工作开展，开创国家档案事业新局面，服务党和国家工作大局具有重要意义。在有限资源下，国企总部通过整合力量、更新技术、明确重点、分类监管，推动国家关于企业档案监管要求扎实落地，为新时代中国特色档案事业发展保驾护航。

注释及参考文献

[1] 王岚 . 从档案事业发展体系看新修订的《档案法》[J]. 中国档案 ,2020(11):28-29.

[2] 丁德胜 .《中华人民共和国档案法实施条例》十大亮点 [J]. 中国档案 ,2024(3):16-18.

[3] 聂云霞，卢丹丹 . 新《档案法》背景下档案监管的内涵与发展 [J]. 档案管理 ,2022(1):39-44.

[4] [7] 王芳 . 新《档案法》下的档案监督体系 [J]. 城建档案 ,2021(12):138-139.

[5] 国家档案局有关负责同志就《企业档案管理规定》答记者问 [N]. 中国档案报 ,2023-09-25(1).

[6] 宋慧宇 . 行政监管权及其规制研究 [M]. 长春 : 吉林人民出版社 ,2019:34.

[8] 王小云 . 档案资产论 [J]. 档案学通讯 ,2016(4):80-83.

[9] 肖妍 . 企业档案工作的总体原则和基本要求——《企业档案管理规定》解读之二 [J]. 中国档案 ,2024(2):42-43.

[10] 市国资委系统管理单位分类一览表 [EB/OL].[2024-05-30] .http://www.gzw.sh.gov.cn/shgzw_xtdw/index.html.

[11] 苏卫花 . 企事业单位档案管理业务监督与指导研究 [J]. 兰台内外 ,2022(25):13-15.

[12] 国资报告 :2020 年中央企业提质增效专项行动综述 [EB/OL].[2020-12-18]. http://www.sasac.gov.cn/n2588025/n2588139/c16252207/content.html.

[13] 徐拥军 . 国有企业境外档案监督管理政策研究 [J]. 中国档案 ,2018(2):63-65.

[14] 电子档案系统加速应用 [EB/OL].[2021-04-03]. https://kfqgw.beijing.gov.cn/cxyzkfq/jscxsfq/ggjsfwpt/202104/t20210412_2352783.html.

档案治理理论的内在构成、当下特点及发展趋势

张帆

江苏省档案馆

摘要：档案治理理论是当前最为契合中国自主的档案学知识体系特质的档案学理论之一。其一方面以主体观、体系观、能力观、效能观、善治观构成了理论本体，另一方面以档案治理的概念应用、实践落地和拓展赋能向外衍化，整体表现出三方面特点，即从"两套话语"走向"中国特色"的理论定位、从理论思辨走向实践探索的价值面向和从单一概念走向理论体系的内涵外延。今后学人在探索档案治理理论时，可从彰显中国特色、赋能档案实践、丰富理论体系等方面着手。

关键词：档案治理；理论体系；中国特色；档案实践

习近平总书记在中国人民大学考察时指出，加快构建中国特色哲学社会科学，归根结底是建构中国自主的知识体系。[1]回顾近十年的档案学研究进展，档案治理可以说是最为契合中国自主档案学知识体系特质的档案学理论之一。其体现在三个方面：第一，中国特色。档案治理是源自中国本土档案实际的理论体系，同国外的档案治理理论在研究背景、研究视角、学科融合等层面具有显著不同。[2]第二，时代特征。档案治理的理论脉络同国家全局政策和档案事业政策密切相关，相关政策的发展演变为档案治理的理论生成与发展提供了重要方向，政策导向是其发展的重要路径。第三，理论自主。档案治理理论从一个概念性的知识点逐步走向了系统化的理论体系，是中国档案学人自主建构的结果。但也必须认识到，当前对于档案治理研究的不足，主要表现为着眼不同、观点零散，面向太多、不成体系，边界不清、概念泛化，某种程度上导致了"档案治理是个筐，什么都能装"的情况。整体来说，自十八届三中全会以来，"治理"成了各界的热词。"档案治理"作为时下档案事业的一个核心话题，档案学界和业界均对其展开了探讨和构建，逐步形成了档案治理理论。对于一个理论来说，清晰明了的档案治理理论内涵是其进一步发展完善的基础，因此，本文意在明确当前档案治理理论内在

构成的基础上，归纳其特点，并展望档案治理的理论增长点，以期推动档案治理理论的发展，为档案界更好地认知档案治理理论和建构中国自主的档案学知识体系提供一定参考。

1 档案治理理论的内在构成

档案治理，即档案事业治理，虽然其概念界定尚未达成共识，仍有相关研究成果对此展开探讨[3]，但其基本特质基本得到了认可，如治理主体的多元性、治理过程的多维性、治理手段的全面性等。就档案治理理论边界而言，当前研究实际上呈现出了两种视角：对于档案事业的治理和基于档案事业的治理。前者自然是档案治理理论的应有之义，后者也表现出两种脉络，即以档案事业治理赋能国家社会发展和以档案及档案事业赋能国家社会治理。据此，档案治理理论的内在构成可从本体内化和衍生外化两个方面加以归纳。

1.1 内化：档案治理的理论本体

档案治理的理论本体可归纳为"多主体、三维度、一目标"的档案治理观。

第一，档案治理主体观。档案治理主体观是档案治理理论中最受学者们关注的内容，其一方面指向了治理主体的多元结构，另一方面指向了多元主体的协同共治，意即档案治理多元主体协同共治。各主体地位平等，角色明确，且相互之间各有交集，如随着档案治理实践的推进，档案治理各主体将逐渐从单向、强制的外部管理走向自觉、自律的自我治理，这一过程伴随着档案主管部门管理权力的让渡，其中突出特点便是档案主管部门对于建设档案行业自治组织的推动。

第二，档案治理体系观、能力观与效能观。在档案治理实践中，档案治理体系是基础与遵循、档案治理能力是条件与动力、档案治理效能是结果与反馈，三者通过档案制度体系相关联。档案制度是档案治理体系的形成基础，当随着其覆盖面逐步拓展而具有内在的丰富性，并且因有机组合而具有结构性时，便成了制度体系；当融入了运行机制，使制度体系的表现状态由静态变为动态时，档案制度体系便转化为档案治理体系；制度体系的正式执行及效果发挥离不开档案治理主体的档案治理能力。而因为档案治理效能是一个积极的治理活动结果，走向高效能治理之路一在构建起具有内在优势的制度体系，二在将制度优势真正释放，从而转化为档案治理效能。[4] 可以说，档案治理理论的核心内容便是以档案制度体系为中心的档案治理体系观、档案治理能力观和档案治理效能观的三维统一。

第三，档案治理善治观。走向善治是推进档案治理现代化的目标，这一观点基本已成共识。徐拥军指出，善治是指建立以人民为中心、让人民满意的档案事业，其基本要求可分解为"为民建档""由民管档""档为民用"三方面，分别指向了建设覆盖人民群众的档案资源体系、坚持档案工作依靠人民、方便人民群众的档案利用体系。[5]全国档案专家姚军则认为，档案善治是指所有档案治理主体通过协商合作、自律自守达到协同共治的最佳状态。[6]该观点源于其认为，档案治理最为核心的特征便是多元主体协同共治，即理想状态下，档案治理主体超越了单向管控的被动接受管理，走向了平等意义上的自我组织方式及自律的行为方式，齐心协力推动档案事业发展。实现档案善治，外部保障在于依法治档，内部动力在于以德治档，也就是档案文化。此处的档案文化并非指向由档案内生文化、档案行为文化、档案文化成果及外生文化组成的范畴[7]，而是指在档案工作实践中形成的职业道德和文化品质。多元主体基于内生共识，以自律自守为主态，在党的领导下，共同推进档案治理现代化。档案法治论和档案文化论由此纳入了档案善治的范畴。上述两者观点虽然各有侧重，前者更为聚焦，后者则更为宏观；但笔者认为，两者实则互为补充，前者是后者的重点，后者则是前者在更宽维度的档案事业中的反映，由此共同组成了档案善治观的内容。

1.2 外化：档案治理的理论衍生

档案治理的理论衍生可归纳为三个面向：概念应用、实践落地和拓展赋能。第一，档案治理的概念应用，即将档案治理的理念、特点等应用于非传统意义上档案领域的情况，如档案数据治理便是典型表现。在数据科学加速深化、数字中国建设如火如荼的背景下，档案学研究领域向数据延伸以及档案治理实践向数据收管存用的拓展是应有之义。学者们围绕档案数据的概念内涵和理论定位、档案数据治理体系与能力、档案数据治理生态、档案数据安全治理等话题展开了探讨，已然成为当下档案学研究的热点。第二，档案治理的实践落地，即针对性讨论档案治理框架下具体档案工作环节、专门档案领域以及区域性、地域性档案工作的转型拓展。如档案治理视阈下的档案资源开发工作[8]、民生档案治理[9]，省市一级的档案治理实践工作情况、乡村档案治理的转型还有全球档案治理也受到了众多学者关注。档案治理的实践探索已然呈现出横向延展与纵向到底的新格局。第三，档案治理的拓展赋能，即从功能拓展的角度，探索基于档案及档案事业的治理来推动其他领域的整体发展。如档案赋能国家治理[10]、档案赋能社会治理[11]是重点话题，档案工作赋能政府治理、赋能乡村治理等也受到了一定关注。

2 档案治理理论的当下特点

档案治理的理论特点，一方面源于其具体理论内容的抽象归纳，另一方面蕴含在其理论结构的形成脉络，具体表现在理论定位、价值面向和内涵外延三个层面，整体表现出中国档案学人明显的理论自觉和自我特色。

2.1 从"两套话语"走向"中国特色"的理论定位

不可否认的是，档案治理理论提出初期，部分观点带有较为浓厚的西方治理理论色彩，如在忽略我国党领导一切的前提下，突出强调多元主体的角色发挥；或忽略我国档案文化、职业道德的情况下，过度放大制度建设的地位。这也就是有学者指出的以西方社会治理理论为基础和以马克思主义话语体系为基础的两套话语体系分散并存的现象。[12] 而随着档案治理理论的发展，其中国特色越发凸显，除明显表现在以"党的领导，角色多元"为特征的档案治理主体外，整体还体现在三个方面。第一，国家治理的宏观背景。推进国家治理现代化是开展档案治理研究的时代背景，档案治理的理论内涵和实践展开都以其为整体框架。第二，紧跟政策的理论解析。档案治理的理论本体探索实则一直落后于国家档案政策。政策的新提法为档案治理理论提供了新的着眼点，理论的跟进也进一步确保了政策的合理性和完整性。第三，中国文化的内涵深化。一方面，作为我国一项历史悠久的治国理政活动，具有中国内涵的治理为形成具有中国特色的档案治理理论奠定了理论自信；另一方面，我国自古以来形成的档案文化也成为档案治理中"以德治档"观念的重要源泉。

2.2 从理论思辨走向实践探索的价值面向

档案学研究遵循的基本哲学路线是"实践—理论—实践检验"[13]，档案治理理论的发展也是如此。在研究初期，相关研究更加侧重于理论阐释，而随着理论体系的逐步成型，实践探索越发受到重视。档案治理的提法首次出现于 2014 年国家档案局档案馆（室）司工作重点，其后学界将其问题化、概念化、理论化，逐渐形成了具有中国特色的档案治理理论体系。与此同时，实践导向也没有脱离学者的视野，如何指导各方面档案治理实践工作逐渐成为当下的研究重点。一方面，生成于政策提法、发展于政策演变本就是档案治理立足实践的生动体现；另一方面，档案治理理论始终有着一种跳出档案领域而赋能国家社会发展的禀赋，这为提升档案事业地位、发挥档案事业功效奠定了理论基础。

2.3 从单一概念走向理论体系的内涵外延

一个理论体系走向成熟，必然是从单一到体系的过程。档案治理理论在诞生之初，相关研究重在确立核心概念，拓展理论版图，并在其中思考理论边界，当同其他理论产生碰撞之后，理论的内涵外延基本确立，形成结构化的理论体系，该理路主要体现于档案治理的理论本体，以档案治理概念内涵的明确转向档案治理三维观的成型为代表。与此同时，当档案治理理论本体的增长点渐趋减少的情况下，档案治理理论的纵深挖掘便成为重要着眼点，学者结合其他学科和领域，提高理论深度。其典型表现便是前文所述的档案治理的理论衍生。由此横纵结合，推动档案治理理论体系的成型。

3 档案治理理论的发展趋势

在档案治理理论的结构框架已经基本明确的情况下，其未来的发展方向在于当前理论发展特点的深化，也就是在彰显中国特色、赋能档案实践、丰富理论体系三个方面的延伸拓展。

3.1 进一步彰显中国特色

一方面，基于国家政策寻找理论增长点。档案治理理论根源于档案事业实践，而生成、发展于国家政策，国家政策的发展演变和领域拓展能极大推动档案治理理论边界的拓展。例如，随着国家文化数字化战略的推进，档案文化治理、档案资源治理等问题越发受到关注[14][15]；随着"数据要素×"三年行动计划的发布和推行，数据要素视野下的档案数据治理问题也成了重点话题[16]。另一方面，扎根中国文化丰富理论内涵。我国优秀传统文化在当前探讨档案治理问题时其实整体有所缺位，这与当前担负起新的文化使命的号召有所违背。如何进一步丰富档案治理理论的文化内涵，使档案治理理论既有现实时代印记，又有历史厚重色彩是需要重点关注的话题。

3.2 进一步赋能档案实践

第一，学界认知与业界认知的不断融合。档案治理理论在诞生之初，便存在学术认知和实践认知不匹配的情况，其后随着诸多学者的研究，沟壑逐渐弥补，典型表现便是档案治理体系的概念认知。但当前仍在一些术语使用、概念认知、路径适用方面仍存在一定割裂，还有待进一步融合。第二，超前理论的细节完善与实践探索。档案治理理论体系中存在一定超前的设想，如档案治理自治组织问题、档案治理主体自律自守问题、广义上的档案善治问题等还有待不断完善理论架构和细节内容，并逐步推广相关实践。第三，档案事业的影响提升与大局融入。作为国家治理的组成部分，档案治理理论在形成之时便决定了其外化衍生对于自身发展的重要性，如何进一步融入国家治理、社会治理大局，更好发挥档案工作的基础性、支撑性作用常论常新。

3.3 进一步丰富理论体系

第一，实践经验的理论总结。在推进档案事业高质量发展的现实进程中，各级档案部门围绕档案事业治理均展开了不同方面的有益探索，总结、凝练和升华这些实践经验是丰富档案治理理论体系的重要路径。第二，研究视野的持续拓展。国家治理和社会治理离不开档案工作，档案治理研究也绝非仅有传统意义上的档案馆工作一块领地，跳出档案看档案也是一条丰富理论体系的路径。第三，相关学科的理论借鉴。治理理论的落地生根发生在广大社会学科之中，从其他学科中吸取治理理论的发展经验也值得档案学人加以关注。

注释及参考文献

[1] 习近平在中国人民大学考察时强调 坚持党的领导传承红色基因扎根中国大地 走出一条建设中国特色世界一流大学新路 [N]. 人民日报 ,2022-04-26(1).

[2] 李宗富，董晨雪，杨莹莹 . 国家档案治理 : 研究现状、未来图景及其实现路径 [J]. 档案学研究 ,2021(4):17-24.

[3] 唐启, 于英香. 对档案治理概念内涵与外延厘定的批判与反思 [J]. 档案学研究, 2023(4):25–32.

[4] 张帆, 刘鸿浩. 档案治理效能的三维逻辑阐释:概念出场、内容构成与提升路径 [J]. 档案与建设, 2023(10):21–26.

[5] 徐拥军. 数智时代档案治理体系建设研究 [M]. 武汉:武汉大学出版社, 2023:108–137.

[6] 全国档案专家姚军对于档案治理、档案善治等的认知,均源于笔者同其本人的访谈。

[7] 马仁杰, 谢诗艺. 档案文化的理论解读和建设探索 [J]. 档案学研究, 2013(2):9–12.

[8] 张帆, 吴建华. 基于档案治理的档案信息资源开发模式转型研究 [J]. 档案学通讯, 2019(6):18–26.

[9] 王月娇, 从民生档案管理到民生档案治理的新探索 [J]. 中外企业家, 2020(10):131–132.

[10] 杨文, 档案与国家治理关系的历史考察和现实反思 [J]. 图书情报知识, 2022(2):52–61,72.

[11] 丁华东, 档案工作服务农村基层社会治理的"湖州经验" [J]. 档案学通讯, 2022(4):110–112.

[12] 张卫东, 李松涛. 面向现代化的档案治理——2021 年"档案治理"研究概览 [J]. 情报资料工作, 2022(1):19–22.

[13] 丁海斌, 谈档案学研究方法的层次、体系与基本原则 [J]. 北京档案, 2019(3):4–9.

[14] 谢诗艺, 葛悦. 档案文化治理:关于档案治理的文化考量 [J]. 档案学通讯, 2023(1):39–44.

[15] 蒋冠, 杨曈. 基于上位政策分析的红色档案资源治理路径探析 [J]. 档案与建设, 2023(3):22–26.

[16] 周文泓, 王欣雨, 刘鹏超. 数据要素化背景下的档案数字转型行动空间展望 [J]. 档案与建设, 2024(2):38–45.

核电企业重大活动及突发事件档案管理研究

查凤华　余新锋

江苏核电有限公司

摘要：研究发现核电企业重大活动及突发事件前端、中端、后端，存在档案记录不完整、档案收集不齐全、利用效果不明显问题。通过强化前端控制，策划重大活动及突发事件应急处置机制；优化中端流程，全程参与重大活动及突发事件档案管理；完善后端平台，搭建重大活动及突发事件档案智能服务等措施。提前做好重大活动演练和突发事件应急预防，加强重大活动和突发事件档案收集、归档和利用。

关键词：重大活动；突发事件；档案管理；核电

重大活动及突发事件因其重要性或突发性，具有价值特殊性、来源广泛性、影响深远性等特点，历来得到党和国家领导人高度关注。核电由于其核安全得到外界高度重视，国家安全监管机构对核电企业安全风险防控与突发事件提出高要求，要求核电机组工程建设及生产运行状况总体受控，周密策划重大活动，提前预防和妥善处理突发事件。

1 现状分析

1.1 前端：档案记录不完整

核电企业举行重大活动或发生突发事件时，忙于处理重大活动及突发事件本身，容易疏忽相关文件的产生，如重大活动或突发事件调查取证时未开展照相、摄像、录音、签名等，导致重大活动及突发事件档案记录不完整。

1.2 中端：档案收集不齐全

核电重大活动和突发事件档案容易忽视录音、录像、印章、题词、活动标志、证件、证书、纪念册（章）、奖牌奖状、牌匾、锦旗等实物档案收集，导致相关档案收集不齐全。

1.3 后端：利用效果不明显

核电企业档案部门对于重大活动和突发事件全程参与不够，由于相关信息收集不够及时，在提供档案资源服务时，存在坐等上门，服务响应不够靠前、主动，档案利用效果不明显。

2 管理对策

2.1 强化前端控制，策划重大活动及突发事件应急处置机制

2.1.1 落实档案人员应急职责和应急目标

(1) 落实档案人员应急职责。档案人员在重大活动及突发事件发生后，需要主动跟进重大活动或突发事件处理进展，对接重大活动或突发事件责任部门，主动搜寻相似活动或事件档案提供责任部门参考利用，指导相关档案产生、收集、整理、归档工作。档案人员作为档案领域突发事件应急责任人，需要建立档案突发事件应急响应体系，负责档案领域突发事件应急培训、演习、预防、应急响应和处理，协助档案领域突发事件原因调查。

(2) 明确档案人员应急目标。在应急的情况下，采取有效行动消除对馆藏档案的威胁，保护未受损的档案，抢救已受损的档案，及时组织无关人员撤离。核电现场出现安全风险防控和突发事件时，档案人员遵循应急响应要求，及时收集相关文档信息，提供责任部门决策参考。

(3) 遵循档案工作应急原则。按照"统一领导、分工负责、立足防范、档案优先、以人为本、安全第一"原则，把灾害预防作为档案安全工作的主要任务，坚持预防、预警、应急救援与处置相结合，建立统一领导、分级负责的应急管理体系，把保障档案安全作为重大事故和自然灾害紧急处置的首要任务，最大限度地减少其对档案的影响。

2.1.2 建立突发事件风险分析及报告制度

(1) 突发事件风险分析。核电企业突发事件可分为自然灾害、事故灾难、公共卫生事件、社会安全事件，详见表1，如日本福岛核事故、切尔诺贝利事故等，这些与核电相关的突发事件受到全球关注。对不同类型的突发事件

进行风险辨识、对可能突发的事件及其后果进行分析、评估和归类，确定危险目标，采取预防措施。核电现场发生火灾、电源系统故障、水灾、地震、台风等，对档案安全保管存在威胁，需要建立不同突发事件灾害风险分析、预测和预防，档案人员针对性进行演练、培训和经验反馈。

表 1 核电企业突发事件典型案例

类　　别	主要类型	典型案例
自然灾害	水灾、地震、海洋、生物、地质灾害，森林草原火灾	日本福岛事故
事故灾难	安全事故、交通运输事故、公共设施和设备事故、环境污染和生态破坏事件等	乌克兰切尔诺贝利事故
公共卫生事件	传染病疫情、群体性不明原因疾病、食品安全和职业危害，动物疫情，其他严重影响公众健康和生命安全的事件	新冠肺炎影响核电安全稳定运行
社会安全事件	恐怖袭击事件、经济安全事件、涉外突发事件	军队交火袭击乌克兰扎波罗热核电站

(2)建立应急报告机制。突发事件发生后，档案部门从现场第一响应人员获悉突发事件相关研判信息。[1]核电企业建立突发事件报告制度，坚持"先内后外"的原则，向有关政府部门报告前，先向核电行业主管部门报告，若涉及多类事故事件时，应分别报告，包括口头及书面报告、定期报告，并纳入归档范围。

2.1.3 梳理重大活动和突发事件归档范围

档案人员需要了解重大活动及突发事件发生过程和文件形成基本规律。根据《建设项目档案管理规范》及《重大活动和突发事件档案管理办法》，梳理形成核电重大活动及突发事件文件归档范围及保管期限，见表2。

(1)重大活动文件归档范围。重大活动前，一般产生活动方案、接待方案、会议指南、汇报文件、讲话建议稿等。活动中，对活动进行照相、录像、录音、签名等。活动后，对活动进行总结表彰、宣传报道，形成证书、奖状、牌匾、纪念册等实物档案。

(2) 突发事件文件归档范围。突发事件发生前，编制应急预案、形成培训和演练记录。事件发生时，对事故现场和损坏的设备进行照相、录像，收集资料等，物证材料可贴上标签，注明时间、地点等，以便后续整理归档。事件结束后，重点关注调查报告、事故处理报告及批复文件；现场调查笔录、图纸、仪器表计打印记录、资料、照片、录像带等；技术鉴定和实验报告；直接和间接经济损失材料；事故责任者的自述材料；伤亡人员的诊断书；事故调查组有关文件。

表 2 核电重大活动及突发事件文件归档范围及保管期限

序号	重大活动及突发事件归档文件范围	保管期限	责任部门
1	核电开工、商运庆典、竣工验收、国际交流合作会议形成活动方案、汇报材料、接待指南、讲话稿、宣传报道材料、活动总结等文字材料、录音、录像以及印章、题词、活动标志、证件、证书、纪念册（章）、奖牌奖状、牌匾、锦旗等实物档案。	永久	承办部门
2	公司组织党员代表大会、工会换届选举大会、国际交流会形成活动方案、汇报材料、接待指南、讲话稿、宣传报道、活动总结等材料。	永久	党群部门
3	突发事件应急预案演习方案、总结、报告、应急响应总结；专项风险评估报告。	30 年	事件责任处室
4	核事故（事件）、运行事件和建造事件的外部报告和汇编事故事件调查报告。	永久	核安全部门
5	辐射事故事件、职业病和职业病危害事故事件的外部报告和汇编事故事件调查报告。	永久	辐射防护及职业安全部门
6	突发环境事件的外部报告和汇编事故事件调查报告、统计和分析报告。	永久	环境应急部门
7	特种设备事故、生产安全事故、质量事故、电力安全事故事件及其他电力事故的外部报告和汇编事故事件调查报告、统计和分析报告。	永久	安全质量部门
8	保卫、消防、交通事故事件外部报告和汇编事故事件调查报告、统计和分析报告。	永久	保卫部门
9	信息安全事故事件外部报告和汇编事故事件调查报告、统计和分析报告。	永久	信息部门

（续表）

序号	重大活动及突发事件归档文件范围	保管期限	责任部门
10	外方人员或内部员工在国外发生人身伤害事故的处理工作报告。	永久	综合管理部门
11	发生工伤事故后的工伤认定及劳动能力鉴定工作报告。	永久	人力资源部门

2.2 优化中端流程，全程参与重大活动及突发事件档案管理

2.2.1 优化事件档案管理流程

核电企业重大活动由于其重要性，得到企业各级管理人员高度重视，其档案管理流程相对顺畅。而突发事件由于不可预知的突发性，档案人员参与较少，需要重点关注，熟悉事件发生流程，一旦事件发生，将历经事中应急处置与救援、事件调查，以及事后恢复与重建、相关事件文件收集归档与移交等各个环节，按照相关规定形成和留存各类文件材料。事件发生后，成立事件调查组环节，档案部门应派员参与，一是提供相关事件文件材料供事件调查和处理。二是加强事件文件材料归档工作业务指导。三是详细跟踪事件经过，便于建立事件档案专题数据库。

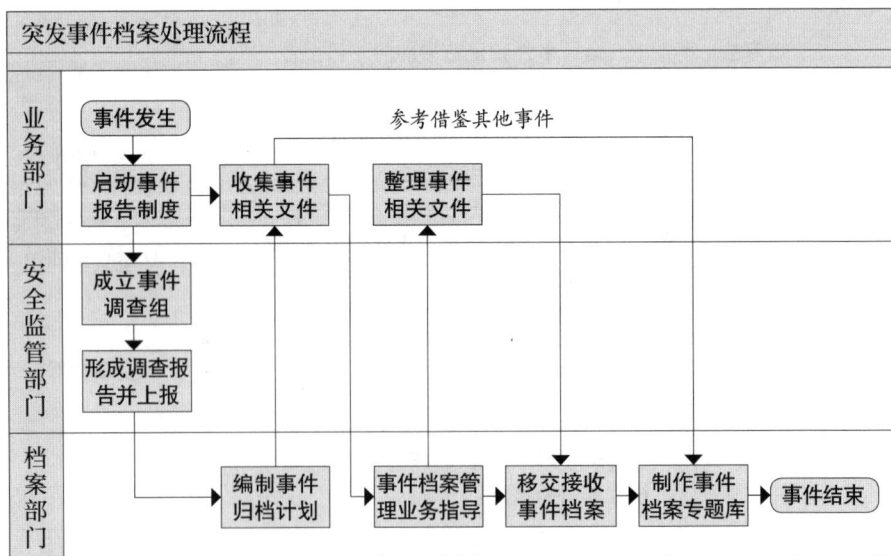

图 1　突发事件档案处理流程

2.2.2 参与事件应急处置过程

核电企业档案部门应成立重大活动及突发事件档案工作机构，一般由档案部门分管领导、处级及科级负责人、安全管理员组成，将重大活动及突发事件档案管理要求纳入档案归档计划、监督检查及考核中，确保事件档案安全有序管理，发挥档案部门的资政作用。

档案部门指定专人负责档案突发事件日常监测，及时收集当地政府和气象部门发出的预警信息。在监测中发现潜在隐患及可能发生突发事件，应及时启动应急预案，防止危害和事故的发生。

2.2.3 加强事件档案业务指导

开展重大活动及突发事件档案管理业务指导及评估，对于存在问题的，督促相关部门及时采取补救措施；对尚在处置或事后恢复重建中的突发事件，档案部门主动作为，派员参与、指导档案收集、归档工作。在档案业务能力提升培训和宣传中增加重大活动及突发事件档案管理课程。

2.2.4 完善突发事件应急保障

(1)应急物资。档案部门应急处置区域需配备应急设备和物资清单，应根据地域特点及库房周边地理、环境特点配备重点救灾设施，如灭火器、应急灯、沙袋、防水挡板等。

(2)应急培训。定期组织对档案工作人员进行档案突发事件应急知识的宣传和培训，使所有人熟悉自己的抢险岗位、职责、消防器材的存放位置、消防报警器位置、使用方法等，提高防灾意识和抵抗灾害的能力。

(3)应急演习。结合实际情况，每年组织档案库房突发事件的应急演习，演习结束后应形成演习总结，增强应急处置的实战能力。

(4)突发事件调查。成立事故事件调查组，针对核事故、辐射事故、人身伤亡事故、火灾和设备事故等，开展事故事件调查。分析事故经过、原因、后果、影响、经济损失等。核与辐射事故事件还应重点分析对核电运行的影响、放射性后果等。

(5)突发事件隐患排查。开展突发事件隐患排查，如汛期、防台风、防地震等隐患排查，若发现安全隐患组织整改，并录入系统跟踪整改或采取临时管控措施，并明确责任人、整改时限和整改要求，确保消除突发事故隐患。

2.3 完善后端平台，搭建重大活动及突发事件档案智能服务

2.3.1 搭建重大活动及突发事件档案知识库

档案人员联合业务人员，吸引主体参与，增强用户黏度[2]，充分利用现

代信息技术，在专题数据库基础上，建设重大活动及突发事件档案知识库[3]，突发事件因其突发性，对档案利用主要体现在提前预备、瞬时响应、精准供给、动态感知等方面[4]。核电企业可围绕外报事件、工业安全事件、建造阶段事件、治安交通消防事件、运行事件等不同突发事件主题建立知识库。重大活动包括重要合同签署仪式，项目开工、商运、机组最终验收，国家领导人关怀等，以时间为线索建立重大活动知识库，见图 2。通过专题数据分析，对突发事件进行事前预测、主动防御、规避风险，提升重大活动及突发事件档案信息资源共享及利用效果。

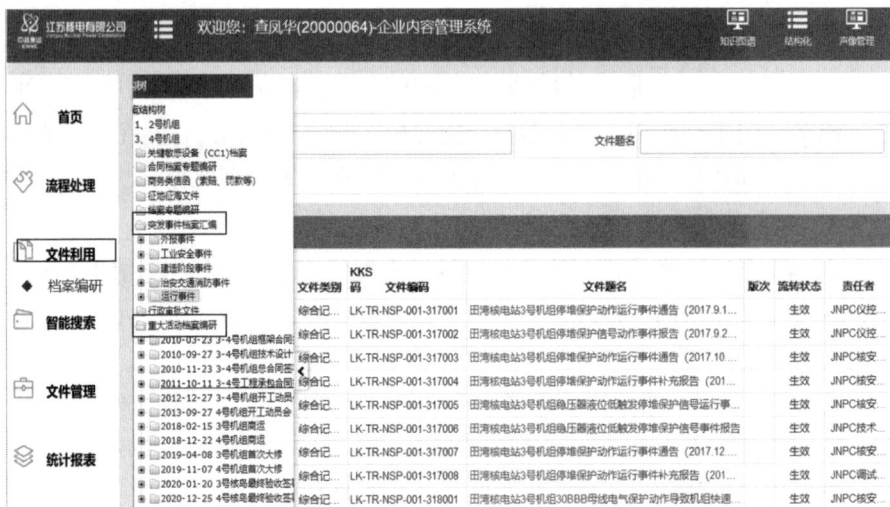

图 2 重大活动及突发事件档案知识库示例

2.3.2 开展重大活动及突发事件档案智能应用

以核电企业重大活动及突发事件专题知识库建设为例，档案人员联合业务人员，梳理企业重大活动及突发事件清单，以时间及事件主题为线索建立知识库，对于系统和设备相关突发事件，建立文档智能应用平台，以系统和设备为纽带，通过光学识别软件扫描电子文件，重点比对电子文件中包含有系统和设备编码信息，自动设别后，形成电子标签，根据不同标签，将该系统和设备相关文件，如不符合项处理报告、设计变更、事件报告、图纸等进行按类别自动聚合，见图 3，以树形结构展示相关文件供用户使用，丰富核电企业系统和设备突发事件智能应用场景，为用户预判和总结突发事件提供范例，同时便于文档管理系统快速收集、归档以系统和设备为中心的突发事件相关文件。

图 3 基于文档智能应用平台设备突发事件档案示例

3 结论

总之，重大活动及突发事件因其重要性或突发性，如台风、海啸、地震、雷暴、火灾、恐怖袭击、全厂断电等场景，除了厂房、设备和人员遭遇危险，档案也存在安全保管风险，甚至成为严重受灾对象，如汶川地震导致档案掩埋。在时间紧迫、环境恶劣、通信不畅情况下[5]，档案部门抢救档案成为突发事件发生后的重要任务。核电企业和档案部门针对重大活动及突发事件应制定应急预案，定期开展培训和演练，尽量降低重大活动及突发事件对工作人员及社会公众带来的不良影响，保护人民群众生命和财产安全。

注释及参考文献

[1] 薛匡勇. 突发事件档案应急管理机制探析 [J]. 档案与建设,2015(1):17-20.

[2] 耿志杰,陈佳慧. 突发事件档案知识库构建设想 [J]. 档案学通讯,2021(3): 63-70.

[3] 王强,王红敏. 面向突发事件应急管理的档案利用策略 [J]. 档案学通讯,2022(6): 54-60.

[4] 袁伟,曹燕,等. 突发事件下的新型情报服务模式研究 [J]. 情报工程,2020(6):4-14.

[5] 赵晔. 档案部门应对突发事件档案抢救工作的有效对策 [J]. 城建档案,2021(12): 123-124.

档案资产化管理探析

——以苏州市工商档案管理中心为例

赵颖

苏州市工商档案管理中心

摘要：本文旨在探讨档案资产化管理的有效途径，以苏州市工商档案管理中心为例，分析档案资产化管理的理论基础、现状、难点，并提出优化策略。首先介绍了档案资产化管理的理论基础，包括其概念的形成、政策支持以及在大数据时代下的理论演进，强调了档案作为数据资产的潜力和重要性。随后通过苏州市工商档案管理中心的具体实践，揭示档案资产化管理面临确认标准缺失、数据资产意识不足以及业财系统分离等现实挑战。最后提出针对性建议，包括完善会计准则、提升数据资产管理意识和构建业财融合系统，以期提高档案资产管理的效率和透明度。

关键词：档案资产化；数据资产；业财融合系统

　　档案构成了档案馆的核心资产。档案资产化管理包括档案资产的合理确认、计量和报告，最终在资产负债表中体现档案的经济价值。这一过程旨在保护档案的内在价值，通过经济手段等将其转化为经济效益和社会效益，具有重要的意义。习近平总书记指出，档案工作是一项非常重要的工作，经验得以总结，规律得以认识，历史得以延续，各项事业得以发展，都离不开档案。为加强档案的管理和保护，应将档案资产化管理整合入档案治理体系中。档案资产化可以强化档案管理者的责任，确保档案资产得到合理记录并反映在会计账簿和资产负债表中，以赋值为手段，推动档案资产内在价值外溢，落实档案馆的主体责任。此外，档案资产化还促进了内外部监督机制的建立。单位内部的财务部门与档案管理部门在档案资产管理上相互独立且相互制约，有助于完善内部控制和监督。政府财务报告中公开档案资产信息，有效引入外部监督，这与《档案法》中关于支持档案利用和公开的精神相一致。

1 档案资产的理论基础

1.1 档案资产理论的形成

档案资产论随着国有企业体制改革被学者提出。在 20 世纪 90 年代，国有企业破产、重组的过程中，档案作为记录企业经济活动和资产变动的重要资料，其价值日益凸显。因此，学者倡导将档案纳入企业资产的范畴，强调"树立档案资产的新观念，重视档案资产的评估"[1]。

1.2 档案资产理论的政策支持

2000 年以后，"档案资产"这一概念在理论和实践层面均获得了学术界和业界的广泛认可。在理论研究方面，《档案资产论》[2]等文章的发表为档案资产的合法性提供了论证。在实践层面，档案信息的可交易性进一步强化了其资产属性。2020 年修订的《档案法》规范了档案的有偿征集和使用等交易行为，第二十二条规定，"可以依法收购或者征购"非国有企业、社会服务机构等单位和个人形成的档案，第二十三条规定，"档案复制件的交换、转让，按照国家有关规定办理"。这些规定正式承认了档案的可交易性，确立了其作为资产的地位。

在会计领域，档案资产的存在也得到了官方认可。根据财政部发布的《固定资产等资产基础分类与代码》（GB/T 14885-2022），档案被正式归类为固定资产，隶属于"图书和档案"类别下的"档案"子类。

1.3 大数据时代下档案资产理论的演进

根据 2020 年发布的《中共中央国务院关于构建更加完善的要素市场化配置体制机制的意见》，数据已被正式确认为生产要素[3]。随着档案数字化和数据化进程的不断深入，档案正在逐步与其物质载体解耦，档案资产的属性也由传统的物质形态转向数据形态。当这些档案资产以数据形式累积至相当规模，并通过大数据技术进行分析挖掘时，它们将展现出大数据属性，从而释放出更高的经济和社会价值。

2 档案资产化管理现状分析
——以苏州市工商档案管理中心为例

2.1 档案资产概览

苏州市工商档案管理中心（以下简称"中心"）为苏州市档案馆下属事业单位，馆藏档案 230 余万卷，涵盖纺织、丝绸、轻工等 23 个全宗群。馆藏档案中最具代表性的是近现代中国苏州丝绸档案，民国时期企业会计档案，清朝、民国工商航运契约档案，工商产品商标档案[4]。截至 2023 年底，中心计入固定资产管理的档案资产约 2000 万元，这些档案都是通过征购方式获得的。然而，上述账面值无法体现中心馆藏档案真实的社会文化价值。

2.2 内部控制体系的构建

单位层面规范档案资产管理的权力运行，建立健全分事行权、分岗设权、分级授权机制。档案资产的征集、保管、数据管理分别由征集利用科、档案管理科、信息技术科承担，财务绩效科对档案资产的经济活动进行财务监督，档案资产相关业务按照金额和业务性质由科室、主任会、上级主管单位分级授权决策。

业务层面对档案资产管理做到职责分离，制定岗位职责说明书，资产财务账与实物账分离，资产保管与清查分离，两者互相监督互相制约。建立健全内部控制关键岗位责任制，对资产岗位关键岗位人员实行定期轮岗。

2.3 资产管理流程的梳理

中心严格按照现行政府会计准则核算档案资产，通过制定《档案类固定资产入库制度》，规范了档案资产的计价和入库流程。征购的档案资产按实际支付的买价计算，且不计提折旧。付款后，档案资产信息将录入财务资产云平台，并生成固定资产编号，该编号由财务绩效科提供。征集利用科完成征购档案整理后，在将档案资产录入中心的慧档案数据库时，需在案卷目录中添加"固定资产编号 – 序号"字段，并与财务绩效科进行核对。中心每年对资产进行一次清查核对，慧档案数据库的档案类固定资产通过核对"固定资产编号 – 序号"字段进行，而未在中心慧档案数据库统计的档案类固定资产则由征集利用科核对。

3 档案资产化管理工作难点和原因分析

3.1 缺乏确认标准，档案资产化程度低

资产的计量方式有历史成本、名义金额、公允价值等。而苏州市工商档案管理中心只有征购档案按照历史成本确认资产，这一比例不足馆藏档案总量的 0.1%，导致档案资产无法充分反映馆藏档案的规模和价值。

档案资产化程度低的主要原因在于，尽管档案资产已设立相应科目，但尚无相关会计准则出台，导致实际操作中缺乏明确的确认标准。在初始计量上，只有部分征购的档案可按照购买价格以历史成本确认资产，接收进馆的档案没有按照名义金额（即 1 元）计入固定资产。此外，由于《档案法》规定禁止买卖属于国家所有的档案，其他档案的转让也受到限制，使得大多数档案缺乏公允价值。在后续计量上，因大部分档案未确认资产，档案的数字化费用和修复保护费用等后续支出在发生时直接费用化。

3.2 管理理念局限，数据资产意识淡薄

数据资产是档案资产的重要体现形式。中国信息通信研究院将数据资产定义为由组织合法拥有或控制的数据资源，可进行计量或交易，能直接或间接带来经济效益和社会效益[5]。随着单轨制的实施，部分档案资产已经从实体形式转变为数据形式。但受资产管理理念局限，数据资产资本化程度仍然较低，管理依赖于业务条线，财务条线参与不足，未形成有效的内部控制监督体系。

苏州市工商档案管理中心在数据资产管理过程中，对征购的数据资产按购买价值计入"图书和档案"类资产，例如"民国时期丝绸档案电子数据"。但是，馆藏实体档案的后续数字化和数据化支出在发生时直接费用化处理，未资本化计入档案资产。近三年来，档案数字化费用（不含硬件和软件投资）约达 600 万元。这导致资产负债表无法真实反映馆藏档案数据资产的价值。档案馆的预决算情况需要向公众公开，而现有的资产计量方式无法让公众充分了解档案馆丰富的数据资源。

3.3 业财系统分离，资产管理效率不高

在苏州市工商档案管理中心管理档案资产的过程中，档案管理使用慧档案管理平台系统，资产管理使用资产云平台系统。同一档案资产在两个系统

中的入库时间、资产名称、数量等信息不一致导致资产管理难度增加、效率不高。

档案资产管理涉及的科室包括征集利用科、信息技术科、财务绩效科，科室间信息不对称影响了资产管理效率。档案资产在资产云平台登记时间是在征集利用科对征购档案验收付款时，而在慧档案管理平台的登记时间则是在征集利用科完成档案整理并与信息技术科完成数据交接时。两者的入库时间跨越了档案整理时间。因在档案整理时拆卷、并卷、档案重命名等情况，档案资产在两个系统中名称和数量也存在不一致现象。资产盘点时，数据来源为慧档案系统，人工进行两个系统中的数据匹配增加了盘点难度，降低了资产管理效率。

4 档案资产化管理工作优化建议

4.1 完善档案资产会计准则

政府会计制度实施以来，公共基础设施和文物资源的资产管理已在专门设立的会计准则指导下有序进行。然而，档案资产的管理工作尚未有明确的准则指导。鉴于档案资产的特殊性，现行固定资产相关准则和应用指南并不完全适用，导致在国有资产财务核算方面存在缺陷。建议制定专门针对档案资产的政府会计准则，采用名义金额对接收入馆的档案进行入账处理，将其纳入政府财务核算体系。政府财务报告也应明确展示档案资产的价值，并向公众披露，以便接受社会监督。

4.2 提升数据资产管理意识

档案不仅以纸质材料、感光材料和磁性材料等物理形式存在，也以数字化数据化形式储存。建议以档案的数据形式为主体，采用名义金额确认档案的数据资产，建立完善的数据资产管理体系。档案的后续数字化数据化支出，可资本化后计入原数据资产，提升其价值含量。量化档案数据资产的价值，有助于深入理解其重要性，并采取有效措施，提升档案数据资产的管理水平。

4.3 构建档案业财融合系统

为了提升档案馆的档案资产管理效率，构建一个高效的档案业财融合系统至关重要。建议开发业财融合系统，以实现业务流程与财务管理的深度整合，优化资产管理流程，提高决策效率。该系统应以档案业务流程为核心，将财务管理嵌入各个业务环节中，确保业务数据与财务数据的一致性和准确性。系统应覆盖档案的全生命周期，在关键节点上与财务管理实现实时对接。系统可设置不同的权限，确保不同角色的用户能够根据授权进行相应的业务操作和财务处理。

注释及参考文献

[1] 邢会洪 . 在企业产权制度改革中应加强档案资产管理——浙江省浦江县部分改制企业档案资产管理状况的调查 [J]. 档案与建设 ,1995(3):24-27.

[2] 王小云 . 档案资产论 [J]. 档案学通讯 ,2016(4):80-83.

[3] 中共中央国务院 . 关于构建更加完善的要素市场化配置体制机制的意见 [J]. 中华人民共和国国务院公报 ,2020(11):5-8.

[4] 苏州市工商档案管理中心 . 苏州市工商档案管理中心馆藏指南 [M]. 苏州 : 苏州大学出版社 ,2023.

[5] 数据资产管理实践白皮书 (5.0 版)[EB/OL].[2024-05-29].https://www.digitalelite.cn/h-nd-2230.html.

档案工作服务党和国家中心工作的能力提升路径研究

李奉芮[1]　张卫东[1,2]

1 吉林大学商学与管理学院

2 吉林大学档案馆

摘要：本文围绕"档案工作服务党和国家中心工作"主题，立足新发展阶段，贯彻新发展理念，聚焦推动档案事业高质量发展。首先分析档案工作在服务国家重大战略实施、服务经济社会高质量发展等方面的实践探索，其次剖析新时代档案工作服务党和国家中心工作能力体系，然后从坚持党的领导、突出主责主业、创新理念方法、加大信息化应用、深化人才队伍建设、完善治理机制等方面，提出提升档案工作服务中心工作能力的具体路径。

关键词：档案事业；党和国家中心工作；能力提升；档案工作

0 引言

党的二十大报告指出，中国共产党的中心任务是全面建成社会主义现代化强国、实现第二个百年奋斗目标，以中国式现代化推进中华民族伟大复兴。[1]2020 年，中国档案学会第九次全国会员代表大会强调，学会要紧扣党和国家中心工作，围绕档案事业高质量发展。[2]2023 年，全国档案局长馆长会议为新时代档案工作服务大局、融入大局指明方向。[3]在新的历史方位下，档案工作必须主动适应新形势新任务新要求，在服务保障党和国家中心工作中展现新担当新作为。

当前，我国正处于向第二个百年奋斗目标进军的关键时期，越是在重大历史关头，越需要以史为鉴、以档为证。档案工作作为重要的基础性、支撑性工作，必须以习近平新时代中国特色社会主义思想为指导，主动服务和融入新发展阶段、贯彻新发展理念、构建新发展格局，将"为党管档、为国守史、为民服务"的职责落到实处，在新的赶考之路上交出满意答卷。

本文围绕"档案工作服务党和国家中心工作"主题，立足新发展阶段，贯彻新发展理念，紧扣推动档案事业高质量发展，重点研究档案工作服务党和国家中心工作的实践探索、能力体系以及提升路径，力求深化新时代档案工作服务大局的认识，提出更有力的举措。

1 档案工作服务党和国家中心工作的实践探索

在以习近平同志为核心的党中央坚强领导下，各级档案部门坚持以习近平新时代中国特色社会主义思想为指导，认真贯彻落实党中央决策部署，围绕中心、服务大局，主动融入新发展阶段、贯彻新发展理念、构建新发展格局，在服务国家重大发展战略、满足人民美好生活需要、推进国家治理体系和治理能力现代化等方面积极作为、勇于担当，取得积极成效。

1.1 服务国家重大发展战略

国家重大发展战略是新时代我国经济社会发展的总纲领和路线图。档案部门准确把握新发展阶段的新要求，充分发挥档案信息资源优势和专业人才优势，积极服务国家重大区域发展战略。

京津冀三地档案部门围绕京津冀协同发展，建立协同机制，开展联合编研、档案展览等[4]；为推动长江经济带经济社会发展，近日，长江经济带11个省市档案馆签署合作协议，依托各自优势，致力于收集保管长江经济带经济社会发展和生态环境保护相关档案资源；粤港澳档案部门主动融入和服务粤港澳大湾区建设，推动粤港澳大湾区建设档案工作，助力粤港澳大湾区建设。档案部门还积极服务共建"一带一路"倡议，中国第一历史档案馆承担社科基金项目《明清宫藏丝绸之路档案的整理与研究》，并于2022年7月出版发布阶段性成果。[5]

1.2 持续满足人民对美好生活的需要

始终坚持以人民为中心，是新时代档案工作的根本立场。各级档案部门主动适应人民群众对美好生活的向往，用心用情用力保障和改善民生。

一是助力脱贫攻坚。各级档案部门高度重视脱贫攻坚档案工作，大力开展档案征集、抢救和永久保存，用扎实的档案工作记录脱贫攻坚的伟大胜利。[6] 二是服务突发公共卫生事件。为切实加强疫情档案的收集和管理，国家档案局及时制定并出台了一系列专门的工作方案和操作规范，为疫情防控档案的规范化、标准化管理提供了基本遵循。[7] 三是服务重大体育赛事。北京市档案馆全程参与冬奥会、冬残奥会档案工作并举办主题展，浙江省档案馆构建亚运会档案资源体系，留存"亚运记忆"。四是传承红色基因。《"十四五"全国档案事业发展规划》指出，要大力挖掘红色档案资源，开展档案文化精品开发、红色档案资源开发 [8]，建立"四史"教育专题档案资料库，传承红色基因。为此，档案行业持续推进红色档案资源的开发。例如，在党的百年华诞之际，国家档案局以"三个一百"打造生动的党史学习课堂。[9]

1.3 切实推进国家治理体系和治理能力现代化

习近平总书记指出，提高保障和改善民生水平，加强和创新社会治理，是社会主义现代化国家的重要特征。[10] 档案事业是国家管理体系中不可或缺的一环，在推进国家治理体系和治理能力现代化的进程中肩负着重要使命。

一是完善档案法治。2021 年 1 月 1 日起，新修订的《中华人民共和国档案法》正式实施，各省份相应修订完善地方档案条例，夯实依法治档的制度基础。二是加强政府信息公开。档案馆网站积极发布开放档案目录，集中展示政府开放档案，回应社会关切。[11] 三是服务应急管理。国家档案局印发《重大活动和突发事件档案管理办法》，指导各地做好相关档案抢救和利用工作，不断完善重大活动和突发事件档案管理工作体系。

2 档案工作服务党和国家中心工作的能力体系解析

档案工作服务党和国家中心工作能力，是档案部门和档案工作者围绕党和国家中心任务，运用档案专业理论、知识和方法开展工作，为党和国家各项事业发展提供有力支撑和保障的综合素质与水平。它涵盖政治能力、业务能力、创新能力、队伍建设能力、体制机制建设能力等要素，是一个多维度、多层次的有机整体。[12]

2.1 政治能力

政治能力，是档案部门和档案工作者把握正确政治方向，坚持党的全面领导，确保档案事业沿着中国特色社会主义道路前进的能力，是档案工作的灵魂和指引。

2.2 业务能力

业务能力，是档案部门和档案工作者依法依规开展档案收集、整理、保管、利用等各项业务工作，更好地为党和国家工作大局、为人民群众服务的专业化水平，是档案工作的基础和关键。

2.3 创新能力

创新能力，是档案部门和档案工作者立足新发展阶段、贯彻新发展理念、构建新发展格局，以改革创新精神推动档案工作理念、制度、方法与时俱进，不断开创事业发展新局面的能力，是档案工作的动力和活力之源。

2.4 队伍建设能力

队伍建设能力，是档案部门和档案工作者教育培养、选拔任用、管理监督档案干部队伍，打造一支信念坚定、业务精良、作风过硬的高素质人才队伍的能力，是档案工作的组织保证和智力支撑。

2.5 体制机制建设能力

体制机制建设能力，是档案部门和档案工作者遵循党中央决策部署和档案事业发展规律，推进制度集成创新、健全工作机制、优化资源配置，促进档案治理体系和治理能力现代化的制度型能力，是提升档案工作整体效能的关键所在。

3 提升服务党和国家中心工作能力的路径

面对新的时代要求，档案部门需要从政治和全局的高度审视自身职责，将档案事业发展纳入国家发展的宏伟蓝图。只有立足大局，主动作为，不断强化档案工作对党和国家中心任务的支撑，提升服务大局的能力和水平，才能切实履行好档案部门的神圣职责。因此，如何进一步统筹谋划档案事业发展，提高服务党和国家中心工作的能力，是新时代档案工作者必须深入思考和探索的重要命题。

3.1 坚持党的领导，提高政治站位

一要坚持以政治建设为统领，把党的政治建设摆在首位，用习近平新时代中国特色社会主义思想武装头脑、指导实践、推动工作，切实增强"四个意识"、坚定"四个自信"、做到"两个维护"，进一步提高政治判断力、政治领悟力、政治执行力。[13]

二要坚持党管档案原则，把方向、谋大局、定政策、促改革，确保档案工作在正确的政治方向和道路上不断前进。

三要始终同以习近平同志为核心的党中央保持高度一致，自觉在思想上政治上行动上同党中央保持高度一致，确保档案事业在大是大非面前态度鲜明、立场坚定。

3.2 突出主责主业，增强服务意识

一要坚持需求导向，聚焦群众所需、档案所能，向服务要质量、向群众要答案，多渠道了解和回应群众诉求，努力提供惠及更多人民的档案服务，切实增强人民群众的幸福感、获得感、安全感。

二要创新服务理念和方式，用活用好现有档案资源，强化政策解读、法律援助、信息查询等服务功能，为人民群众和企事业单位提供精准化、精细化档案服务。

三要积极回应时代主题，开展庆祝建党百年、纪念抗战胜利、社会主义革命和建设时期档案精品展等主题展览，激发社会爱党爱国爱社会主义情怀。

3.3 创新理念方法，提升服务效能

一要树立创新理念，始终把创新发展作为档案事业的第一动力。坚定不移贯彻新发展理念，从提高发展的质量和效益出发，强化科技引领，推动档案工作理念、模式、手段创新，使档案资源在高质量发展中发挥更大价值、实现更大作为。

二要探索创新方法，推动档案开发利用向纵深发展。依托现代信息化技术，丰富开发档案资源，推动档案信息资源融入各行各业。深入挖掘档案深度价值，多形式、多角度开展档案展陈、红色讲座、影视创作等，满足人民群众日益增长的精神文化需求。

三要健全创新机制，营造支持创新的良好环境。树立鼓励创新、宽容失败的鲜明导向，建立容错纠错机制，激发斗志、保护干劲。搭建创新平台，大兴调查研究之风，强化重大理论、现实问题研究，推动档案智库建设。

3.4 加大信息化应用，强化科技支撑

一要加强顶层设计，科学编制档案信息化专项规划，统筹推进档案数字化、网络化、智能化建设，健全完善档案信息化标准规范，构建统一规范、互联互通、安全可靠的档案信息化体系。

二要聚焦重点领域和关键环节，以数字化助推业务协同，强化政务服务"一网通办"支撑能力，加快推进电子文件和电子档案管理，优化完善全国档案行业信息系统，更好地服务党政机关、企事业单位和社会公众。

三要强化系统集成，发挥大数据、区块链等新技术应用优势，推动档案数字资源高效汇聚、共享开放、协同利用。

3.5 深化人才队伍建设，激发活力动力

一要坚持党管人才原则，把政治标准放在首位，全面考察档案工作者的思想素质、道德品质、工作态度和廉洁自律情况，打造一支对党忠诚、业务精湛、勇于创新、甘于奉献的高素质专业化档案干部队伍。

二要树立人才是第一资源理念，深化人才发展体制机制改革。打破唯学历、唯资历、唯论文的倾向，建立健全以德才兼备、以事业为上、注重一线、群众公认为导向的人才评价体系。

三要落实新时代党的组织路线，以政治素质考察为根本，加大对优秀年轻干部的选拔力度。加强档案专业人才分类培养，探索与高校合作共建人才培养基地，拓宽人才成长通道，确保档案事业后继有人。

3.6 完善治理机制，强化工作合力

一要完善党管档案、分级负责、归口监督的管理体制。在党委领导下，地方各级政府要切实履行主体责任，县级以上地方档案主管部门要履行属地管理责任，形成党委领导、政府主导、部门协同、上下联动、运转高效的工作格局。

二要打通室、处、科、股各层级，优化馆室一体、藏用并重的管理机制，构建跨区域、跨部门协同机制，让"九龙治水"问题在制度创新中迎刃而解。

三要创新社会参与机制，鼓励支持社会力量和市场主体参与档案开发利用，做强做优档案文化产业，促进档案治理从封闭走向开放、从单向走向多元。

4 结语

提升档案工作服务党和国家中心工作的能力，是适应新发展阶段、贯彻新发展理念、构建新发展格局的必然要求，是巩固党的执政地位、确保党和国家长治久安的必然要求，也是实现中华民族伟大复兴的必然要求。

新时代新征程，各级档案部门要立足新发展阶段，贯彻新发展理念，主动服务和融入新发展格局，加快构建与"两个一百年"奋斗目标相适应的档案事业发展格局，不断开创档案工作新局面。要始终坚持人民至上的理念，牢固树立宗旨意识，将档案事业的发展与增进民生福祉紧密相连。要系统谋划、整体推进，加快构建现代档案治理新格局，推动档案治理体系和治理能力现代化迈出新步伐。

注释及参考文献

[1] 习近平 . 高举中国特色社会主义伟大旗帜　为全面建设社会主义现代化国家而团结奋斗 [N]. 人民日报 ,2022-10-26(1).

[2] 李瑞环 . 中国档案学会第九次全国会员代表大会在京召开 [N]. 中国档案报 ,2020-12-10(1).

[3] 陆国强 . 全面贯彻落实党的二十大精神 奋力书写档案事业现代化和高质量发展新篇章 [N]. 中国档案报 ,2023-02-27(1).

[4] 京津冀档案馆协同发展工作会议在廊坊召开 [J]. 档案天地 ,2020(11):4.

[5] 伍媛媛 .《明清宫藏丝绸之路档案图典》出版发布 [J]. 历史档案 ,2022(3):147.

[6] 记录伟大胜利　见证人类奇迹——国家发展改革委认真做好脱贫攻坚档案归集工作 [J]. 中国档案 ,2021(9):40-41.

[7] 唐思慧 , 刘家辉 . 综合档案馆疫情防控档案收集 : 问题及优化策略 [J]. 档案学刊 ,2023(2):82-92.

[8] 连志英 , 陈怡 , 王锦文 , 等 . 近二十年中国档案事业发展注意力变迁研究——基于

"十五"至"十四五"全国档案事业发展规划文本的分析 [J]. 档案学研究 ,2024(2):22-29.

[9] 朱兰兰 , 段燕鸽 . 叙事理论在红色档案资源开发中的应用——以大别山区为例 [J]. 档案学研究 ,2023(2):95-102.

[10] 习近平 . 决胜全面建成小康社会 夺取新时代中国特色社会主义伟大胜利 [N]. 人民日报 ,2017-10-28(1).

[11] 魏歌 .《国家档案局政府信息公开工作管理办法（试行）》的内容述评、意义及问题思考 [J]. 北京档案 ,2023(7):22-25.

[12] 聂曼影 . 档案专业人员任职能力体系研究 [J]. 档案学研究 ,2021(5):23-27.

[13] 陆国强 . 新时代档案事业高质量发展的根本遵循 [J]. 档案学研究 ,2021(6):4-5.

档案馆公共服务能力现代化策略研究

闫大钊

安徽省档案馆

摘要：档案馆公共服务能力现代化是中国特色档案利用服务体系建设内在本质要求。本文尝试从服务意识，服务制度建设，档案馆形象等角度，提出档案公共服务能力现代化策略，以便让人民群众在利用档案过程中有更多的获得感、安全感、幸福感。

关键词：档案馆；公共服务能力；现代化；策略

新修订《档案法》第二十八条规定，档案馆应"不断完善利用规则，创新服务形式，强化服务功能，提高服务水平，积极为档案的利用创造条件，简化手续，提供便利"。[1]中办国办印发《"十四五"全国档案事业发展规划》把"以人民为中心的档案服务理念深入人心，档案开放力度明显加大、共享程度显著提高、利用手段更加便捷，档案资政服务、公共服务、文化教育能力明显提升"[2]作为发展目标之一。要求"切实提升各级国家档案馆公共服务能力，持续优化档案利用环境，简化档案利用程序，满足人民群众的档案信息和档案文化需求。"[3]

由此可见档案馆公共服务能力现代化的重要性，然而，由于观念障碍、制度缺陷、技术瓶颈和人才短板，地区及行业间发展不平衡、基层基础工作还有薄弱环节等问题，使得档案馆公共服务能力与民众的期待仍有不小的差距。档案公共服务能力现代化，十分必要，非常及时。

1 强化服务意识，保证服务落实

新修订《档案法》规定："中央和县级以上地方各级各类档案馆，是集中管理档案的文化事业机构，负责收集、整理、保管和提供利用各自分管范围内的档案。"[4] 这使得原有的行政管理逐渐从档案馆工作中抽离,增加了档案馆工作的纯度,档案馆今后的重点是档案业务工作的推进和发展,而不是重行政轻业务。在这个大背景下,思想观念的更新势在必行,服务意识一定要有,一定要不断提高,各项政策、制度一定要落实。

1.1 积极提升服务意识

长期以来,由于档案部门的特殊性,使得档案利用工作以被动服务为主,档案利用提供者也是被动地为公众提供服务,与当今的档案利用服务要求不符,因此,要不断更新观念,提升服务意识,主动根据利用者需要,在法律政策允许范围内,提供档案资源,满足利用者对档案的需要。同时,要主动关注公众需求,挖掘档案资源,向公众提供档案资源编研成果,促进公众档案意识的形成。

坚持人民为中心的服务意识。以人民为中心的档案服务理念深入人心是"十四五"全国档案事业发展的目标之一。档案工作为了人民、依靠人民。档案馆作为文化事业机构,为民服务是其职责使命之一。但在日常档案服务当中,档案利用提供者在提供服务过程中,经常出现对群众的需求不够重视的情况,有的可以提供利用的档案找一些理由不给群众使用,有的提供档案的周期长,效率低,耽误利用者使用等。在现阶段,进一步增强以人民为中心的服务意识,十分必要,要想群众之所想,和群众一样想,用最短的时间,最优的服务,为群众解决在档案利用方面急难愁盼的事情,不断提高人民群众利用档案的满意度。

强化维护公民合法信息的服务意识。新修订的《档案法》第二十八条规定:"利用档案涉及知识产权、个人信息的,应当遵守有关法律、行政法规的规定。"[5] 档案利用提供者在提供档案利用时,要有强烈的维护公民信息权利的意识,对涉及个人的档案资源认真进行鉴别,严格按照相关规章制度提供利用,实现既能为利用者提供真实可用的档案资源,同时又要维护其他个人的信息安全的目标。

1.2 持续优化服务队伍

档案服务是由具体的人提供的,档案政策、制度的落实离不开人,良好的服务队伍是提升档案公共服务能力的关键。新修订的《档案法》第十一条规定:"国家加强档案工作人才培养和队伍建设,提高档案工作人员业务素质。"[6] 要充分运用好此项规定,持续优化档案利用服务队伍。

大力引进人才，优化服务队伍结构。由于档案资源的丰富性，使得人才教育背景也要多元化，档案专业、历史专业、中文专业方面的人才，自不必说，物理专业、化学专业、计算机专业也是不可或缺的，人才的专业结构要符合新时代档案利用服务的发展。服务队伍的梯队建设同样重要，每一个年龄阶段都要有，档案服务既要传承又要创新，60 后 70 后经验丰富，成熟稳重，80 后 90 后有朝气有激情，善沟通。

加强对服务队伍的培训和继续教育。随着时代的发展，与档案利用服务工作相关的专业知识、制度、政策等在不断更新，服务队伍这些方面的更新也要随时跟进，用新的思想新的理念武装头脑。档案利用提供者知识储备量的增加、知识体系的完善、理念的更新，对档案馆公共服务的开展和深化有直接的促进作用。

建立多元接地气的晋升渠道。当前很多档案馆是作为参公事业单位管理，人员的晋升是参照行政人员模式，晋升标准和晋升比例一定程度上影响了档案工作人员的积极性，一些档案服务人员在日常工作中，常常有干不干一个样，干好干坏一个样的思想。新修订的《档案法》第十一条关于"档案专业人员可以按照国家有关规定评定专业技术职称的规定"[7]，将有助于扭转这种情况，评定专业技术职称侧重点在档案专业人员的业务能力和学术研究能力，更加符合档案利用提供者实际。因此，在参照行政人员模式晋升的同时，进行专业技术职称的评定也要开展，并行不悖，让每个人都有盼头。既可以提高服务队伍人员的工作积极性，还能提升他们的业务能力和学术研究能力，以便更好地提升档案馆公共服务能力。

1.3 开展档案宣传教育

新修订《档案法》第六条规定："国家采取措施，加强档案宣传教育，增强全社会档案意识。"[8]公众只有了解档案、档案利用服务，才能提高全社会档案意识，更好地利用档案，发挥档案的最大价值，推动档案事业的发展。因此，加强档案宣传教育显得尤为重要。在进行宣传教育时，要在法律制度的允许范围内，把馆藏档案资源系统梳理，及时向社会公布，让公众有较为全面的了解。另外，积极宣传档案利用的成效，让公众看到档案资源对机关、团体、企业事业单位和其他组织及个人带来的积极效果。当然，也要积极普及与档案有关的各种法律制度、标准规范等，让公众明白档案利用的规范性和可操作性。

2 建立完善服务机制，动态优化服务

好的制度能够为满足公众查档需求提供稳定的保证。既能让档案利用服务者在制度的规定下提供有效的档案，又能让查档者按照规定的流程获得想要的档案服务，不至于在不了解的情况下推诿扯皮。另外，还可以让查档者的意见或建议有适当的途径反馈给档案利用提供者，反过来促进利用服务的优化，形成良性循环。

2.1 建立健全查档利用制度

系统健全的查档制度能够使查档过程有序顺畅快捷，大大提高查档效率，让查档者满意查档结果，实现档案价值。在制度制定过程中，要对档案利用提供者的能力和素质提出明确具体的要求，查档看似简单，其实不然，需要很多的专业知识和能力，不是谁都能胜任，档案馆要高度重视，选一些专业能力强，综合素质高，服务态度好，协调能力强的人，这样才能在查档中游刃有余。制度中明确档案利用提供者的工作职责是保证查档有条不紊，不出现混乱局面的重中之重，接待、引导、查询、提供档案等，分工明确，衔接有序，这样才能使整个查档过程顺利开展。制度中还要有比较合理的激励和评价，任何一个群体，都是由不同的人组成，工作的成效各有不同，档案利用提供者也不例外，因此，要有合理的激励和评价制度，既能让他们在提供查档服务过程中，约束自己的言行举止，又能在完成查档后，更好地认清自己提供的查档服务是否还有进步的空间。另外，各种有关的查档制度要上墙，让前来查档的人员能够了解查档制度，知道怎么查档，查档需要哪些流程，哪些可以查询到，如何解决查询不到档案资源的问题等，从而提高查档效率。

2.2 优化服务评估反馈机制，提升服务质量

服务评估反馈机制是保证查档者在查档结束后，反馈自己查档意见或者建议的重要保证，能够进一步解决查档者的困惑，同时让档案馆明白哪些需要改进，哪些要进一步保持。因此，十分重要，也十分必要。

评估反馈过程要透明。档案馆自我组织的反馈评估很有必要，但查档者和公众参与、引入第三方开展评估反馈也是不可或缺的。查档者和公众是查档利用服务对象，他们的评价是最能反映服务质量的，他们对查档结果满意，

当然会有好的评价，对查档结果不满意，毫不留情地批评在所难免，因此，要通过适当的方式让他们参与进来，让公众为档案馆公共服务能力的提升献计献策。第三方开展评估反馈能够保证公正，档案馆自评或多或少带有主观感情，很难保证公正。

充分用好评估反馈结果。只评估反馈，不运用结果，起不到任何效果。充分运用结果，发现服务过程中存在的问题和不足，深入分析问题出现的原因，研究问题解决的方式方法，列出解决的步骤，解决呈现的问题，才能实现评估反馈的价值，才能促进服务质量的提升，才能提升公共服务能力。因此，要充分利用好评估反馈结果，在不断的评估反馈中，查漏补缺，真整改，真提升，优化查档利用服务。

3 提升档案馆形象，美化公共服务环境

档案馆公共服务环境给利用者带来最直观的感受，直接影响利用者对档案利用的评价和态度，进而影响档案馆形象。新修订的《档案法》规定："各级人民政府应当加强档案工作，把档案事业纳入国民经济和社会发展规划，将档案事业发展经费列入政府预算，确保档案事业发展与国民经济和社会发展水平相适应。"[9] 用法律的形式保证资金足见国家对档案事业的重视程度，档案事业发展环境之好前所未有。档案馆要充分利用政策红利，不断加强对自身公共服务环境的建设。环境建设既要重视硬环境，更要重视软环境。

3.1 适度超前，完善公共服务硬环境

公共服务硬环境完善程度影响着用户对档案馆的满意程度，也影响着档案馆的公共服务能力。"十三五"时期，我国档案馆基础设施取得长足发展。馆库设施持续改善，"得到中央财政支持的 600 多个中西部地区县级综合档案馆大部分建成、6 家区域性国家重点档案保护中心投入使用"。[10] 但地区及行业间发展不平衡问题仍然明显存在，特别是基层基础设施还有很多薄弱环节，严重影响档案利用服务的实现。因此，档案馆要重视硬环境建设，适度超前，改善硬环境。"'利用便捷性'就是中国特色档案利用服务体系'方便性'的体现，强调了人民群众对档案信息资源的'能获得性'。"[11] 可以适量增加电子阅览室中计算机设备的数量，升级档案利用的检索设备，提供充

足的自助打印机等，为利用者提供休息的场所，利用多媒体播放馆藏档案有关的视频、图片、图书等，这些都是完善的具体体现。

3.2 优化调阅室功能区，营造舒适查档环境

功能区明确、有人文关怀的查档空间，能够给查档者带来好的心情，改变档案馆在公众心中的印象，提高公众对档案事业的参与度，进一步促进档案馆公共服务能力的提升。

优化功能区域，提升服务体验。虽然很多调阅室都设置了不同的功能区域，但由于这些区域的设置很大程度上是设计者的理念和档案馆管理者的意见结合的产物，很少有利用者的参与。所以，功能区在便民方面还有很大的改善空间。比如，一些档案馆把一个很大的房间作为调阅室，计算机、桌椅、展览台等都有，但没有休息区，服务柜台和阅览区域处于同一空间，不同利用者的现场咨询、电话咨询、查档等，相互干扰，给档案利用者造成不良影响。基于此，有持续优化调阅室功能区。比如可以为档案利用者提供可以设置专门的休闲体验区，展示档案馆有关的相关的编研成果、特色文创，播放一些有关档案馆的视频、图片等。在不同的功能区之间安装一些隔断，减少相互之间的影响，提升服务体验。

关怀"无微不至"，注重服务细节。在提供档案利用服务过程中，多一些人文关怀。针对老年人来查档阅档，可以为其提供优先查档服务，并为他们提供老花镜、放大镜等常用的设备设施，让他们时刻有暖心的体验；对于查档较多的人员，可以为其提供专门的区域，积极主动为其提供需要的服务。档案利用服务者要遵守公共场所的规章制度，不能因为是档案馆人员就随意走动、聊天等，影响查档者查档等。这些看起来不起眼的小事，但不重视，会使公众对档案馆和档案工作者有成见，长此以往，也影响档案服务的质量和公众优良档案意识的形成。

注释及参考文献

[1] [5] 中华人民共和国档案法释义 [M]. 北京 : 中国民主法制出版社 ,2020:8.

[2] [3] [10] 国家档案局 . 中办国办印发《"十四五"全国档案事业发展规划》[EB/OL].[2021-11-05].https://www.saac.gov.cn/daj/toutiao/202106/ecca2de5bce44a0eb55c890762868683.shtml.

[4] [6] [7] 中华人民共和国档案法释义 [M]. 北京 : 中国民主法制出版社 ,2020:5

[8] [9] 中华人民共和国档案法释义 [M]. 北京 : 中国民主法制出版社 ,2020:4.

[11] 丁华东 , 黄林 . 中国特色档案利用服务体系的建设与完善 [J]. 档案学研究 , 2022(1):51-57.

《中华人民共和国档案法实施条例》优化进路探微

赵彦昌[1]　刘家佑[2]

1 辽宁大学信息资源管理学院

2 辽宁大学历史学院

摘要：《中华人民共和国档案法实施条例》（以下简称《档案法实施条例》）是全面推进档案事业法治化的重要载体，在建设现代化档案治理体系的进程中发挥着里程碑式的作用。在明确历史定位的基础上，按照立法路径、执法路径、治理路径、互动路径四个角度分析《档案法实施条例》的优化进路，以期廓清《档案法实施条例》对发展我国档案治理体系的独特作用，彰显其促进我国档案法治化的独特价值。

关键词：实施条例；档案法；路径优化

0 引言

中国档案事业的法治实践历经 70 余载，档案法规体系日趋成熟完善。"《档案法》在我国档案法规体系当中处于核心地位。"[1] 从分散的行政法规与规章到《档案法》的核心地位日趋确立，再到新时代档案法规体系的逐步健全，缓缓展开了一幅中国档案法制变迁的壮美画卷，书写了一部中国特色档案法治实践的创新史。特别是党的十八大以来，在习近平新时代中国特色社会主义思想的引领下，中国档案法规体系加强对收集管理、源头治理、资源管控方面的制度建设，"本着于法周延、于事有效的原则"[2]，不断推动中国档案事业的应用创新。特别是 2021 年新的《档案法》出台以来，中国档案法体系面临着新的时代任务以及体系化要求。旧有的《实施办法》已经不能满足新时代档案法规体系的要求。《中华人民共和国档案法实施条例》（以下简称《档案法实施条例》）在满足新时代对中国档案事业提出的新要求的同时，解决了档案发展体系建设所面临的体系不健全的问题，实现了档案法体系在功能性建设以及系统性建设上的提升。《档案法实施条例》具体了《档案法》的相关内容，在法律层面上完善了档案权利的法律救济途径，明确了档案执法机关的执法职权，加强了执法效能，充分地实现了档案执法领域的于法有规、执法有效。同时加强了对档案保管条件保管机制的监督检查力度，实现了档案保管过程当中的追责问责体制机制的建立。充分地解决了档案资源体系建设发展不平衡，转型建设不充分，资源共享范围有限的问题。《档案法实施条例》是全面推进档案事业法治化的重要载体，在建设现代化档案治理体系的进程中发挥着里程碑式的作用。在明确历史定位的基础上，按照立法路径、执法路径、治理路径、互动路径四个角度分析《档案法实施条例》的优化进路，以期廓清《档案法实施条例》对发展我国档案治理体系的独特作用，彰显其促进我国档案法治化的独特价值。

1 立法路径优化——充实高水平法规体系

首先，在当代中国档案事业的实践场域下，《档案法实施条例》将新时代的法治建设方针融入当代档案事业发展的实践，重点探索确立了一系列具有可操作性的法律治理条文，避免相关规范成为一纸空文。常言道，徒法不足以自行，以稳定性著称的法律文件要得到有效的执行，立法质量的提升是不够的，更需要灵活的执行机制以及相关的规定，使得法律能够适应社会的发展变化，实现社会秩序的构建。中国的档案事业具有自己的行业特征，每个单位的档案工作具有自身的特殊性。而随着时代的发展变化，档案的保存以及利用方式也会随着时代的发展逐步进化。就档案工作空间上的多样性以及时间上的多变性而言，《档案法实施条例》通过赋予档案保存单位规则的制定权以及规定定期汇编档案目录等模式，充分地保障了档案工作的机制对于时间以及空间的适应性，体现了档案行业的实际工作特征，充分地保障了《档案法》乃至整个档案法规体系的执行效力。

其次，不断健全基层档案法治共同体，制定档案管理规章、规范、准则等，逐步建立档案行业领域自律性社会规范制定机制。针对档案工作而言，仅仅依靠行政监管是不够的，针对于依赖专业技术的行业领域，行业自律成为行政监管的有效补充。《档案法实施条例》加强了档案保存机构、国家档案馆相关专业规则制修订程序的规范化，促使专业规范的制修成为促进中国档案事业发展的健康良好的重要抓手，进而有效地构建了针对于档案专业领域的行业自律机制，形成了对档案事业行政治理的有效补充。

最后，《档案法实施条例》实现了法律规范性条文与引导性条文的协调兼容，构建了强制与宣教相结合的法治治理模式。大力推进中国档案法规体系嵌入中国特色社会主义法治体系，加强档案治理当中引导性、宣告性非强制规范的建设，提升了档案治理当中的软法水平。发展了档案治理当中"软规范"与国家法规中"硬规范"的衔接机制，优化了国家法律体系对档案事业治理的规范模式，实现了档案的专业性规范与其他国家法律规范的合作共生、互补互济。

2 执法路径优化——健全档案行政执法体系

完善档案执法机制旨在实现良法善治。《档案法实施条例》深化了档案治理当中"刚柔并济"的治理理念，制定了一系列促进柔性执法、提升执法质效的条文。《档案法实施条例》强调执法方式与手段的人性化，在保障了档案部门执法规则尺度的基础上，实现了档案执法的文化温度。在全面推进执法质量的大背景下，应该持续推进档案执法刚柔并济的制度化、规范化、专业化水平。

首先，《档案法实施条例》确立了灵活多样的执法手段以及针对档案治理特色的执法方式，约谈以及责令改正的广泛采用、处理建议制度的实施、行政处罚规范的衔接，使得档案行政执法实现了力度与温度的统一。《档案法实施条例》第七章规定了四种具体的档案违法情形以及处理手段，体现出了档案治理领域的专业性。就法律后果来讲，"责令改正"在其中的特殊作用充分地体现了《档案法实施条例》的执法特色。行政处罚的核心属性在于其制裁性，而责令改正的采用主要是通过制裁威慑实现恢复、治理以及预防。在《档案法实施条例》当中，四项违法行为均采用了"责令罚"的处罚模式，在制止相对人的档案违法活动的同时，同时赋予了"相对人对档案违法行为的纠正空间，以开展动态治理"。[3] 同时有效地预防了档案违法行为的发生。而就《档案法实施条例》所体现的规则模式来讲，"责令罚"又体现了其"补充适用的功能"[4]，以第四十八条为例，"国家档案馆违反国家规定擅自扩大或者缩小档案接收范围的，或者不按照国家规定开放利用档案的，由县级以上档案主管部门责令改正；情节严重的，由有关机关对负有领导责任的领导人员和直接责任人员依法给予处分。"即"责令改正"与其他处罚措施会根据档案违法的情节轻重选择性适用。这种独立适用的模式，体现出了《档案法实施条例》对于档案违法，并非以"制裁"为唯一功能，其更加注重档案管理秩序的恢复以及档案治理体系建设的价值。

其次，《档案法实施条例》完善档案执法领域的实施准则，针对档案实践需要，科学界定档案违法的行为，规范了行政处罚的适用条件，避免了行政处罚权的滥用以及不当适用，保障了行政执法的公平公正。《档案法实施条例》第七章规定了四种档案违法行为，即不按规定接收开放档案（第四十八条），将档案据为己有（第四十九条），侵占挪用档案馆馆舍（第五十条）以及明知存在档案隐患而不采取安全措施（第五十条）。其一，这四种违法行为与《档案法》所规定的六种违法行为形成了一定的互为补充的关系，从某种程度上体现了档案执法体系法条规定的周延性。其二，这四种行为覆盖了档案管理的全过程，实现了档案管理从归档，保存、利用全过程的有法可依。其三，这种档案管理规则充分地体现出了对于档案基层治理的相关要求，将档案行政执法的触角延伸到档案企业以及相关单位，有效地从基层处理档案的违法问题。

最后，《档案法实施条例》制定了档案领域的执法的底线要求。确立档案执法领域的资质条件以及执法资质考试制度，保障档案一线执法人员的素质，提高档案执法的公信力。中华人民共和国行政处罚法规定执法人员在进行调查或者检查时，应当向当事人出具行政执法证件。在作出处罚决定时，也需要向当事人出具行政处罚的相关资质凭证。由此可见，针对于一般的行政执法过程，行政执法证件是进行相关调查以及做出最终处罚决定的必要条件，已经成为进行一般行政执法行为的底线性要求。《档案法实施条例》对档案执法人员的执法资质做出细致性规定，不仅仅是为了遵从上位法的规定要求，更是为了提升档案执法的质效所做的考虑。在具体的档案行政执法过程中，档案执法人员具有行政执法证件是提升档案执法公信力的关键，从而进一步提升档案行政执法的质量。

3 治理路径优化——完善分级分层的治理体系

当今社会，社会变化的速度日趋加快，不断为当代社会治理提出新的发展要求，破题的关键在于有效地利用各种手段对社会问题进行有效的解决。

《档案法实施条例》把档案治理体系建设作为规制重点，完善档案管理分级分层治理体系，加强档案工作的源头治理，过程管理、环节把控，构建预防性法律制度，有效地保障档案事业为社会治理大局服务。一个关键的环节就是提升档案治理体系的分级分层建设。一方面，《档案法实施条例》强化档案工作的基层治理，就目前而言，"执政党如何有效领导社会组织成为基层治理面乃至国家治理领域需要解决的深层次问题"。[5] 充分赋予了基层档案单位管档治档的权力，激发基层社会组织管档治档活力，同时强化法律责任，进一步完善档案管理一线工作的责任体系。并且规定了国家档案馆、乡镇机关以及相关单位的档案宣传教育义务，提升基层人民群众的档案意识，充分保障了基层治理主体力量的发挥与党的领导的有机统一。另一方面，加强档案管理的分级治理制度建设，在原先已有的制度的基础上，完善对档案保存、出境、开放利用的分级管理，第五条、第二十七条对在档案保存以及出境环节的分级治理进行了一定细化，允许国家档案馆自己制定相关专业规范以及分级标准，保障了分级管理制度的执行力。这在一定程度上加强了根据档案的珍稀以及重要程度完善档案管理利用的机制。尤其是保障了档案保存单位如何精确地利用配置资源，提升了档案的治理效果。

4 互动路径优化——构建档案法治实践共同体

"共同体是指个体、组织等基于相似的价值认同、目标追求等，自觉形成的相互关联、相互促进的关系稳定的群体。"[6] 在《档案法实施条例》中，法治主体包括档案主管机关、国家档案馆、各级人民政府、相关的企事业机关单位以及人民群众，政府、档案管理机关与群众之间的关系在档案领域，与其说是一种管理与被管理的关系，不如说是一种主体间的关系。档案法治的出发点是为了多数人的共同利益，档案法治的过程是在档案法规的框架内进行主体间的互动，结果是回应人民群众的档案需求，实现档案的社会价值。由此，档案法治过程是事关全体人民的共同行动，《档案法实施条例》最大限度凝聚各方资源，构建档案法治实践共同体。《档案法实施条例》从行政法规的角度，将档案法治共同体分为三个层次，实现了不同治档主体之间的有机互动。第一，各地党委政府、档案主管、保存机关是第一层次。党委政府对于档案事业发展的经济支持、政策支持由《档案法实施条例》加以强化。"'关键少数'带头守法，要靠制度建设加以保证。"[7] 发挥档案主管机关对于档案事业的监督指导作用，规定档案主管机关对下级机关、国家档案馆的监督职责，强调对于档案管理的"关键少数"的治档责任追究。同时《档案法实施条例》纵深推进了治档综合工作机制建设，不断地健全宣教奖励制度，目录汇编制度、档案捐赠制度等工作机制，持续完善治档工作协作共同体。第二，社会力量是居中层次，在各级档案机关以及党委政府的主导下，统筹管理各个企事业机关、基层单位的档案管理工作，在有效规范管理流程的基础之上，充分地提高档案管理质效。第三，人民群众是基础层次。对于基层的档案服务，不仅仅要提高服务质量，更应该增强人民群众的档案意识，特别是通过对于开放以及利用手段的优化，引导广大群众有序有效利用档案，提高人民群众的档案意识。《档案法实施条例》重点奖励与档案违法行为作斗争的人民群众，健全档案治理长效机制。

5 结论

　　档案工作的法治化就是要把握时代脉搏，回应时代呼唤，不断深化对档案社会治理的规律，认识不断推动中国档案的时代经验，在以法治理论创新时代创新制度创新中突出档案工作的中国特色的基础之上，有效地推进档案法治现代化。作为一个具有综合性、复杂性、系统性的庞大工程，在"仰赖科学立法、严格执法、公正司法和全民守法四个方面机制健全完善"[8]的基础上，不断提炼完善中国档案事业的优秀经验，拓展《档案法实施条例》的使用场景以及创新边界，在不断变化的档案事业发展实践当中推动《档案法实施条例》焕发生命力与法治力。

注释及参考文献

　　[1] 李钛戈 . 面向依法治理的我国档案法规体系建设研究 [J]. 档案管理 ,2022(5):70.

　　[2] 王绍忠 . 夯实档案事业高质量发展法治基础 [J]. 中国档案 ,2024(1):9.

　　[3] [4] 解志勇，唐安然 ."责令罚"及其适用研究 [J]. 江汉论坛 ,2022(7):118,120.

　　[5] 吴磊 . 调适性引领：党领导社会组织制度的变迁逻辑及实现路径 [J]. 社会科学辑刊 ,2024(2):26.

　　[6] 郁建兴 . 社会治理共同体及其建设路径 [J]. 公共管理评论 ,2019(3):61.

[7] 陈柏峰 . 习近平法治思想中的全民守法理论 [J]. 法学 ,2024(2):5.

[8] 王琦 . 我国档案法治现代化建设 : 内涵界定、问题检视与实现机制 [J]. 档案与建设，2022(5):11.

哲学诠释学视域下的档案伦理与"正义"关系问题探究

孙可佳

西北大学档案馆

摘要：如今档案伦理问题日益得到重视，档案自身所涉及的伦理与正义关系问题亟需进行深入研究。国际学术界普遍主张为"档案寻求正义"以及"正义回归档案"，国内档案学研究也进行了一定程度的讨论。然而，档案伦理与正义之间似乎不言自明的关系尚未从理论上进行充分研究。本文尝试通过对传统西方哲学中的"正义"观念分析，进一步地探讨在哲学诠释学视域下对于"文本"的重新理解，以此来分析档案伦理与正义之间的必然性关联。档案与正义并非差别关系，而是在此在的历史性中，作为文本的档案有所展现的即是正义，档案正义在历史进程中对此在保持开放。

关键词：档案；正义；哲学诠释学；文本；理解

1 档案伦理与"正义"关系初探

1.1 作为共在的档案本身的正义性来源

国际学术界以南非的维恩·哈里斯为代表，主张"档案寻求正义"原则，重新诠释了档案的本质与原则。这受到了世界范围的广泛认同和参与，这一原则实际上就蕴含着如下两个命题："何为档案"与"档案何为"。国外的实践性、开创性研究已经大步向前迈进，国内关于"档案伦理"与"正义"的关系问题也取得了一定的成效。

赋予档案伦理以正义的内涵，毋宁说档案伦理即是"正义"本身，这是属于哲学诠释学的工作范畴。正如加拿大档案学家特里·库克评论哈里斯《档案与正义》一书的看法时说："哈里斯为 21 世纪的档案工作者谱写了一首职业赞歌，他邀请我们档案团体通过演唱这首赞歌来呼唤正义，勇往直前地去呼唤正义是我们的主要责任,否则,我们什么也不是。"在哲学诠释学看来,档案作为一种事实性的文本,其蕴含着档案自身的理解,只有与文本进行视域融合,将其涉及的理解带入与普遍生活世界的关系才是可能的。换言之,对档案本身与正义之间的思考不能看作是对客观对象所蕴含的某种属性或规定,而是应当注重档案本身所具有的实践品格,即作为时刻展示着的、被解释着的文本本身,与我们自身的理解是时刻关联着的,档案本身是此在在生活世界中的职责的显现。

社会正义对档案本身的影响,使得档案维护社会公平的责任越发彰显,同时也使得档案能够为正义而记忆,也使得越来越多的使用者开始看重档案内容的社会价值。这个社会价值的背后,则是对于档案伦理与社会正义的关系问题的实践性思考。

档案作为社会生活的第一手资料,无论从档案自身来讲,或是从档案与社会各方伦理关系而言,档案为社会正义的构建与维持提供源源不断的动力支撑。那么何为档案呢?用一个通用的基础性概念来理解档案问题,即它是国家机构、社会组织和个人在社会活动中直接形成的,保存备查的文字、图像、声音以及其他各种形式的历史记录,是国家、单位和个人发展的信息资源。如果把这个概念进一步概括,那么所谓档案就是某种社会存在。档案作为一种社会存在既是人的主体性意识的呈现又同时作为人的客体性关系的展开。换言之,当档案成为档案之前,它仅仅是作为个体乃至群体的经验意识、事实凭据的材料,承担的是个人乃至群体的抽象性的主体性观念并作为某种媒介而得以存在;当档案成为档案之后,它所承载的主体性义务便被客体性关系所覆盖,而成为某种具体的对象,以至于成为社会存在形式之一。

将档案看作是一种文本样态是目前主要流行的理论化观点。然而,从哲学诠释学的角度来看还并非仅仅如此。哲学诠释学主张回归到作为科学基础的生活——文本之中去,来反对其他科学将世界非生活化并且用概念来代替世界的理论趋势。按照海德格尔原初生活经验,即前理论的生活经验的可追问性是最基本的问题,这种经验即所谓的事件,档案文本首先是生活事件,然后才是成为理论化的"社会存在"。由此而来,伽达默尔在《真理与方法》中声称,"对文本的理解永远都被前理解的先把握活动所规定。在完满的理解中,整体和部分的循环不是被消除,而是相反地得到最真正的实现"。通过将作为文本的档案从"理论化"的文本概念中解放出来,即从传统的作为社会存在的客观物的束缚中解放出来,将其重新置于新的理解与解释的循环中，亦即作为此在的共同世界之中，其所具有的"正义"才会真正显现出来。与他人的每一种关系都是以已经共在为基础的，因此"正义"之所以可能存在，是此在赢得自身的可能性的诸样式，它先天的属于此在的生存之所向，正义是源于此在自身，在赢获自身的可能性中，在文本（档案）所意蕴的生活世界中，用以理解和解释自身。

1.2 档案对自身规定性的消解与重建

档案对自身的规定性的消解及重建类似于正义本身。它规定其自身的同时又对其相关的伦理德性赋予规定。亚里士多德《尼各马可伦理学》中说："'公正是一切德性的总括。'公正最为完全，因为它是交往行为上的总体的德性。它是完全的，因为具有公正德性的人不仅能对他自身运用其德性，而且还能对其邻人运用其德性。"换言之，正义为正义德性之全体，非正义为非正义德性之全体。而档案自身也正是档案伦理及德性之全体，因为它既承担着其所蕴含的个人或群体的主体性意志同时还肩负着客体性关系的延展，它在其自身中形成了内在与外在、德性与准则的全部。这也是档案即是正义本身的理论性前提之一。

那么如何又是真正的正义呢？真正的正义所蕴含的范畴与德性是否与档案一致呢？在《尼各马可伦理学》中，亚里士多德对公正作出了这样的规定："公正的意义也不止一种。除了德性总体的意义外，它还有另一种意义。因此我们必须弄清楚这另一种公正的性质与特点。"公正、或言正义，作为贯彻一切德性的最高原则，个人道德要依靠它以成立，社会道德亦依靠它以成立。无论西方或者东方的普遍认知和普遍道德原则，正义无可厚非地占据着绝对的重要的德性地位。亚里士多德努力的就是现实的、详细的公正的分类，他区分了两种公正，总体上的德性的公正以及社会功能意义上的约定的公正。正义本身就天然地蕴含着某种正义的尺度，而它的适度与平等的尺度也正是和档案及档案自身的伦理尺度所契合。这也正是哈里斯在进行着的"档案呼唤正义"这样的工作的时候，档案之所以可以呼唤正义本身，抑或说是正义可以被档案所呼唤的根源之所在。然而，哈里斯的问题在于，档案呼唤的并非正义，因为正义的尺度已经天然地蕴含在了档案本身之中，它所呼唤的应当是档案自身正义尺度的伦理价值的觉醒。不言自明的，这涉及了"正义与权力"之间的较量。正如张晶在其文章《论权利与正义对档案的建构》中表明的那样："权利与正义在对社会形态的构建中都有不可忽视的约束力，对于档案的建构，与权力的强制要求公众遵守不同，正义更倾向于通过档案为公众发声，为社会保存记忆。"国外学者马克·格林则认为无论档案工作是否以正义为目标，都可以为自己保存了社会真实面貌而骄傲。他似乎更多的在说档案应划清自身的界限，但是这并不影响"正义本身"的天然存在。我们认同档案以"保存社会真实面貌而骄傲"这样的论断，那么，我们实际上就是在认同档案的正义性原则的底色。

2 哲学诠释学视域下的探究

这就涉及了哲学诠释学所做出的努力，它超越了传统西方哲学体系中的主客对立的思维方式，在哲学诠释学的视域中，正义并非再是作为文本的档案的附加属性或外在规定。伽达默尔在《真理与方法》中卓有见识地指出，"其实所有的读都包含一个应用，以致谁读一个文本，谁就自身处于他所理解的意义之中。他属于他所理解的文本。情况永远是这样，即在读某个文本过程中他所得知的意义线索（Sinnlinie），必然被中断于一个开放的不确定性之中。他可能承认，而且他必须承认，未来的世代将以不同的方式理解他在文本中所曾读到的东西。"这种古典诠释学所具有的实践品格被伽达默尔取出并赋予新的意义，在他看来，应用在本质上必然属于理解。文本并非对某个特殊的人有效，而是对所有接受历史传承物的人都有效。区别于科学的研究方法，哲学诠释学主张具有应用品格的文本意义通过效果历史意识向所有人保持开放。正义作为此在自身的显现，历史地被保留于作为历史传承物的文本之中。理解文本与对文本进行解释，都是让意义世界进入此在的生活世界与周围世界，它们共同地属于效果历史。

这其中另一个十分重要的环节便是时间距离。伽达默尔指出，哲学诠释学之前的工作要求的是"在理解中获得内容的一致性"，因此不管是奥古斯丁试图以基督教思想来解释《旧约》还是施莱尔马赫提出的从整体与部分的循环出发来从文本自身理解文本。他并不否认这样的工作所取得的成果是有效的，但是这种形式的普遍诠释学预先给出了循环的消失，即存在着某种最正确的理解。我们与作为历史传承物的文本与档案的关系，并非如同普遍诠释学所认为的那样，通过多角度的回顾于文本本身便能得出一个最原始最精准的文本意义来，而是在我们的参与过程中，意义向我们展现出来。时间距离并不是按照传统的普遍诠释学那样需要被克服的东西，而是真正赋予我们能够更好地创造性地理解文本的积极条件。档案作为文本的诸样式之一，具有多种形态，如影像、文字、语音、图案、器具等。在我们与档案接触的进程中，时间距离给予我们与既有的历史进行视域融合，意义在视域融合的进程中展现为我们把握档案的诸方式，对其进行理解和解释基于上述的时间距离和视域融合诸条件。因此，档案伦理与正义本身的关系就不再是将某物带向某物，而是共同在此在的生活世界中呈现出来。作为历史传承物的档案被此在赋予正义，档案呼唤正义即是此在自身在呼唤正义。

3 档案的正义何以不请自来

根据传统西方哲学，档案的正义伦理是天然属性，第一是由其作为文本具有这样的"中庸"的性质，即作为个体或群体的主体性意识以及客观性载体的属性，使得其天然地"无有自性"而"平等"；第二关切到正义本身的时候，档案本身与正义存在着天然的联系，具备正义的全部属性；第三就其实践意义而言，关于档案正义的趋向与践履，正是打破所有被非正义所统治的档案伦理问题的要求。

从哲学诠释学的视域来看，档案的正义"不请自来"并非由于作为一个客观对象与人的认识产生何种联系，那样的理解方式依然是从属于普遍诠释学的理解。"档案呼唤正义"这一命题实际上蕴含着两层含义，第一是作为并非从属于档案的那个正义，被呼唤而带上前来，这正是传统西方哲学中的正义原则；第二是档案作为有所展示的历史传承物，作为此在自身的理解和解释将自身展示出来，在展示的动态的、开放的进程中正义呈现出来。哲学诠释学所关注的重点在于反思并试图意识什么在理解中发生，它所涉及的是理解的普遍生活世界。

哈里斯呼唤"档案的正义"，这对我们的启发是重要的，对档案正义的呼唤也是建设新时期社会主义核心价值观体系的必然结果和导向。社会主义核心价值观基本内容中的"自由、平等、公正、法治"，是对美好社会的生动表述，也是从社会层面对社会主义核心价值观基本理念的凝练，公正即社会公平和正义，它以人的解放、人的自由平等权利的获得为前提，是国家、社会应然的根本价值理念。所以，在这种条件下，不管是档案还是档案工作者，都应当以此为标准进行深刻的思索，进行切实的行动，社会的公平正义要求维护档案的正义原则，档案的正义属性也促进了社会的公平正义的实现。因此，只要坚定不移地践行社会主义核心价值观，坚持不懈地维护档案的正义原则，知所从来，方明将往。重视学习和总结历史，就必然可以敦促到档案正义的到来与实现。

高校固定资产投资项目档案管理路径思考
——基于韧性治理视角

韩乔乔　土红莉

西北工业大学档案馆

摘要："十四五"规划实施阶段，我国档案事业迎来一个机遇与风险并存、革新与发展并进的关键转型窗口期。本文结合高校固定资产投资项目档案的特性，对当前高校固定资产投资项目档案管理现状进行分析，并基于韧性治理视角将韧性治理内涵嵌入档案治理，从制度规范韧性、工作网络韧性、过程管理韧性、人才队伍韧性等方面探索了高校固定资产投资项目档案韧性治理新路径。

关键词：固定资产投资项目；档案管理；韧性治理

0 引言

固定资产投资项目（以下简称"固投项目"）一般包括基本建设（改建、新建、扩建等）和设备仪器购置及研发工作。[1] 高校固投项目档案是固投项目建设的真实记录，也是项目投资质量得以保证、管理经验得以总结与传承、评价项目建设过程是否规范的重要依据。"十四五"以来，档案事业发展处于重要战略机遇期，同时也面临社会对档案信息需求的急剧增长，档案行业深化依法治档的要求更加迫切，数字信息在档案行业愈发精准的触达，档案业务水平需不断升级等各类严峻挑战，这给固投项目档案管理带来多重风险。

"韧性"一词最早见于 20 世纪 70 年代的工程领域，指遭受外力时具有自我修复的能力。[2] 21 世纪初期，"韧性"逐渐开始引起公共管理者的重视并引入治理场域中，衍生出治理韧性、城市/社区韧性等研究热点。[3]《中华人民共和国国民经济和社会发展第十四个五年规划和 2035 年远景目标纲要》中三次提到"韧性"："发展韧性""提升供给体系的韧性""建设韧性城市"，这是"韧性"一词首次进入我国国家治理话语体系。[4] 韧性治理是指多元治理主体为了强化对复合型风险的适应、学习与变革的能力，建立的一种新型治理模式。[5] 在档案事业发展的关键转型窗口期，面对诸多隐性风险，立足档案工作实际，基于韧性治理视角，思考如何有效应对外部环境的发展变化、加强固投项目档案管理的更新调适、化解多重风险的叠加效应，是风险社会下固投项目档案管理的新尝试。

1 高校固投项目档案的特性

1.1 档案形成阶段性

高校固投项目一般投资金额大，建设周期长。从宏观角度看，固投项目通常需经历调研、立项、审批、设计、施工、竣工、验收等多个阶段，其文件材料随着项目建设各阶段的逐步推进不断形成。[6] 从微观角度看，以基本建设项目为例，根据部位和功能不同项目可细分为地基与基础、主体结构、建筑装饰装修等十大分部，基于不同的分部，项目建设的阶段不同，项目产生的材料也不同。因此，无论从宏观还是微观看，高校固投项目建设的阶段性决定了项目档案形成的阶段性。

1.2 档案收集多样性

一是材料来源单位多样性。以高校为例，固投项目外部涉及上级主管、设计、施工、监理等单位，内部涉及发展规划、国有资产管理、招标与设备采购、财务、基建等部门，不同的单位和部门在项目建设不同阶段形成的文件材料均属固投项目档案管理范畴。二是材料类型多样性。按照材料内容，可分为前期材料、招投标材料、施工材料、监理材料等。按照信息表达方式，可分为纸质文件材料、电子文件材料、图形音像材料等。材料来源单位和材料类型的多样性使得高校固投项目档案收集具有多样性，也为项目档案的收集增加了难度。

1.3 档案整理系统性

高校固投项目建设属于系统建设，整体建设目标明确，各阶段建设环环相扣，围绕项目建设所产生的文件材料联系密切。在整理固投项目档案时，不仅需考虑其多样性和完整性，还应充分尊重其原始系统性。如基本建设项目，其不同单位工程、分部工程之间既相对独立又紧密衔接，在档案整理时不应简单地将同类材料归纳到一起，整理时应遵从每个工程节点所产生文件材料的内在逻辑，实现工程材料与工程建设相互对应，能反映工程建设的全貌和细节。

1.4 档案内容专业性

高校所承担的固投项目与高校学科特色和学科优势息息相关。以本人所在高校为例，固投项目大多为武器装备配套的整机、部件、元器件等生产研发及厂房建造，涉及航空、航天、航海、材料、机械、计算机、通信等多个领域和不同的专业方向。因此高校固投项目档案不仅涉及档案管理、土木建设、设备仪器等专业，还覆盖了项目研发涉及的多个专业学科，具有极强的专业性。

2 高校固投项目档案管理现状

2.1 体制机制不健全，档案管理职责不清

贝克是制度主义风险观的倡导者，他认为风险社会中法律和制度规范体系是风险问题产生的根源。[7] 目前，我国已有的法律法规和标准规范相对完善，但仍存在以下问题。一是协同合作制度缺失。目前没有相关制度明确档案管理过程中档案部门与其他部门之间在职责权限划分和业务协作运行中的问题。二是针对性管理制度缺失。以高校为例，大部分高校未建立针对固投项目档案的管理制度，可能会产生职责不清、相互推卸、档案管理滞后等情况。三是监管制度不完善，执法不严。实际项目建设中部分参建单位未形成有效的监督机制，档案规章制度形同虚设。档案管理体制机制的不健全，将增加档案资源体系建设不全、档案利用服务质量不高、档案信息安全无保障的风险。

2.2 档案管理人员和项目管理人员档案意识双向缺乏

文化主义风险观认为风险与人类认知有关，主张通过不同的文化运动形式提高人们的风险意识来治理风险。[8] 从人的认知角度思考档案治理问题时，

人员的档案意识就成为档案韧性治理的基础。一是档案管理人员认知落后。高校档案管理人员对固投项目档案管理的认知仍停留在档案收集整理层面，管理固投项目档案时常有过时的"经验之谈"。二是项目管理人员存在"重项目轻档案"心理。各级领导及项目建设人员对项目的管理都较为重视，而项目档案管理效果的体现具有延迟性，难以给人直接的正向激励刺激，往往在项目后期需要利用档案时才意识到档案的重要性。档案管理人员和项目管理人员档案意识的双向缺乏还将导致其协作时产生档案认知差异，无法形成固投项目档案治理共同体，抵抗风险的能力也因此大大降低。

2.3 档案管理过程和项目实施过程未实现真正融合

固投项目从项目前期准备阶段开始，直到最终项目投产或交付使用的整个过程称为一个生命周期。[9]传统档案管理长期处于被动管理模式，档案部门与项目实施各单位联系较少，对项目的进度情况不明晰，没有主动参与到项目的全生命周期。同时，固投项目在整个生命周期过程中所涉及单位众多，在召开节点会议时易忽略档案部门，这加大了档案管理与项目过程融合的难度。当档案管理过程和项目实施过程相互独立时，固投项目档案管理网络无法构建，档案管理主体结构岌岌可危，固投项目档案丧失原有真实性记录价值。

2.4 信息化背景下档案管理技术风险突出

档案事业现代化背景下，提升档案信息化水平是新时代档案工作的重心。从时代发展角度看，固投项目档案信息化的健康发展将为固投档案治理带来更多可能性，健全的固投项目档案信息化建设体系将帮助项目抵抗新变革下的外界环境风险。然而目前档案信息化发展还不够深入，固投项目档案数据质量、数据权属、数据安全等问题逐渐显现，信息化带来的数据风险日益加深。同时，固投项目档案数据汇集和利用等手段及工具还不完善，无法确保电子档案数据的来源可靠、程序规范、要素合规和安全保存。如实际工作中可能出现电子档案数据审查方式不规范，元数据、电子签章等关键要素丢失的数据风险情况。

2.5 项目档案管理人员知识结构单一

项目档案管理人员是项目档案管理的核心，项目档案管理人员一般包括档案部门档案专业人员和其他部门档案管理人员。高校档案馆档案工作人员对自己所负责的档案工作较为熟悉，但对固投项目建设情况掌握不足，知识结构单一，对系统性极强的固投项目档案管理易片面化。其他相关部门档案管理人员大多由项目管理机构的行政人员、施工单位资料员和设备购置人员组成。这些人员更了解固投项目实际建设情况，但档案专业知识缺乏，难以规范化地完成固投项目档案的收集、整理、立卷和移交。

3 高校固投项目档案韧性治理路径思考

3.1 制度规范韧性——构建完善的制度规范体系

固投项目档案治理效能的提升依赖于健全的档案制度规范体系建设。一是制定协同合作制度。档案主管部门应制定固投项目档案协同合作制度，明确各单位权责划分及协同内容，从宏观角度为高校提供项目协同合作依据。二是制定针对性管理制度。在国家固投项目档案管理制度相对健全的基础下，高校应制定针对性管理制度，确保固投项目档案工作纳入学校工作规划和计划，纳入各类人员职责范围、纳入各项工作管理制度。三是基于监督制度强化监管约束。项目主管部门负责对档案职责体系及各兼职档案员履职情况进行监督、检查，强化档案监管，实现"执法落地"。组成"协同合作—针对管理—监管落地"的全过程管理制度，构建具有韧性的制度规范体系，为固投项目档案管理的健康运转提供有效保障。

3.2 工作网络韧性——形成多元参与档案治理共同体

马克思主义风险观认为社会风险治理的本质是把最广大人民利益同实质性地体现人民主权结合起来。[10] 将韧性治理思维嵌入复杂的固投项目档案治理时，首先立足档案治理主体的多元性，充分唤醒档案人员、主管领导、行政管理人员、施工建设人员等多元主体的档案意识，形成"人人有责、人人尽责、人人享有"的多元参与档案治理共同体。以高校为例，把多元参与的档案治理共同体作为基础，构建出学校党委领导、项目主管部门负责、档案部门主导、参建部门协同合作的由上而下且纵横连接的档案工作网络，固投项目档案韧性治理就体现为档案管理的网络化和有序化。

3.3 过程管理韧性——强化信息化建设，建立档案全过程管理流程

韧性治理内嵌于档案治理体系中，在不同阶段呈现出不同的潜力和吸收，其中潜力代表档案治理过程中的适应性，吸收代表档案治理过程中的抗干扰性。档案信息化背景下，将数字化、数据化、数智化融入档案管理，深入挖掘档案信息资源，强化档案信息安全平台建设，以信息化技术贯穿固投项目档案管理过程，增强固投项目档案对外部环境的适应性。同时，以固投项目"决策—运行—实施—竣工验收—运行"全生命周期为基础，将"事前控制—事中介入—事后监督"的全过程管理措施融入项目全生命周期，确保固投项目档案质量，增强其在档案治理过程中的抗干扰性。

3.4 人才队伍韧性——打造"多边形"现代化档案人才队伍

一是政治能力过硬。档案管理人员应时刻将固投项目档案工作和国家发展紧密联系，在实际工作中提高政治站位，守好档案管理保密底线。二是业务能力扎实。档案管理人员应注重专业知识，深研业务能力和信息化档案管理能力，助力固投项目档案高质量发展。三是协作能力良好。档案管理人员应对外能与项目管理人员对接协调，对内能与团队整合固投项目档案涉及的所有材料。四是创新能力突出。创新能力可以激发档案管理人员思维活力，有助于解决信息化快速发展产生的新的档案问题。由此，打造一支各项能力兼具的"多边形"现代化档案人才队伍，有助于稳定队伍韧性结构，平稳应对各项风险。

4 结语

随着"十四五"规划的持续推进，高校固投项目档案管理工作须紧密结合其档案特性不断革新，以适应和满足风险社会下固投项目档案管理的实际需求，确保高校固投项目档案管理完整、准确、系统、安全。因此，将韧性治理内涵嵌入档案治理中，使韧性治理与高校固投项目档案管理相结合，推动韧性治理在档案行业的内生演化，为高校固投项目档案韧性治理提供强大内在动力。

注释及参考文献

[1] 熊瑶, 原月. 固定资产投资项目档案的前端控制 [J]. 北京档案, 2018(5):36-38.

[2] 姜晓萍, 李敏. 治理韧性：新时代中国社会治理的维度与效度 [J]. 行政论坛, 2022(3):5-12.

[3] 黄文武, 王建华. 数智时代的大学韧性治理：内涵、目标与路径 [J]. 中国高教研究, 2024(4):39-46.

[4] 中华人民共和国国民经济和社会发展第十四个五年规划和 2035 年远景目标纲要 [N]. 人民日报, 2021-03-13(1).

[5] 加小双, 王春蕾. 档案韧性治理：动因之问、理论之思和策略之析 [J]. 北京档案, 2024(4):35-40.

[6] 梁祎, 冯锋. 高等学校固定资产投资项目的管理模式研究 [J]. 南京理工大学学报 (社会科学版), 2014(5):31-34.

[7] 乌尔里希·贝克, 郗卫东. 风险社会再思考 [J]. 马克思主义与现实, 2002(4):46-51.

[8] 赵方杜, 石阳阳. 社会韧性与风险治理 [J]. 华东理工大学学报 (社会科学版), 2018(2):17-24.

[9] 刘宏伟. H 企业固定资产投资项目档案管理 [D]. 南京：南京理工大学, 2012.

[10] 李三虎, 赵万里. 马克思主义风险观与当代中国的风险治理逻辑 [J]. 河北学刊, 2024(3):157-166.

面向数字环境的档案整体管理理念与方法

李健[1]　冯硕[2]

1 天津商业大学

2 中国铁路设计集团有限公司

摘要：数字技术作为社会进步与转型的引领力量，正带领整个社会向数字化、网络化、智能化的方向加速演进，对社会实践活动产生了深刻影响。本文通过认识和分析数字环境的档案及其管理实践演化逻辑，认为当前档案管理理论和实践方面存在着方向性的缺陷。在此基础上，基于档案学核心理论认知和传统管理理论传承，提出了档案整体管理理念与方法，并对内核要素、管理方法及其管理取向进行了分析和阐释。冀望在数字时代，档案能坚守初心，不断拓宽学术视野，融入国家数据治理体系，提升档案数据服务能力和要素流通能力。

关键词：数字环境；数字技术；档案管理；档案数据；整体观

0 引言

社会实践活动是档案及其管理产生、发展和变化的根源。发轫于 20 世纪 50 年代的信息技术革命，在经历了半个多世纪的扩散和普及之后，正推动人类社会进入一个新时代——数字时代[1]。习近平总书记指出，数字技术正以新理念、新业态、新模式全面融入人类经济、政治、文化、社会、生态文明建设各领域和全过程，给人类生产生活带来广泛而深刻的影响。面对数字环境的发展变革，全面认识和分析档案及其管理实践的演化逻辑，在坚持档案学核心理论前提下，做出适应性的理念阐释和方法探索显得尤为重要和迫切。

1 数字环境下亟需档案管理理论的重塑

在数字化变革之初（20 世纪 80 年代末），档案管理首先实现的是计算机辅助管理，实质是用信息技术提升管理效能。随着信息化技术的发展，通过构建网络化、协同化、实时化的档案管理系统平台完成了档案业务流程的信息化（20 世纪 90 年代开始）。21 世纪初开始（档案事业十五规划）档案工作者将焦点更多地转移到档案的数字存在形式时，大规模的电子文件归档、纸质档案数字、声像档案模转数工作得以迅速展开。在档案的数字形式成为关注点前期，档案管理对象多为各类关系数据库中的数据、系统业务文件及流程等结构化或半结构化数据（如早期的简单的 html 网页文件、电子邮件等），可以通过元数据方案、技术封装等实现归档和管理。而随着各类职能活动信息化向数字化乃至智慧化的快速演进，以及虚拟仿真、大数据、人工智能技术的应用，致使档案管理对象——"数据"发生了改变，量大（Volume）、类型多（Variety）、价值发现难度大（Value）、速度快（Velocity）的大数据成为数字环境下档案管理面临的重要对象。各领域中的传统理念、理论、方法、技术、工具等无法处理"这种"变化了的新数据；最终结果是各学科需要重新认识"数据"，并必须在认识论和方法论层次上重写自己学科领域的"知识"。[2]

2 面向数字环境的档案整体管理理念

数字环境下档案及其管理实践变化逻辑和发展要求，档案管理应将焦点从元数据、信息化流程和电子文件内容转移到更为底层的原生数据及其逻辑关系上，恪守档案原始记录性这一本质属性，坚持真实性、完整性、可用性和安全性的基本原则，尊重来源，构建档案多元价值和功能属性。数字环境下档案整体管理理念正是来源于对此理论演化的逻辑认知。具体而言，数字环境下档案整体管理是将各类依赖于机构来源的数字化业务系统、生产系统、交易系统、互联网、物联网、社交通讯平台等产生的完整的原生数据视为整体，以数字镜像或数据迁移方式重构其完整的数据体，通过归档中间件和元数据管理方案实现可追溯（可追溯性）、映射反映（可关联性）和时间维度管理，形成数据档案整体，并基于数据档案整体进行应用化开发（可理解性）。

2.1 原生数据更具有档案对象特征

原生数据是指社会活动中由各种系统、设备和机器直接记录和形成的原始数据，不依赖于现有数据而产生。因此更加符合档案原始记录性特征。而且，一个完整的原生数据更符合数字环境下档案来源原则对完整性及其有机联系的要求。在1996年第13届国际档案大会上，加拿大档案学家特里·库克指出只有坚持来源、全宗等传统档案学的核心理论，保持传统档案原则稳固基础，才能确保档案人员能应付新载体和新技术带来的挑战。[3] 因此，将完整的原生数据作为数字环境下档案本体，符合档案本质要求和档案管理本质。档案本体要以原生数据和原生数据源管理为基础，规划和构建更细粒度的档案管理模式，与信息技术无缝衔接和融为一体，共同搭建原始记录的信任体系、凭证体系、认同体系和参考依据体系。[4]

2.2 整体管理理念是数字化环境下档案管理的核心理念

第一，整体观是复杂科学管理的核心。[5] 在数字环境下，档案本身就是一个复杂的系统，包含不同内容、介质、形式和管理要求的大量的信息和数据，将复杂科学管理的理念和方法引入档案学领域，是数字环境下档案学理论和实践的必然要求。

第二，整体观符合档案管理对完整性的原则要求。"维护档案的完整与安全，是档案管理工作的基本要求。"[6] 传统档案管理中强调遵循档案的形成规律，维护档案之间的有机联系，确保档案的齐全、完整，使其形成一个有机整体，才能真实、全面、准确记录社会活动过程和反映其历史原貌。面对数字环境下形成和采集的社会记录数据化的改变，档案管理更应坚持整体观，遵循数字环境下档案的形成规律，维护能够全面、真实记录和反映社会活动的原生数据及其构成的完整性和关联性，确保从人们生产、生活、业务等社会活动中采集和形成的原生数据能够安全、有序进行管理和科学、有效得以开发应用。

第三，整体观是档案后保管范式对整体性的要求。档案后保管范式是应对电子文件时代文件形态变化、数量剧增、需求多元化等挑战的产物，强调档案管理流程的连续性和整体性。[7] 实际上，档案后保管范式更适应数字环境下档案数据化对整体管理的要求。档案管理的核心目标是确保档案信息的完整性、真实性和可用性，简单概括为备以查考。数字环境下，档案管理要实现其核心目标必须解决数据运动规律、数据价值鉴定以及数据到知识乃至智慧转换问题。而由新来源观、宏观鉴定论和知识服务为基本内容的档案后保管范式恰恰为数字环境下完整、真实和可用为导向的档案管理奠定了理论基础。

第四，整体观是应对数字环境下技术更新发展和数据复杂多变的有效策略。技术更新快是数字环境下社会发展的主要特点之一。以数字环境下典型的人工智能（AI）技术发展为例，根据德国 The Decoder 网站调查结果显示，人工智能（AI）技术的发展速度，针对不同的任务和工作 2023 年人工智能技术可完成时间比 2022 年的可完成时间提前 1 至 5 年，人工智能实现高级机器智能和工作完全自动化的时间也比先前预测结果提前[8]。数据资源规模也在快速累积，根据国家互联网信息办公室发布《数字中国发展报告（2022 年）》显示，截至 2022 年底，我国数据存储量达 724.5EB，同比增长 21.1%。更为重要的是，数据类型复杂度越来越高。根据 IDC（互联网数据中心）Global DataSphere Forcast 显示，当前有超过 77% 的数据类型为非结构化数据（包括文本、图片、视频、音频等形式），且增长速度越来越快。数字环境下，技术更新迭代、数据的高度积累和数据类型的复杂性导致档案保管对象的空前复杂，因而在保管方法上单纯的要素论是不足的，需要真正构建起保存体系，以整体应对技术老化带来的保存难题。[9] 此外，更为关键的是，档案数据来源体系性和结构性特点，使其无法轻易分割，或形成巨大的分割成本（档案鉴定系统复杂度、算力成本等等），因此保证数据及其结构的完整性是数字环境下档案管理的基本任务之一。

3 数据镜像与重构是数字环境下实现档案整体管理的有效方法与途径

数据镜像是指将由业务系统生成的原生数据镜像复制存储到另一介质上。数据镜像可以保障数据的完整性、一致性与可用性，从而保证业务的连续性。数据镜像技术较为成熟可用，比如于虚拟化技术的远程数据镜像系统 VRDMS[10]、CDM 副本数据管理技术。其中，"CDM 从多模式采集、跨平台流动、多策略保护管理和安全存储、归档的全生命周期管理等方面，串联起业务数据，让数据价值的可量化、可视化和可复用成为可能，在可靠性和敏捷性两个 IT 模式环境中产生价值"[11]。数据镜像技术虽然多用于数据备份、迁移或容灾备份等方面，但是通过建构与更新与之相适应的档案元数据管理标准（如完善数据时间特征、溯源、映射、质量、结构、可扩展等），提高元数据的互操作性[12]，结合档案原生数据源全链式管理理念，构建档案本体数据层面的链接管理[13]，数据镜像必将成为数字环境下档案整体管理的有效方法与途径。档案语义环境下的数据镜像需要解决的是数据的原始性、可靠性、完整性问题。

数据重构是一种重要的数据处理过程方法，通过数据重构可以实现空间数据在结构、格式、类型上的统一，以及多源异构数据的连接与融合，从而提高数据质量和价值，为数据应用开发奠定基础。简言之，将数据重构方法引入数字环境下档案整体管理，既是档案去粗取精、去伪存真、去繁就简管理工作的需要，也是开展数据清洗、提高数据质量和准确性，实现可视化以及档案数据应用开发的有效过程方法。档案语义环境下的数据重构需要解决的数据的可用性问题。

4 数字环境下档案资源整体开发与利用

维护数据的原始性、历史性、可靠性、完整性、可用性是数字环境下档案整体管理理念的核心和价值所在，也是实现档案资源开发与利用的基础和前提。数字环境下，档案整体管理是适应数字记录方式变革，发挥档案数据核心价值优势，为人工智能、智慧应用提供数据准备和支撑。随着国家数据治理模式的升级，档案注定要成为国家数据治理的重要参与力量。

在数字环境下，档案资源整体开发与利用需要解决的是档案数据孤岛现象，目的是实现档案资源整合、档案数据集成和数据要素的流通。第一，建设统一规范的档案资源整体语义描述框架，对档案资源实体、属性、关系、特征等进行可扩展的语义描述和标识，解决大量异构分布式档案问题，实现馆内、馆际档案资源的关联与共享[14]。第二，按照中共中央、国务院印发的《数字中国建设整体布局规划》，积极融入数字资源体系建设，建设以档案馆为主体的广泛接入、跨域分布协同、全程合规管控[15]的网络化档案数据平台。第三，基于档案数据平台开展面向服务的应用研究与产品开发，比如不同行业领域的档案数据可视化、可信服务认证、面向民生的档案服务应用场景、档案 AI 大语言模型、档案网站数据产品、业务及决策支持应用服务等。数字环境下档案资源整理开发与利用最终是要按照"原始数据不出域，数据可用不可见，用途可控可计量"[16] 的应用模式，打破档案数据孤岛，实现档案数据要素的流通，发挥档案历史价值、记录价值和数据价值。

5 结语

数字环境下面向数据的档案整体管理依赖于高度自动化、网络化、智能化的工作体系，其本身是基于"数据＋算力＋算法"所构建的，具有自我感知、分析、决策和精准执行能力的闭环工作体系。档案工作者将得以从传统档案工作环境下解放出来，将更多的精力投注在专业技术能力提升、服务应用开发与知识生产上，而实现这一目标的关键在于人才及其培养体系。具有建构性、历史性、真实性、完整性、丰富性的档案数据资源是档案资源整体开发与利用的基础，而建构面向数字管理环境的具有档案学、数据科学、算法知识的专业技术能力提升及人才培养体系决定了档案资源整体开发与利用的方向与未来。面对数字化管理环境和档案发展要求，档案工作者不仅仅是数字时代社会历史记录的管理者，更将成为数字时代信息、知识的生产者和服务者。

注释及参考文献

[1] 张立.走进数字社会 [M].北京：国家行政学院出版社 ,2023:4-12.

[2] 朝乐门.数据科学理论与实践 [M].北京：清华大学出版社 ,2017.

[3] 特里库克.1898 年荷兰手册出版以来档案理论与实践的相互影响 [C]// 第十三届国际档案大会文件报告集.北京：中国档案出版社 ,1997:143-176.

[4][13] 刘永,庞宇飞.档案数据化之原生数据源全链式管理分析 [J].档案管理 ,2018(5):11-18.

[5] 徐绪松,复杂科学管理 [M].北京：科学出版社 ,2010.

[6] 肖秋会,档案管理概论 [M].武汉：武汉大学出版社 ,2021.

[7] 卢思佳,郭若涵.档案后保管范式的理论阐释与实践转向 [J].档案管理 ,2023(5):47-52.

[8] Katja Grace,Harlan Stewart,Julia Fabienne Sandk ü hler.THOUSANDS OF AI AUTHORS ON THE FUTURE OF AI[EB/OL].[2024-01-05].https://the-decoder.com/a-survey-

of-2778-researchers-shows-how-fragmented-the-ai-science-community-is/.

[9] 钱毅 . 从保护到管护 : 对象变迁视角下的档案保管思想演变 [J]. 档案学通讯 ,
2022(2):82-88.

[10] 张雷 , 张宇 , 文中领 , 等 . 基于虚拟化技术的远程数据镜像系统的实现 [J]. 计算机
研究与发展 ,2011(S1):147-152.

[11] 黄亮 , 郭颖 . 数据副本管理的技术应用实践 [J]. 网络安全和信息化 ,2021(11):
73-75.

[12] 孔祥盛 . 我国档案元数据互操作的现状、问题和对策研究 [J]. 档案管理 ,2023(1):
45-49.

[14] 王志宇 , 熊华兰 . 语义网环境下数字档案资源关联与共享模式研究 [J]. 档案学
研究 ,2019(5):114-119.

[15] 郭倩 , 杨乐雯 . 打破 "数据孤岛" 多方部署加快数据要素流通 [N]. 经济参考报 ,
2023-05-11(6).

[16] 国务院办公厅关于印发要素市场化配置综合改革试点总体方案的通知 [EB/OL].
[2021-12-21].https://www.gov.cn/gongbao/content/2022/content_5669421.htm/.

基于删除权的档案开放利用风险防控研究

谭彩敏

华南师范大学档案馆

摘要：《个人信息保护法》明确规定了个人信息处理者的删除义务以及公民享有的删除权，这使得数字时代的档案开放利用面临更大的侵权风险。档案管理机构应当从维护公众知情权与保护个人信息权利的利益衡量的角度出发，以强化涉及个人信息档案的开放审核为重要抓手，构建涵盖前期自主申报、中期分类管理、后期重点审核的风险防控措施体系。

关键词：个人信息保护；删除权；开放审核；风险防控

《个人信息保护法》的出台顺应了数字时代社会大众保护个人信息权益的迫切诉求，其权利保障范围涵盖了个人信息处理的各个环节以及敏感个人信息处理、个人信息跨境提供等特定场景，其中，删除权的确立对以传承"社会记忆"为使命的档案工作的冲击无疑是极大的，因此，如何在新的法律框架中协调保存"历史记录"与维护个人信息权益之间的矛盾关系成了档案管理机构亟需解决的现实问题。

1 删除权确立对档案工作的影响

根据《个人信息保护法》第四条："个人信息是以电子或者其他方式记录的与已识别或者可识别的自然人有关的各种信息，不包括匿名化处理后的信息。"档案是社会生活的"副产品"，必然包含大量的个人信息，最常见的如单位内部的人员名册、工资清册、任免文件等记载的个人基本信息，又如学籍档案、婚姻档案、医疗档案、诉讼档案等记录的与个人经历息息相关的信息，再如社交媒体等网络平台上用户自己发布的各种个人生活信息等等，这些个人信息都有可能作为档案信息内容被长久保存。正因为如此，维护公民的个人信息权益是档案管理机构不可推卸的义务，即使是涉及与档案工作宗旨相抵触的删除权的保障也责无旁贷。

《个人信息保护法》第四十七条明确规定了个人信息处理者的删除义务以及公民享有的删除权，并从处理目的、服务或保存期限、个人意愿、违法违约以及其他法规规定等方面列举了具体的适用情形。从现实层面来看，删除权的确立保障了公民在面对非法收集和处理个人信息的侵权行为时能够主张自己的合法权利，然而，具体到档案工作领域，删除权显然是与档案工作的业务逻辑相对立的。从删除权的发展演变历程来看，它的产生源自人们希望通过删除某些与自己相关的过去的信息，从而保护自己的隐私或者不被打扰的心理，在某种程度上可以说是"选择性地遗忘历史"，而档案工作的产生和发展则是基于对人类社会"历史记录"的保护和传承[1]，因此，两者的矛盾是显而易见的，而且在数字时代不可避免会更加激化，因为永久精确的"数字记忆"的负面影响使得人们备受困扰，希望摆脱"数字刺青"的渴望成了推动删除权立法进程的重要因素。

与社会大众的普遍支持不同，档案界一直对删除权持反对态度，认为这可能会导致历史的"人为"缺失，从而对公民的知情权造成损害。自 2012年 1 月 25 日欧盟委员会在《关于涉及个人数据处理的个人保护以及此类数据自由流动的第 2012/72、73 号草案》首次提出"被遗忘权与删除权"的概念，欧洲档案界就旗帜鲜明地表达了反对意见，直至 2018 年 5 月 25 日《通用数据保护条例》（General Data Protection Regulation，GDPR）正式生效，宣告"删除权（被遗忘权）"正式确立的同时也明确规定了例外情形，包括基于言论自由、公共利益以及科学、历史研究等。[2] 这在一定程度上缓解了删除权确立对档案工作的冲击。国内不少研究者认为《个人信息保护法》规定的"删除权"在内容构造上与 GDPR 确立的"删除权（被遗忘）"颇为相似，但没有规定不适用的特殊情形，因此，在实际施行过程中，合法但不合理的"删除行为"可能给档案工作带来的负面影响是无法避免的。例如，档案文件中涉及个人信息的部分内容可能会在归档前被删除，一些有争议的可归可不归的文件材料也可能不被归档保存，甚至在档案开放利用时某些信息记录会被要求删除，原因就在于规避法律纠纷或管理上的安全隐患，这不仅会破坏档案文件内容的完整性，也会削减档案整体数量。事实上，这种"删除行为"在网络平台上早已出现，例如用户可以删除自己在社交媒体平台上发布的信息，又如百度搜索引擎会基于用户的请求删除有关的快照网页，如今用户请求网络平台、搜索引擎删除被转发的个人信息以及相关链接也成了合法的权利主张。由此可以预见，删除权的确立对社交媒体文件等网络信息存档的影响将更为严重。

2 档案开放利用潜在侵权风险分析

《档案法》第二十八条规定："利用档案涉及知识产权、个人信息的，应当遵守有关法律、行政法规的规定。"这是《档案法》中涉及个人信息处理的唯一条款，从侧面反映了在档案管理的业务流程中，档案开放利用面临更大的侵权风险。究其原因，涉及个人信息的档案进入开放利用阶段就意味着其中的个人信息会从沉睡状态"复苏"，从受控领域重新进入公共领域，然而，在经过了相当长的封闭期后，这些个人信息对于信息主体而言已经是"过时的""不必要的"或者由于与当下状况不相符而会对信息主体造成负面影响，因此，信息主体请求删除相关个人信息是具有合理性的，如果档案管理机构对此视而不见，无疑会构成对信息主体合法权利的侵犯。

在传统环境中，档案利用一般是以面向特定利用者的现场查阅为主，而且，由于个人信息往往是分散在不同的文件、案卷中，一般的利用只会涉及某些特定的个人信息，也就是说对个人信息的利用是在可控范围内，潜在的侵权风险极小。然而，数字时代的档案开放利用无论是资源开发的力度和深度还是信息传播的广度和速度都大大超过以往任何时候，更为重要的是，在资源整合和开发的过程中还会促成档案中的个人信息发生质的变化。

首先，随着社会的发展，档案工作逐步延伸至社会的各个层面，海量的个人信息也随之涌入档案管理机构，与此同时，传统载体档案资源数字化后形成的再生数字档案资源成几何级数增长，而且，大数据等信息技术的应用促使这些个人信息由分散状态转变为集聚状态，也就是说，碎片化的个人信息变成了可以识别出特定个人的"活"数据，零散的一般信息转变成指向特定个人的关联信息甚至是隐私信息；其次，档案利用服务逐步转变为以数据库、网络技术为依托的线上服务、远程服务为主，相关的档案信息开发产品也会在互联网广泛传播，利用者的范围在理论上可以说是遍及全世界，已经远远超出了对个人信息的预期使用范围。

笔者认为，数字时代的档案开放利用对个人信息的处理显然已经超出合理利用的范围，不宜再以保存历史记录以维护公众知情权为理由拒绝信息主体的合法主张，而应当依据实际情况重新对公众的知情权与信息主体的个人权益孰轻孰重进行评估，如果档案中的个人信息对社会大众的利用价值低于其公开利用对信息主体造成的负面影响，那么，信息主体主张删除权既是合理的也是必要的，这就要求档案管理机构必须更多地考量对个人信息权益的维护，遵照相关法律规范慎重处理。

3 档案开放利用风险防控措施

长期以来，开放审核是档案开放利用风险防控最关键的环节，但是，目前开放审核工作具有一定的滞后性，而且审查档案中是否包含个人信息及其敏感度并不是档案开放审核的规定要求，因此，基于当前档案开放利用的新态势，强化开放审核刻不容缓，使之成为提升档案开放利用风险防控力度的重要抓手。笔者认为，对涉及个人信息档案的开放审核应当贯穿在档案管理的全过程，构建起涵盖前期自主申报、中期分类管理、后期重点审核的风险防控措施体系。

3.1 收集阶段的自主申报

以往，档案开放审核主要由档案管理机构负责，但是，往往由于缺乏对档案内容的全面了解而导致实际效果不尽如人意。有鉴于此，新修订的《档案法》增加了对开放审核的规定，即"馆藏档案的开放审核，由档案馆会同档案形成单位或者移交单位共同负责。尚未移交进馆档案的开放审核，由档案形成单位或者保管单位负责，并在移交时附具意见"。笔者认为，在涉及个人信息的档案的开放审核问题上可以以此为依据建立自主申报制度，将开放审核工作从档案业务管理后端延伸至前端，使档案管理机构能够提前介入对涉及个人信息的档案的开放审核，从源头全面掌握档案中的个人信息的情况，也有助于在后续管理中采取更加有针对性的防控措施。

所谓自主申报，就是档案形成单位或者移交单位对所移交的档案中包含的个人信息负责，移交档案时同步提交申报说明书，具体说明哪些案卷或者文件中包含有个人信息、具体是哪种类型、敏感程度如何、是否需要设置利用限制、封闭期是否需要延长等等，如果移交的是电子文件还需进行具体标注。此外，社交媒体文件等网络信息的归档管理也应当参照同样的要求执行，例如，政务性社交媒体文件由形成单位负责收集归档并申报，而非政务性社交媒体文件存档则以直接获取用户的授权为宜，具体来说，就是寻求平台运营商的技术支持，在用户使用社交媒体过程中就明确告知其在平台上所发布的信息有可能被归档保存以及提供社会利用，由用户自行决定是否授权，从而最大限度地降低侵犯用户个人信息权的可能性。[3]

此外，根据《个人信息保护法》，征得个人的同意是处理个人信息的基本原则，当处理目的、处理方式发生变更时，还应当重新取得个人同意。由于档案管理机构是在依法履行档案归档管理职责的过程中被动地实施了对个人信息的收集、存储，因此无法因应这种处理目的的变更而一一重新取得信息主体的同意，而通过建立自主申报制度，可以将传统的"告知—同意"模式转变为寻求档案形成单位或者移交单位的责任承担，从而可以进一步强化档案管理机构处理个人信息的合法合规性。

3.2 封闭期内的分类管理

根据《个人信息保护法》第五十一条规定，个人信息处理者应当对个人信息实行分类管理，采取相应的加密、去标识化等安全技术措施，并合理确定相关人员的操作权限。为此，档案管理机构应当据此对涉及个人信息的档案实行严格的分类管理，在管理层面上进一步细化档案形成单位或者移交单位关于个人信息属性、到期开放建议、限制利用、密级变更情况等审核意见。

首先，对涉及个人信息的档案进行分类，并确定相应的管理措施。具体来说，档案管理机构以档案形成单位或者移交单位提交的申报说明书为依据，对所接收的涉及个人信息的档案进行复审，根据个人信息的不同类型以及私密程度将相关档案进行适当的分类。例如，划分为包含敏感个人信息的档案和包含一般个人信息的档案两大类，其中，包含敏感个人信息的档案尽量不与其他档案混合组卷，设置较严格的利用限制和较长的封闭期限，而且著录时添加提示标识，如果是电子文件还要对敏感个人信息进行加密或者去标识化处理；包含一般个人信息的档案同样也要添加提示标识，但只需设置常规的利用限制条件及封闭期限，电子文件也可不进行加密或者去标识化处理。此外，根据《档案法》第二十七条："涉及国家安全或者重大利益以及其他到期不宜开放的档案，可以多于二十五年向社会开放"，因此，档案管理机构还可以因应实际情况适当地调整涉及个人信息的档案的封闭期限及利用限制条件。其次，按照"够用即可"的原则设置管理权限，根据实际工作需要划定相关管理人员的范围，按需确定操作权限，所有关于涉及个人信息的档案的操作处理都应当基于授权进行，并且记录在案。

3.3 开放利用时的重点审核

根据《个人信息保护法》第六条："处理个人信息应当具有明确、合理的目的，并应当与处理目的直接相关，采取对个人权益影响最小的方式。"因此，涉及个人信息的档案的开放利用应当遵循最小化原则，包括减少广泛的社会利用，禁止针对个人的识别式利用等，具体可以通过开放利用阶段的重点审核来控制执行。

如前文所述，由于开放审核工作已经延伸至收集阶段，加之在封闭期内实行分类授权管理，因此，进入开放利用阶段，对涉及个人信息档案的开放审核可以由全面审核改为重点审核。具体来说，包含一般个人信息的档案可以免于重新审核，按照已经设定的利用限制条件执行即可；包含敏感个人信息的档案则需要重新评估，主要是考察其中的个人信息的敏感度是否发生变化、是否满足公开豁免、设置的利用限制是否合适等等，在此基础上确定开放利用范围、利用方式以及开发深度等。此外，经过深度开发形成的档案信息产品也需要进行重点审核，要特别注意是否包含了不宜公开的个人信息，运用去身份识别化、节录等技术手段进行编辑、屏蔽或删除处理。

此外，为应对公民提出的关于个人信息的删除请求，档案管理机构要做好审核处理预案。一般来说，按照"谁主张，谁举证"的原则，档案管理机构受理个人依照既定程序提出的申请，并以相关个人信息的隐私性与公众知情权之间的利益衡量为依据进行判定，如果该个人信息对于公众知情权来说并不是不可或缺的，那么，应当优先保护个人的维权主张，通过去标识化、匿名化等技术手段进行适当处理。[4]

综上所述，档案管理机构必须认真审视删除权确立对档案业务工作的深刻影响，以强化涉及个人信息的档案的开放审核为重要抓手，构建涵盖前期自主申报、中期分类管理、后期重点审核的风险防控措施体系，以实现维护公众知情权与保护个人信息权利的平衡。

注释及参考文献

[1] [2] 余昊哲 . 记忆或是遗忘 : 档案事业如何应对被遗忘权的挑战？ [J]. 档案学研究，2021(6):64–71.

[3] 谭彩敏 . 非政务性社交媒体文件归档管理中的隐私保护研究 [J]. 档案天地，2021(6):41–44.

[4] 杨立新, 杜泽夏. 被遗忘权的权利归属与保护标准——任甲玉诉百度公司被遗忘权案裁判理由评述 [J]. 法律适用 (司法案例),2017(16):29-39.

联邦共建：基于联邦学习的档案开放智能审核语料库安全可信构建路径研究

胡润东　陈晓珑　牛力

中国人民大学信息资源管理学院

摘要：本文提出了一种基于联邦学习的档案开放智能审核语料库的安全可信构建路径。通过联邦共建模式，整合多方资源和经验，实现了多主体协同构建和共享语料库，辅助各主体的开放智能审核工作。联邦共建模式不仅能够提高语料库构建的效率和准确性，还有效保障了数据安全与隐私。本文的方法为未来档案开放审核工作提供了路径支持，并为相关领域的进一步研究奠定了基础。

关键词：档案开放；智能审核；语料库；联邦学习

0 引言

　　档案开放是发挥利用档案价值的重要途径，"十四五"以来，我国各级档案馆愈发重视加快推进档案开放工作、持续提升档案利用服务能力、不断提高档案资源开发水平。当前档案开放审核工作任务相当繁重，档案开放智能审核的尝试已然起步，但现有方法主要依赖人工构建敏感语料库，各馆在通用领域语料上存在着重复研究，对专业领域语料上的经验亦相互隔离，如何统合多方资源经验促进多主体共建语料库，赋能各级各类档案馆开放审核工作，成了档案开放审核亟需解决的新问题。

1 研究背景

1.1 新时代下我国档案开放亟需增速

随着时代的发展，国家与社会对于档案开放利用的需求不断攀升，档案开放力度的加大对于我国的发展具有重要的意义。2021 年 6 月，中共中央办公厅、国务院办公厅印发了《"十四五"全国档案事业发展规划》，提出到 2025 年，档案工作"走向开放"取得实质性进展，努力建设好"档案资源体系"和"档案利用体系"。但目前我国在档案开放工作上仍存在着规模不足、数据资源价值有待提升、开放程度有限等问题，截至 2023 年，全国仅 20% 左右的档案机构在公共平台上实现档案开放[1]。锅艳玲、方晓丽通过对 2010—2019 年综合档案馆馆藏档案与开放档案的数据进行分析，发现 2010 年以来档案开放数量持续增长，开放档案数量的增长速率相较于馆藏档案的增长速率缓慢，档案开放率基本呈下降趋势。[2]

综合来看，我国档案开放鉴定面临的问题主要有：到期档案没有按期开放，开放程度低；鉴定工作量大；鉴定范围比较狭窄局限，与政务信息公开脱节；时机比较单一滞后，开放档案时效性不高；标识不够规范到位，开放与公布难以厘清；鉴定水平低下，开放档案中含有标密文件，包含个人隐私信息等。[3][4] 产生这些问题的原因主要有：档案开放鉴定意识不强，缺乏针对性鉴定理论指导，工作标准缺乏与模糊，保密与解密、控制与开放之间的关系处理不当，法规政策保障不到位，专业力量配备不足、业务素质不高等。[5][6]

1.2 语料库构建是当下档案开放鉴定的重要课题

在档案开放鉴定模式与机制方面，北京市档案馆探索了一个"三结合三阶段"新型档案开放鉴定工作模式。[7]"三结合"是指由档案馆、档案移交单位（含承担其原职能的单位）、相关领域专家三方相结合，建立多方共同参与的档案开放鉴定工作体制，共同进行档案开放鉴定工作；"三阶段"是指档案开放鉴定工作划分为三个阶段，分别为立档预判阶段、移交进馆前密级变更和划分控制范围调整阶段。杨茜茜、杜瑀峤以档案开放义务和档案不开放权利分析为核心，提出了一个档案开放鉴定的程序框架，并对其中的职责关系和协作机制进行了讨论，最终认为档案馆应在开放鉴定中更多地承担仲裁者角色。[8]

在档案智能开放鉴定理论与实践方面。近年来人工智能技术高速发展，基于人工智能的档案智能开放鉴定成了可能。冯佳提出运用人工智能技术为档案开放鉴定服务，分析了人工智能技术实现的原理。[9] 李宝玲提出，加快数据挖掘技术的应用，推进划控鉴定工作的智能化，需要将涉密、涉政治事件、涉案、涉军、涉外、涉宗教、涉民族、涉边界、涉人事、涉诉讼、涉处分等问题的内容进行主题分析，提炼敏感词，积累生成敏感词库。[10]杨茜茜提出运用图像文本识别、元数据自动抽取和数字取证方法来实现档案开放鉴定客体特征分析，运用语义分析方法来实现主体与客体概念特征匹配，匹配结果可以表现为对档案开放性特征的整体描述，以及识别出不适宜开放的内容等。[11]杨扬等提出档案工作者可通过机器视觉系统以及智能信息检索技术对经过数字化的档案、电子档案等档案资源进行关键词锁定和批量鉴定[12]，基于敏感词等语料形成语料库辅助开放审核的方法已成为主流。

1.3 基于隐私计算的联邦共建方式促进各馆语料共享

基于语料辅助的档案智能开放审核在效率上相较完全人工具有显著优势，能够大幅减少人力资源消耗。黄水清等指出，语料库一般的构建流程包括语料库设计、语料采集、数据标注、数据存储、数据更新和维护等步骤，并指出完全由机器智能标注是数据标注的重要研究方向。[13]目前，江苏省档案馆[14]、青岛市档案馆等全国多所各级档案馆基于敏感词等语料划控开展了档案智能开放鉴定相关探索，推动档案开放鉴定工作进一步开展，如青岛市档案馆持续数年进行基于敏感词的智能化辅助鉴定研究，组织力量编制了敏感词库，通过敏感词对档案目录进行扫描，探索利用计算机程序结合关键词、密级、责任者、形成时间等判断其是否开放。但目前各馆的研究互相较为孤立，存在着重复工作等难点与问题，如何结合各馆各主体的数据资源、人力资源、计算资源，形成合力共同构建语料库、同时在构建的各个阶段如何保持数据安全共享成了迫切需要解决的问题。

隐私计算是一种通过加密技术和分布式计算来保护数据隐私的技术方法。它旨在使多方能够在不泄露自身数据的情况下，安全地进行联合计算，从而实现数据共享和协作分析。隐私计算的核心包括同态加密、安全多方计算、差分隐私等技术，这些技术确保了数据在计算过程中的安全性和隐私性。[15]联邦学习是实施隐私计算的一种方法，它允许多个参与方在不共享数据的情况下协同训练机器学习模型，基于隐私计算的联邦学习方法能够促进各主体在语料库构建的各个步骤中的协同，促进全国档案开放审核工作的进程与发展。

2 基于多主体的语料库联邦共建路径

2.1 联邦学习模式在语料库构建流程中的重要性

档案是国家机构、社会组织和个人在社会实践活动中形成的，保存备查的文字、图像、声音及其他各种形式的原始记录，我国各级档案馆分别负责各自行政区划范围内的档案收集、整理、保存和利用工作，各类专业档案馆专门负责本专业领域内档案的管理，各个档案馆进行开放鉴定的对象具有一定差异。在基于语料库进行敏感性检查时，除了一般普遍的语料外，还需要考虑本地历史情况或本专业内易涉密内容，而后者往往由各馆在长期鉴定中积累而成，与馆藏档案一样具有独特性。联邦学习思想旨在通过多方协同提高模型训练的效果，在语料库构建的路径中能够融合各主体的经验，促进语料库构建效率，并且能够避免各主体分别构建语料库导致在普遍语料上的资源浪费。

2.2 基于联邦共建的档案开放智能审核语料库构建路径

针对现有研究在构建能够面向多元主体、多维类别语料数据的语料库上有所欠缺的问题，提出联邦共建（FedContructing,FC）路径，如图 1 所示。

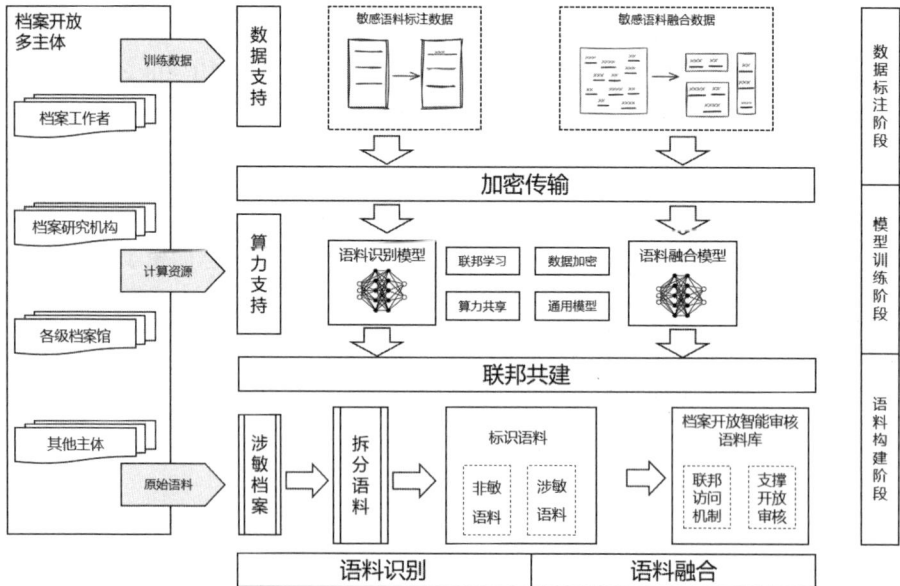

图 1　联邦共建档案开放智能审核语料库构建路径

基于联邦共建的档案开放智能审核语料库构建路径包括两个关键步骤：语料识别与语料融合，其各需要大量训练数据与计算资源实现高可信度的全流程模型构建，基于联邦共建的模式能够为模型训练实现多主体协同的数据与算力支撑。在语料库构建阶段，对于多来源的涉敏档案首先进行预处理，根据段落划分并以句级作为最小拆分单位。其次对于拆分后的句级语料，基于联邦计算多主体协同训练语料识别模型，对句级语料进行敏感性分析并识别出其中的涉敏词、涉敏类别。最后基于隐私计算方法对标识语料进行混淆处理，将其转化为可用不可见状态，保证基于语料库进行智能审核时的数据安全性。

3 基于隐私计算的多主体数据标注与模型训练

3.1 隐私计算技术概述

隐私计算是一种通过加密技术和分布式计算来保护数据隐私的技术方法。它在数据共享和协作分析中发挥着重要作用，使多方能够在不泄露自身数据的情况下进行联合计算。隐私计算目前主要包括三类技术路径：以多方安全计算为代表的密码学技术、基于可信空间的可信执行环境技术以及以联邦学习为代表的旨在解决多方联合机器学习的技术。

多方安全计算（Secure Multi-Party Computation,SMPC）是一种分布式计算协议，使得多个参与方能够在不泄露各自输入数据的情况下，安全地进行联合计算。每个参与方只知道自己的输入和输出结果，而不能推断出其他参与方的数据。其主要原理是各种密码学技术框架以及协议，如同态加密、混淆电路、不经意传输等。

同态加密，是一种允许对加密数据进行直接操作的加密方法，结果仍然是加密形式，只有解密后才能获得正确的结果。这种技术使得数据在整个计算过程中始终保持加密状态，确保了数据的隐私和安全。

混淆电路，也称为混淆程序，是一种旨在保护计算过程和数据隐私的密码学技术。混淆电路将计算过程转化为布尔电路并加密其真值表，从而确保了数据和计算逻辑的安全性，常用于联合统计、计算的领域。

不经意传输，允许发送方将多个消息中的一个传输给接收方，而发送方不会知道接收方选择了哪个消息。这种技术在密码学和安全计算中起着关键作用，确保了数据的隐私和安全。

可信执行环境（Trusted Execution Environment，TEE）的核心思想是为涉敏数据构建独立的、隔离的、可信的机密空间，数据计算只在该空间中进行，要求从最底层的硬件层面就进行可信隔离。目前最广泛的应用模式是基于支持可信执行环境的硬件产品，通过对外部数据源的适配清洗输入至可信环境，实现在环境内部的"可用"，环境外部的"不可见"。

联邦学习（Federated Learning, FL）主要面向多方数据联合训练机器学习模型，其本质是分布式机器学习，同时保证数据的隐私安全，通过多方协同提升模型效果。根据数据集中样本及特征的区别，可以分为横向联邦学习以及纵向联邦学习。前者能够对相同特征的多源数据进行整合学习，后者能够对不同主体对同一数据的特征描述进行计算。

3.2 隐私计算在语料库构建中的应用模式

标识语料能够作为内部数据支撑，作为面向单个档案来源主体的语料库辅助档案馆进行本馆馆藏档案的智能开放审核，其主要通过命名实体识别等技术对待鉴定档案进行敏感语料识别。但是对于面向多来源多主体的开放审核语料库，一方面需要实现模型的训练数据共建，支撑各档案馆的模型参考，另一方面要联合多馆协同训练统一开放智能审核模型。在语料库构建的各个阶段中，隐私计算的应用模式各不相同：

数据标注阶段：基于加密传输的语料加密分发模式

主要基于密码学技术。可信机器学习模型的基础就是大规模的高质量数据，目前语料库的相关研究中完全依赖机器学习进行语料库构建的方法所面临的主要问题就是专业领域以及专业任务下训练数据集的缺乏。基于联邦共建的思想，能够在数据标注阶段针对模型训练所需的数据格式以及数据量需求，将敏感语料标注数据与敏感语料融合数据的标注任务分发给各个具备提供数据支撑资源的主体，同时在接收各主体返回的训练数据时采用加密处理，在保证训练数据可用的同时去除其可阅读性，由此降低各主体的工作量且能充分利用各主体的专业人才资源，获得充足的训练数据。同时也能够在训练阶段汇聚足量的各馆的特色语料资源，提高最终所得模型的泛化能力。

模型训练阶段：基于联邦学习的模型联合计算模式

主要基于以联邦学习为主的联合计算方法，由于档案具有强时效性、空间性，即使只用模型辅助人工进行档案开放审核，也需要保证模型识别的查全率及查准率足够高、可信度及可用性足够强，基于语料库来训练得到统一的档案智能开放审核模型所需的数据量以及计算量将会十分庞大，联合计算方法能够将计算任务加密后由各馆分摊训练，大幅降低算力压力。

4 基于语言模型的语料库构建

4.1 档案语料分级

在档案开放智能审核中，语料主要分为三个等级：文档级、句级、词级，根据文档中是否存在敏感句能够实现对文档敏感性的识别，而句子是否敏感则部分取决于其中所包含的词汇的敏感性。在语料库的构建中则通常不需要考虑文档级，档案开放智能审核语料库中的语料分级如表 1 所示。

表 1　档案开放智能审核语料库中的语料分级

语料等级	数据项	描述	识别阶段
句级语料	是否敏感	该语料是否敏感	语料识别
	敏感词	该句中存在的敏感词	语料识别
	敏感类别	该句的限制使用规则，如涉及政治等	语料融合
	敏感层次	该句的敏感层次，如涉敏、涉密等	语料融合
词级语料	是否敏感	该语料是否敏感	语料识别
	敏感类别	该词的敏感类别，如涉及政治等	语料融合

4.2 基于多主体来源涉敏档案的语料构建工作流程

由于语料库档案来源的多主体性，不能针对单馆馆藏档案开放鉴定或是通用领域而构建语料识别模型，而是需要面向不同的档案馆馆藏档案开放鉴定的实际情况。基于联邦学习技术，针对参与语料库构建的多主体，汇总不同领域不同主体不同来源的敏感语料训练数据来训练出具备各特定场景下敏感性分析能力的模型。

如图 2 所示，在训练得到语料识别模型后，对于多来源的档案，首先需要进行预处理,对待拆分档案进行文字识别、文本修正等处理后,采取基于规则的方法,根据文章的行文结构与段落结构将其拆分为若干句级语料形成拆分语料。使用语料识别模型对其进行识别,得到其中的敏感词、敏感句及其敏感类别,形成标识语料。对于标识语料,依据预先设定的敏感类别使用语料融合模型将同类语料进行合并,并实现对语料的消歧与去重,得到档案开放智能审核语料。最后,对这些智能审核语料进行半永久加密,将语料从"人类可读可用"的状态转化为"人类不可读,机器可用"的状态,形成安全可信的档案开放智能审核语料库,能够以"联邦访问"的机制分发返回给各主体,并配合相应计算工具作为馆内档案智能开放审核模型的参考。

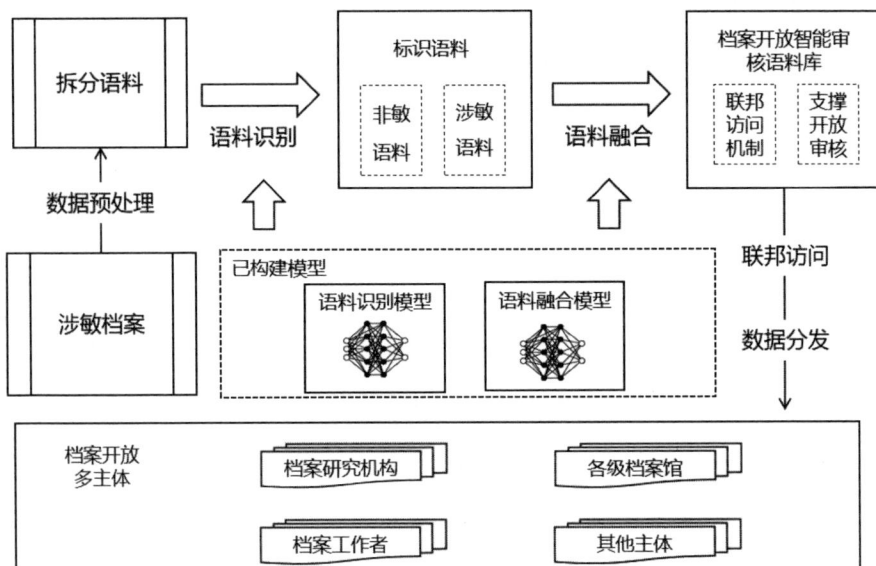

图 2　基于联邦共建的档案开放智能审核语料构建路径

5　总结

本研究针对目前档案开放智能审核工作中的语料库构建,提出基于联邦共建的档案开放智能审核语料库,为各馆协同共建档案开放审核工作提供了一种新的技术路径,旨在实现档案馆之间数据的安全共享与智能审核模型的高效协同训练。研究不仅优化了语料库的构建流程,还引入了多方安全计算、同态加密等隐私保护技术，确保了数据在处理过程中的安全性。该方法的实施能够为未来档案开放审核工作提供坚实的技术支持，并为相关领域的进一步研究奠定基础。

本文系国家档案局科技项目"档案开放智能审核方法和技术研究"（2023-Z-007）的阶段性研究成果。

注释及参考文献

[1] 周文泓,吴一凡,刘鹏超.我国档案开放数据资源的建设进展与展望[J].北京档案,2024(3):13-20.

[2] 锅艳玲,方晓丽.综合档案馆档案开放鉴定研究[J].档案与建设,2020(11):35-40.

[3] 晋平,问宪莉,庞莉.档案开放鉴定方式检视及其改进[J].北京档案,2019(9):34-37.

[4] 陈俐.新时代国家综合档案馆档案开放鉴定的"危"与"机"[J].北京档案,2019(10):26-28.

[5] 钱海峰.档案开放鉴定工作的问题及对策研究[J].北京档案,2016(4):19-20.

[6] 骆如明.推进档案馆开放鉴定工作的若干策略[J].浙江档案,2019(3):8-10.

[7] 李艳菊,刘枫."三结合三阶段"档案开放鉴定工作新模式初探[J].北京档案,2015(6):32-34.

[8] 杨茜茜,杜瑀峤.综合档案馆档案开放鉴定研究:程序制度的构建[J].档案与建设,2019(6):4-9.

[9] 冯佳.探讨人工智能在档案开放鉴定中的应用[J].档案管理理论与实践——浙江省基层档案工作者论文集,2017(0):109-114.

[10] 李宝玲.坚持开放共享理念 多维视角看待划控[N].中国档案报,2018-01-04(3).

[11] 杨茜茜.我国综合档案馆档案开放鉴定研究:方法框架构建[J].档案与建设,2020(9):11-16.

[12] 杨扬,孙广辉,韩先吉.敏感词全文比对在档案开放审核中的应用实践[J].中国档案,2020(11):58-59.

[13] 黄水清,王东波.国内语料库研究综述[J].信息资源管理学报,2021(3):4-17,87.

[14] 李军,徐志国,王楠.智能语义助推档案开放审核的研究与实践[J].中国档案,2023(11):56-57.

[15] Shokri R, Shmatikov V.Privacy-preserving deep learning[C]//In Proceedings of the 22nd ACM SIGSAC Conference on Computer and Communications Security.2015:1310-1321.

面向档案开放审核的基础规则库构建

赵怡[1] 林红[1] 陈灿彬[2]
1 四川省档案馆
2 中国人民大学信息资源管理学院

摘要：档案开放、扩大档案利用的需求日益凸显，我国档案开放审核工作面临着审核规则不够完善、审核难度高等问题，档案开放审核标准的构建对档案开放审核工作至关重要并且具有急迫性，本文引入规则库的概念，依照合法性、操作性、动态性、安全性四项原则，采用自顶而下和自底而上的多轮迭代方式，构建了包含组织管理规则、限制利用规则、质量控制规则、安全保密规则、质效评价规则的面向档案开放审核基础规则库，以期为档案开放审核工作提供参考依据，使档案开放审核工作更加科学、规范和高效。

关键词：档案开放审核；规则库；标准

0 引言

档案作为一种真实的社会存在，是与其所在时代社会、经济、政治发展保持一致的产物。[1]《"十四五"全国档案事业发展规划》明确提出，人民生活水平显著提高，对档案信息、档案文化的需求日益增长，迫切要求加快档案开放、扩大档案利用。目前，我国档案开放工作受诸多因素限制，档案开放效果并不显著。数据显示，近20年来，我国综合档案馆档案平均开放率为21.91%，这意味着超过78%档案尘封在档案库房，未向社会开放利用。[2]

2020年，新修订的《档案法》首次提出"档案开放审核"这一专业术语。档案开放审核可理解为对档案进行审核，决定档案能否向社会开放。档案开放审核是一个复杂而严谨的过程，涉及诸多因素，如档案的内容、性质、密级、历史背景等，这给开放审核工作带来了巨大的挑战。尤其是在档案开放审核规则的研究与实践中，存在着适用范围不够广、操作可行性待验证、规则构建欠缺系统性和全面性等问题。

规则库是针对某一个领域问题，把相关规则按照一定的结构组织起来而形成的规则集群。在档案开放审核领域引入规则库，不仅能够解决当前档案开放审核规则适用范围不广、操作可行性待验证、规则构建不够系统和充分等问题，还能为档案管理工作带来新的突破，助力档案开放审核工作的现代化和智能化发展。

因此，本文针对当前档案开放审核存在的标准和规则问题，引入规则库的概念，依照合法性、操作性、动态性、安全性四项原则，采用自顶而下和自底而上的多轮迭代方式，构建了包含组织管理规则、限制利用规则、质量控制规则、安全保密规则、质效评价规则的面向档案开放审核基础规则库，以期为档案开放审核工作提供参考依据，使档案开放审核工作更加科学、规范和高效。

1 文献综述

1.1 档案开放审核

"档案开放审核"是指各级、各类档案管理机构根据法律规定，对符合开放条件的档案进行审核的一项工作程序，也是档案提供利用前必须进行的业务环节。[3] 国内学者对档案开放审核的已有研究主要集中在新时代档案开放审核工作现状及难点分析与对策建议[4]、档案开放审核概念辨析[5]、新兴技术在档案开放审核工作中的应用[6]、档案开放审核各环节针对性研究[7][8]等方面。

当前我国档案开放审核领域面临着档案审核工作量大、审核规则不够完善、审核难度高等问题。而影响我国档案开放审核的直接因素之一，就是没有统一、细化的工作标准。为保证档案开放审核工作合法合规，只能依据现行政策法规制定审核规则，然而，一些模糊的法律条款使得档案开放审核举步维艰[9]。目前实践中大部分档案形成单位没有明确的途径获取直接可操作性的指标细则。[10] 在实际工作中，档案馆与档案形成单位或者保管单位往往会因为缺少具体的判断依据或者标准等原因，而扩大封闭对象的范围。[11] 针对这些问题，也有一些学者开展了研究。

从组织制度管理上看，张梦怡[12]提出要建立权责明确的档案主管部门、档案馆、档案形成（移交）单位三方多方协同机制。丁英萍等人[13]指出健全的工作机制和流程是保证档案开放审核工作顺利开展的重要保障，应当加强沟通和协调、规范程序和要求、严格安全和保密。

从限制利用内容上看，赵怡[14]依据政策法规要求和开放审核工作特点，按照合法性、操作性、动态性、安全性原则，细化开放审核标准，从敏感"事件""人物""数据""来源""文种"以及"其他"等六个维度对档案进行审核划控。但是该标准具有时间、空间、档案门类上的局限性，不能广泛应用于全国档案开放审核工作。王芹[15]等人针对档案控制利用范围判定依据不完善的问题，提出以"负面清单"明确判定依据的方法，将不开放的档案内容以清单形式列举，既能够有效抑制和压缩权利主体的自由裁量权，又能够显著提高工作效率。宁燕子[16]依据全面、准确、有效三个原则，构建了高校存量和增量、校内和校外的开放审核指标体系。

从质量控制上看，魏源[17]针对当前档案开放审核过程中，标准难以把控、职责分工不明、缺乏质量评估机制等问题，提出档案开放审核管理策略，提出"前期约束—中期控制—后期评估"的质量管理模式，为档案开放审核的高效优质开展作出有益探索。

从安全保密上看，毛坚[18]基于问题导向，发现当前档案开放审核工作中存在审核场所安全管理、档案实体安全等四个问题，并基于"安全第一、预防为主"的原则，提出包含开放审核前期组织过程安全管理等七条建议。李越[19]提出档案形成单位可以在上级档案部门的指导下，安装信息安全保障软件、建立应急机制，定期测试是否存在信息安全漏洞。

1.2 规则库

规则库是知识库的一种形式，知识库指的是针对某一个领域问题，把相关知识按照一定的结构组织起来而形成的知识集群[20]，而规则库特指所组织的知识为业务规则。规则库技术是人工智能技术与数据库技术相结合的方式结合发展起来的技术，可以实现对于大量而庞杂的业务规则和经验知识的管理。采用基于规则库的方法在众多实践研究中发挥了重要作用。温志奎[21]研究了基于规则库的港口计件工资系统，以规则与匹配为基础建立了系统知识库模型，完成计件系统的设计与实现。置信数据库能够处理不确定信息，融合了定性与定量知识，在决策方面提供了方法与思路。陈婷婷[22]等学者发展了一种使用证据推理方法 (RIMER) 的基于信念规则的推理方法，可以扩展传统的 IF-THEN 规则，为表示专家知识提供了一个紧凑的框架。由于规则库的建立需要耗费大量的时间和人力，贾秀芳等[23]提出利用现有规则库进行合并生成新的规则库，并对生成的规则库进行知识冗余、环路和冲突检测算法，能降低系统的复杂性，提高知识推理的检索效率，降低建立规则库的成本。

规则库在业务管理、决策系统中起到了重要的作用，从业务角度来说，规则库的出现彻底改变了以过程形式处理业务逻辑的方式，将业务规则从具体的处理程序中抽取出来，使得业务规则与数据信息一样成为重要资产。从技术角度来说，规则库体现了分层和复用的好处。分层解决了系统的复杂性问题，降低了系统内的耦合度；复用解决工作效率和可靠性。

综上所述，档案开放审核规则的构建与细化对档案开放审核工作至关重要并且具有较强的急迫性，已有研究分别从组织制度管理、限制利用内容、质量控制、安全保密等方面对档案开放审核的规则指标进行了研究，但仍存在适用范围不够广、操作可行性待验证、规则构建欠缺系统性和全面性等问题。

规则库的引入和构建不仅能够解决当前档案开放审核规则研究和实践中存在的这些问题，还能为档案管理工作带来新的突破，使档案开放审核规则更加系统化、规范化和高效化，促进复用与共享，助力档案开放审核工作的现代化和智能化发展。

2 面向档案开放审核的基础规则库构建

我国的档案开放工作，可以追溯到 20 世纪 80 年代。1980 年 5 月 19 日，中共中央书记处召开第 21 次会议，作出了开放历史档案的决定。此后，党和国家出台的一系列档案工作方针政策、法律法规，都围绕开放历史档案提出了明确要求；在实践中，档案部门也根据现实情况对档案开放审核工作进行了探索。因此，本研究通过自顶而下和自底而上的多轮迭代方式，对面向档案开放审核的基础规则库构建进行系统化的研究与开发。

表 1 现行档案开放审核相关政策法规

《中华人民共和国档案法》	《中华人民共和国档案法实施条例》
《机关档案管理规定》	《国家档案馆档案开放办法》
《企业档案管理规定》	《中华人民共和国国家安全法》

（续表）

《中华人民共和国知识产权法》	《个人信息保护法》
《中华人民共和国专利法》	《各级国家档案馆馆藏档案解密和划分控制使用范围的暂行规定》
《工作秘密管理暂行办法》	《国家秘密解密暂行办法》
《中华人民共和国政府信息公开条例》	《中华人民共和国保守国家秘密法》

一是自顶而下的甄辨分析。采用扎根理论方法和文献计量方法，对现行档案开放审核的法律法规、国家政策、规范性文件等进行系统梳理和分析，现行档案开放审核相关政策法规汇总如表 1 所示，初步形成面向档案开放审核的规则。二是自底而上的研判调优。立足于实际工作实践，采用访谈法、德尔菲法以及案例验证法等多种研究方法。选取多家省、市、县档案馆，针对相同或不同历史时段、同样或不同全宗、同样或不同主题的档案进行规则校验。通过实地调研和案例分析，验证并优化初步规则，使规则更具针对性和可操作性。三是规则通用性研究。以联系、矛盾、发展视角，针对档案馆在开放审核过程中所面临的需求与要求的复杂性、多样性与变化性，实现求同存异与柔性集成，构建具有广泛适用性的开放审核规则库。

2.1 面向档案开放审核的基础规则库构建原则

构建档案开放审核基础规则库时，应当以现有人工开放审核规则为基础，建立广泛适用、便于操作的通用规则，严守档案开放安全底线，并可根据社会情势发展进行动态更新。为此，主要应遵循以下四个原则。

一是合法性原则。法律、决规、规范性文件和国家现行政策是构建开放审核规则的依据和准绳，规则应符合现行政策法规，合法合规。

二是操作性原则。规则应当易于理解、内容明晰，具有操作性，充分把握人工审核与计算机审核的共性和差异，使各项规则普遍适用，便于人机操作。

三是动态性原则。档案开放审核规则要坚持与时俱进、动态调整，根据党和国家事业发展变化、档案管理政策法规完善调整、人民群众现实需求等情况适时更新，以使规则始终处于合规、科学、适用的状态。

四是安全性原则。档案开放审核工作责任重大，要始终严格把握开放审核规则的度，确保档案开放审核工作中的档案实体和档案安全。

2.2 面向档案开放审核的基础规则库构建成果

档案开放审核基础规则库是基于档案开放审核工作的基本环节，包括计划、初审、复审、审议、确认、审批、评价等，对政策法规、标准规范、规章制度进行梳理，并结合工作实际，实践、分析、提炼形成的一套开放审核规则有机集合，包括开放审核组织管理规则、限制利用规则、质量控制规则、安全保密规则、质效评价规则等五部分，每部分规则可根据应用场景，分别再拓展构建新的多维规则，形成一个层次分明、系统全面、适用性强的规则库。构建成果如图1所示。

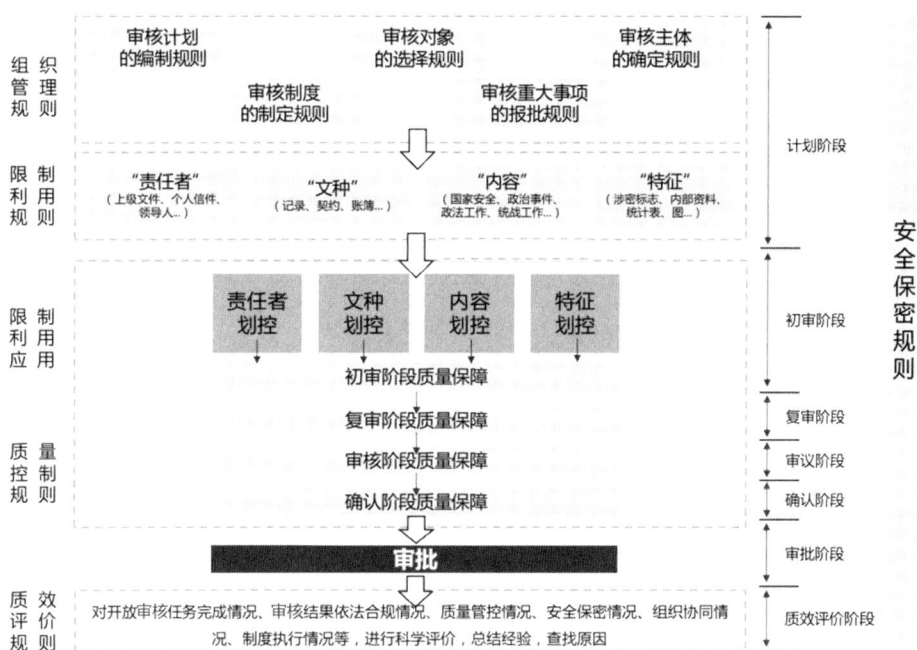

图 1　面向档案开放审核的基础规则库构建成果

2.2.1 组织管理规则

组织管理规则是指在档案开放审核工作中，为确保各项工作有序、有效、合法地进行，所制定和遵循的一系列规则和准则。组织管理规则旨在指导和规范档案开放审核工作流程，明确责任分工，提高工作的科学性和合理性，保障法律合规，提升工作计划性和系统性，并优化资源配置。组织管理规则应用于组织开展档案开放审核各项工作，以及管理档案开放审核各工作环节，具体内容如下。

一是审核计划的编制规则。根据主管部门要求、馆藏情况等,明确档案开放审核工作目标、任务和要求,研究提出工作方案,制定切合实际的工作规划和年度计划。

二是审核对象的选择规则。坚持形成满 25 年优先,数字化优先,利用优先,经济、教育、科技、文化等类档案优先的原则,有重点、有计划、有步骤地持续推进开放审核工作。

三是审核主体的确定规则。依法明确档案馆、档案形成或移交单位在审核工作中的责任,建立由档案馆牵头、档案形成单位或者移交单位参与、双方共同负责的馆藏档案开放审核机制。

四是审核制度的制定规则。针对档案开放审核工作各个业务环节、各个参与单位、各个风险点等,建立一整套依法合规、科学合理、务实管用的管理制度和工作制度,必要时可以建立负面清单。

五是审核重大事项的报批规则。根据相关档案法律法规和政策规定,对应由档案主管部门、档案馆、档案形成或移交单位审核、审定、审批的事项、内容、时限、程序等进行盘点、梳理,形成清晰的报批事项及流程清单。

2.2.2 限制利用规则

限制利用规则是档案开放审核规则的核心。限制利用规则是指在档案开放审核过程中,为确保信息安全和合法合规,对涉及敏感信息的档案进行严格管控的一系列规则。限制利用规则包括"责任者""文种""内容""特征"四类,贯穿于开放审核的各个环节,用于确定哪些档案需要受到限制,防止不当公开。限制利用规则明确了哪些档案应受到严格控制,保护涉及国家安全、个人隐私、商业秘密和其他敏感信息的档案不被随意利用,有助于规范档案开放审核工作,防范风险,确保档案开放过程中的信息安全和法律合规性。

一是从"责任者"确定限制利用,包括涉及上级文件、外省文件、个人信件、领导人、名人等责任者的档案,一般应限制利用。上级文件是指档案形成或移交单位,即全宗形成单位的上级主管部门或相关上级部门印发的文件,上级文件对于不同的档案馆馆藏的不同全宗,其含义和范围是不同的。外省文件是指省外的相关部门和单位印发的文件。外省是相对本省而言,不同地区对外省的界定要做出相应调整。个人信件是指个人名义书写的信件等。领导人主要指省部级以上领导,落款为个人名义的讲话、文稿、签批意见等。名人指全国、全省知名的学者、专家等社会名人直接形成的或与之相关,开放后可能对其名誉、个人造成负面影响的档案。

二是从"文种"确定限制利用，包括原始记录，商业、法律文书，账簿、凭证类等文种的档案，一般应限制利用。原始记录一般为手写体会议记录、工作记录等原始记录。商业、法律文书指涉及合同、协议、公证书、审计报告等针对特定对象具有法律效力的档案。账簿、凭证等具有查阅权限限制的档案。

三是从"内容"确定限制利用，包括涉及国家安全、政治事件、政法工作、统战工作、经济事务、财政工作、外事问题、民政工作、信访工作、组织人事、突发事件、专项活动、知识产权、基建工作、个人隐私、统计数据、民族工作、生态环境、企业商业、领土边界、监督执纪、卫生防疫、宗教工作、土地产权、国家资源等不宜开放内容的档案。

四是从"特征"确定限制利用，包括涉密标志、内部资料、统计表、图等特征，除未定密和敏感统计项目的空白表格外，一般应控制使用。

2.2.3 质量控制规则

质量控制规则是指在档案开放审核过程中，为确保审核结论合法合规、依据真实充分、结论准确而制定的一系列规则。质量控制规则可以有效地防止档案开放审核过程中的遗漏和错误，确保限制利用信息的标记和分类准确，审核意见的形成和调整合乎规范，从而保障档案开放审核工作的整体质量和可信度。具体内容如下。

一是初审阶段的质量控制规则。初审时应当逐页审核，逐件标记限制利用信息，出具初审意见；筛查限制利用信息无遗漏；使用规范的标记语言及符号，标记的限制利用信息准确，语言通顺、语意完整；对限制利用信息进行准确分类；准确标记限制利用信息的位置，档案的页码、行数等。

二是复审阶段的质量控制规则。复审时应当逐件复审，出具复审意见；对初审意见复审率达到100%；初审结果为开放利用的档案中无限制利用信息；依据限制利用标准，根据相关要求逐件审核，出具复审意见；对与初审意见不同的档案，书面说明原因，并协商一致，出具复审意见。

三是审议阶段的质量控制规则。审议时应当逐件审议；对与初审意见不一致进行调整的档案审核率达100%；对解密档案复审意见审核率达100%；审核前期各工作环节应符合国家法律法规、规范标准的要求；审议前期工作环节形成的工作记录应真实、齐全、完整。

四是确认阶段的质量控制规则。确认时应当逐件确认开放审核结论；对前期形成的依据材料进行审核；依据材料应真实、齐全、完整。

2.2.4 安全保密规则

安全保密规则是指在档案开放审核全过程中，针对实体档案和档案数字化副本，确保实体和信息安全的一系列保障措施。安全保密规则旨在防止档案和信息泄露、损坏或丢失，确保开放审核工作的顺利进行，具体内容如下。

一是工作场所的安全保密规则。审核工作场所应设集中封闭管理的楼层或区域；场所应配置符合档案消防需求消防器材；场所应设置视频监控，无监控盲区，监控数据应保存 6 个月以上；对档案实体进行开放审核时，场所应符合"八防"等档案管理要求，配备符合标准和工作需要的档案装具；定期进行审核工作场所安全检查。

二是工作人员的安全保密规则。工作人员出入登记，接受身份核查，无关人员不得进入工作现场；工作私人物品应于工作区外集中统一存放；严禁擅自将场内档案、数据带出工作场所；工作人员不得在工作场所从事与工作无关的活动。

三是档案实体的安全保密规则。工作人员严格履行档案库房管理制度，履行调还卷手续；审核工作不得损害档案，发生损害，及时上报，并按规定处理；审核中发现破损档案、散件或需拆卷等情况，应如实记录；档案在工作现场存放符合相关要求；建立工作场所内实体档案的调阅台账。

四是工作信息安全的安全保密规则。保证审核工作使用的设备不连接互联网，工作网络应与其他网络物理隔离；使用正版软件，不安装无关软件，定期对应用系统进行病毒查杀；数据输出端口封闭，专人管理数据中转设备，建立数据中转设备管理制度，严格数据输入输出登记；建立审核信息数据流转制度，严格管理，履行数据流转交接手续；使用相应技术，保证数据流转过程中不被篡改，留存流转修改记录。

2.2.5 质效评价规则

质效评价规则是指对档案开放审核任务完成情况进行全面评估的一系列规则。质效评价规则的作用在于确保档案开放审核工作的质量和效率，帮助档案馆或工作人员总结经验，优化流程，提升整体工作水平，使开放审核工作更加科学、规范和高效，主要用于每批次开放审核任务完成后的评价环节。档案馆依据该规则，对任务完成情况、审核结果依法合规情况、质量管控情况、安全保密情况、组织协同情况、制度执行情况等，进行科学评价，总结经验，查找原因，以便不断改进提升。

3 总结与展望

我国档案开放审核工作面临着审核规则不够完善、审核难度高等问题，档案开放审核规则构建对档案开放审核工作至关重要并且具有急迫性，当前档案开放审核规则的研究和实践仍存在适用范围不够广、操作可行性待验证、规则构建欠缺系统性和全面性等问题，规则库的引入和构建有助于解决这些问题。

在此背景和基础上，本文依照合法性、操作性、动态性、安全性四项原则，采用自顶而下和自底而上的多轮迭代方式，构建了包含组织管理规则、限制利用规则、质量控制规则、安全保密规则、质效评价规则的面向档案开放审核的基础规则库构建成果，以期为档案开放审核工作提供参考依据，使档案开放审核工作更加科学、规范和高效。

未来，还需要在实际应用中不断探索和实践，进一步明确和细化这些规则的具体内容，以应对不断变化的实际需求，确保档案开放审核工作始终符合时代发展要求。同时，随着实践的深入，还可以根据反馈和经验，对规则进行动态调整和优化，逐步建立一套更加完善和适应性强的档案开放审核标准体系。

本文系国家档案局科技项目"档案开放智能审核方法和技术研究"（2023-Z-007）的阶段性研究成果。

注释及参考文献

[1] 邓君 . 档案载体演变规律研究 [J]. 档案学通讯 ,2011(4):78-81.

[2] 陈阳 . 我国档案开放之现实困境与路径选择——基于 2001—2020 年的相关数据调研 [J]. 档案与建设 ,2022(9):41-45.

[3] 陈俐 , 金霞 . 国家综合档案馆档案开放审核业务流程的科学设计 [J]. 中国档案 ,2020(10):40-41.

[4] 张岩 . 新时期档案开放审核工作研究 [J]. 兰台世界 ,2024(5):82-84.

[5] 姚静 , 加小双 , 张渼婕 . 档案开放审核等相关概念的梳理与辨析 [J/OL]. 山西档案 . http://kns.cnki.net/kcms/detail/14.1162.G2.20240423.1600.008.html.

[6] 聂云霞 , 范志伟 .AI 技术在档案开放审核中的 SWOT 分析 [J]. 山西档案 ,2023(4):35-45+88.

[7] 蒋云飞 . 论档案开放审核尽职免责制度的构建 [J]. 档案天地 ,2023(12):40-43.

[8] 李越 , 郭朗睿 . 档案形成单位参与档案开放审核的困境及其完善路径 [J]. 档案 ,2024(1):9-14.

[9] 刘鸿浩 , 邹华 . 档案开放鉴定刍议——困境和出路 [J]. 档案学研究 ,2011(2):46-50.

[10][19] 李越 , 郭朗睿 . 档案形成单位参与档案开放审核的困境及其完善路径 [J]. 档案 ,2024(1):9-14.

[11] 谢永宪 , 王巧玲 , 刘湘娟 , 等 . 我国档案开放审核工作调研与分析 [J]. 山西档案 ,2023(5):156-164.

[12] 张梦怡 . 馆藏档案开放审核新路径研究 [J]. 浙江档案 ,2023(9):51-53,57.

[13] 丁英萍 , 王艳丽 . 新形势下档案开放鉴定工作对策探索与路径思考 [J]. 办公室业务 ,2023(1):133-135.

[14] "档案开放标准化体系研究"课题组 , 赵怡 . 档案开放审核标准的制定与运用研究 [J]. 四川档案 ,2022(4):42-43.

[15] 王芹 , 岳靓 , 杨婷 , 等 . 总体国家安全观下的档案开放审核制度优化研究 [J]. 档案与建设 ,2024(4):73-78.

[16] 宁燕子 . 高校档案开放鉴定策略研究 [J]. 兰台世界 ,2022(3):96-100.

[17] 魏源 . 馆藏档案开放审核质量管理策略研究 [J]. 中国档案 ,2022(11):42-43.

[18] "档案开放标准化体系研究"课题组 , 毛坚 . 档案开放审核工作安全管理研究 (摘要)[J]. 四川档案 ,2022(3):45-46.

[20] 李臻贤 . 中文问答系统知识库的自动构建问题研究 [D]. 山东 : 山东财经大学 ,2015.

[21] 温志奎 . 基于规则库的港口计件工资系统研究 [D]. 北京 : 北京交通大学 ,2009.

[22] 陈婷婷 , 王应明 . 基于 AR 模型的置信规则库结构识别算法 [J]. 计算机科学 ,2017(1):79-84.

[23] 贾秀芳 , 宋良图 , 等 . 规则库的合并以及冗余、环路和冲突的检测 [J]. 计算机应用与软件 ,2016(1):249-253.

档案馆赋能"大思政课"体系建构的现状、逻辑机理与价值意蕴探究
——以珠三角地区馆校联动调查为例

陈闽芳

广州市档案发展中心（广州市音像资料馆）

摘要：档案馆在参与"大思政课"建设具有天然的优势，其馆藏资源与教学内容天然同源、精神文化内核高度契合、育人目标追求一致，本文通过梳理档案馆赋能"大思政课"研究现状，调查珠三角地区馆校联动的实践进展，分析档案馆赋能"大思政课"体系建构的逻辑机理，重点探究了档案馆赋能"大思政课"有助于发挥地方馆藏档案资源影响力、深化家国情怀认同、丰富拓展"大思政课"内容体系、增强育人效果，坚定文化自信、筑牢学生理想信念、赓续红色血脉等方面的价值意蕴。

关键词：档案馆；思政教育；大思政课；档案资源开发

0 引言

2021年3月6日，习近平总书记在看望参加全国政协会议的医药卫生界、教育界委员时首次提出"大思政课"的概念，并作出了"'大思政课'我们要善用之"的重要指示。2022年7月，教育部等十部门印发《全面推进"大思政课"建设的工作方案》，是对新时代"大思政课"建设的系统化顶层设计与科学性制度安排。档案馆作为永久保存党和国家以及公民档案的文化事业机构、公共服务平台、爱国主义教育基地、课外实践教育基地在参与"大思政课"建设具有天然的优势，其馆藏资源与教学内容天然同源、精神文化内核高度契合、育人目标追求一致，因此档案馆赋能"大思政课"体系建设不仅能为其提供丰厚独特的具有档案元素的思政教学资源，推动"大思政课"体系建设的完善发展，同时也是档案馆落实习近平总书记对"档案工

作存史资政育人,是一项利国利民、惠及千秋万代的崇高事业"的重要批示精神,落实《中华人民共和国档案法》《全国档案事业发展"十四五"规划纲要》等政策法规、进一步完善档案馆职能的现实要求,还是推动档案事业高质量发展的应有之义与重要举措,就此而言,档案馆在赋能"大思政课"体系构建,讲好新时代"大思政课"中具有独特的重要作用,在推进档案馆藏资源开发服务工作与"大思政课"建设工作"同向同行"、高质量发展中大有可为。根据网络调研与实地考察结果,近年来已有部分档案馆与学校紧密合作,利用馆藏资源联合开展思政教育,不少档案馆在一定程度上已经呈现出赋能"大思政课"体系建设的趋势。

1 档案馆赋能"大思政课"研究现状与实践进展

1.1 档案馆赋能"大思政课"研究现状与实践梳理

笔者于 2024 年 4 月 25 日以"档案馆 + '大思政'"为检索词在"中国知网"进行篇名检索,仅得到两篇期刊论文,主要为《档案馆赋能高校"大思政课"建设》《上海市档案馆多元化方式助力"大思政课"建设》。以"档案 + 思政教育""档案 + 课程思政"为检索词在"中国知网"的进行篇名检索,分别检索到相关文献共 25 篇、56 篇,通过梳理发现主要集中在以下几个层面:一是以档案学为研究对象,探讨档案学专业、档案学具体课程的思政课建设为主。如杨静等 [1] 探讨了地方特色文化融入档案学课程思政建设的内涵、价值表现与策略;闫静等 [2] 以"海邦剩馥 侨批档案"为具体案例,对"案例式思政"在档案学类课程思政建设中的教学实践进行阐述;徐拥军等 [3] 分析档案学专业融入"课程思政"建设价值和实践路径。二是以某一档案资源为研究对象分析档案在思政教育/课程思政中的作用和应用对策等。如卢珊等 [4] 对当前利用红色档案资源开展高校思政教育的现状与问题进行总结和分析,提出部分实践路径;王鑫 [5] 分析红色档案融入思政课堂的内涵、组织和传播途径;曾祥明等 [6] 提出发挥红色档案育人价值,推进思政教育提质增效。此外,上海市 [7]、天津市 [8] 近年来聚焦"大思政课"体系建设、"档案思政教育",运用多元方式强化档案宣传教育功能,并取得良好成效。如上海市档案馆以展为课,将档案馆打造成为"思政大课堂"。

本课题通过网络与实践调研珠三角地市级以上综合档案馆(广州、深圳、佛山、东莞、珠海、惠州等9个地市级以上综合档案馆)与学校间联动开展"大思政课"建设、思政教育的案例,将近五年来的馆校联动情况进行初步梳理,如表1所示。

表1 近五年珠三角地区地市级以上综合档案馆与学校联动情况样表

序号	城市	主办方	地点	联动对象	时间	形式	联动(交流内容)
1	广州	广州市档案馆	广州市档案馆	香港中文大学历史系师生	2024年3月22日	到馆研学交流	参观档案展厅、档案库房、查阅大厅、修裱室,感受档案中的广州历史
2	广州	广州市档案馆	广州市档案馆	广州大学新闻与传播学院播音与艺术系师生	2021年12月16日	第二课堂教学	开展"前课后馆+思政教育"教学实践活动,到馆进行"出镜记者与现场报道""即兴口语表达"等专业课现场教学
3	深圳	深圳市档案馆、深圳小学	深圳小学	深圳小学	2021年11月12日	档案宣讲活动	以现场授课+网络直播的形式开展"档案里的党史故事"主题宣讲活动
4	中山	中山市档案馆(市地方志办)	中山市档案馆	中山市第一中学	2022年8月15日	研学实践活动	参观"百年恰是风华正茂——庆祝中国共产党成立100周年主题档案文献展";参观业务技术用房;开展"我为中山代言"比赛;观看视频等

（续表）

序号	城市	主办方	地点	联动对象	时间	形式	联动（交流内容）
5	江门	江门市档案馆、江门市实验小学	江门市档案馆	江门市实验小学	2019 年 4 月 22 日	专题教育活动	"童心向党"专题教育活动。参观档案实物陈列厅、"信仰的力量——中国共产党人的家国情怀"档案展览
6	惠州	惠州市档案馆（市地方志办）	惠州市档案馆	惠州学院	2023 年 11 月 20 日	签约授牌"大思政课"实践教学基地	签约共建"大思政课"实践教学基地为纽带，建设档案（方志）社会大课堂

1.2 档案馆赋能"大思政课"现状述评

目前，在学术研究上，有关档案馆赋能"大思政课"建设的研究不多，研究主体多聚焦于高校档案馆红色资源融入思政教育，研究客体多集中在高校思政教育上，研究内容多局限于"课程思政"这一微观视角，较少聚焦于面向"推进大中小学思政教育一体化建设"的综合档案馆赋能"大思政课"体系建构，本文将以此为切入点进行专门探讨，进一步阐述档案馆与"大思政课"体系建构同向同行中的逻辑机理、价值意蕴。在实践层面上，档案馆赋能"大思政课"体系建构还面临着档案馆主动服务"大思政课"意识不足，馆藏资源开放度不够、利用不够便捷，馆藏资源与思政教育资源匹配存在间距，开发形式上趣味性不足、互动参与性不强，校馆联动机制建设不够完善；教师对地方馆藏档案资源不够了解，尤其是对地方红色档案资源在思政教育上运用不充分；多从思政教育资源"供给者"角度出发，而对"受用者"的研究分析则相对缺乏，尤其是青少年群体对晦涩难懂的档案内容难以入眼入脑入心等现实问题。

2 档案馆赋能"大思政课"体系建构的逻辑机理

档案馆馆藏档案记录了中华民族生生不息的光辉历程，蕴藏着丰富多元的灿烂文化以及凝聚着自强奋进的民族精神，具有得天独厚的育人价值。

2.1 档案馆馆藏资源与"大思政课"教学内容高度契合、天然同源

一方面，档案馆馆藏资源是"大思政课"的天然教科书，可为思政教育提供重要且具权威性的档案元素教学资源，尤其是红色档案，记录了百年来中国共产党从新民主主义时期到社会主义现代化建设、改革开放与新时代奋进的波澜壮阔发展奋斗史，蕴藏着中国共产党百年来带领亿万人民艰苦奋斗取得辉煌成就的实践逻辑和"没有共产党就没有新中国"的历史逻辑。另一方面，档案资源可优化"大思政课"内容供给，档案记录了一个城市的文脉、城脉，彰显城市的精神与品格，其载体具有多样性，呈现形式包括文字、图片、音视频和实物，将其运用到"大思政课"教学中，可以让学生感知第一手档案资源，可将档案里记载的地方历史故事、红色故事与思政教学内容互为印证，优化教育内容，增强学生作为主体融入"大思政课"的具身性。

2.2 档案资源开发呈现与"大思政课"教学形式相互融通、相得益彰

档案资源开发呈现表达上在满足"大思政课"受用者的需求的同时，既能够实现创新性转化、扩大档案资源影响力的同时也为"大思政课"教学形式提供新思路，其所蕴含的精神内核、展现表达与"大思政课"教学形式和目的融会贯通。地市级以上的档案馆拥有良好的馆舍硬件条件、丰厚的档案资源与不可多得的档案开发成果，针对各个专题档案开展的档案编研、著作、展览、文创产品、档案类电视节目、档案视频等开发成果均可为"大思政课"课堂教学提供生动案例和鲜活题材，丰富思政教学形式。此外，《"十四五"全国档案事业发展规划》指出"深入挖掘红色档案资源，建立'四史'教育专题档案资料库，传承红色基因，充分发挥档案在理想信念教育中的重要作用。"由此可见，档案资源开发目的与"大思政课"需求紧密相连，档案馆立足于自身资源与建设需求开发"思政档案产品"为思政教学提供素材支持，思政教师根据教学需求选取档案资源，从中提取思政元素作为教学内容开展思政课，以此助力"大思政课"建设，如此一来档案馆既实现档案资源服务社会，提升档案馆影响力，"大思政课"教学形式有因此更具丰富性、感染性。

2.3 档案馆育人职能与"大思政课"育人目标高度契合

新颁布的《中华人民共和国档案法》第三十四条规定，国家鼓励档案馆开发利用馆藏档案，通过开展专题展览、公益讲座、媒体宣传等活动，进行爱国主义、集体主义、中国特色社会主义教育。截至 2018 年底，全国共有 2141 个覆盖省市区（县）的各级国家综合档案馆爱国主义教育基地，已形成较为完备的档案馆爱国主义教育基地体系，作为爱国主义教育的法定主体具有主动依据馆藏资源开展社会教育、提升公众爱国主义精神的职能，尤其引导青少年"扣好人生第一粒扣子"，运用馆藏红色档案中蕴含的"红色故事与红色精神"，可为思政教育提供沉浸式"红色氛围"与带有历史气息感的教学场域，这是档案馆育人职能呼应"大思政课"建设的逻辑机理，亦是档案内涵价值体现与功效彰显所在。

3 档案馆赋能"大思政课"体系建构的价值意蕴

档案承载的历史属性，那些记载着中国共产党带领人民在革命、建设、改革过程中锻造的先进文化和力量都深深镌刻于各级各类档案馆馆藏中，这些富含先进文化和力量的档案开发过程就是核心价值凝聚与彰显的过程，其在"大思政"构建体系中展现出历史真实的感知力具有无可比拟的优越性价值。

3.1 有助于发挥地方馆藏档案资源影响力，深化家国情怀认同

各级国家综合档案馆在日积月累收集保管工作中业已积累了数量庞大、价值颇丰的档案资料，这些具有独特原始性和真实性的档案资源是一个城市文化传承传播、创新发展的根脉。但由于多年来档案馆给公众以"机关大院"的"刻板印象"以及在当下博物馆、艺术馆、图书馆等"新崛起"文化机构中易受到"形象遮蔽"的原因 [9]，档案馆及其馆藏资源开发成果的社会影响力尚未发挥最大效益，社会公众对档案馆的定位仍存在一定的偏差。将档案资源中包含的教育素材运用于思政教育中，在青少年"拔节孕穗期"的人生阶段进行档案公众教育启蒙，发挥档案资源资政育人的价值，扩大馆藏资源的影响力。同时档案里真实记载了中华民族五千年的沧桑巨变，铭记着百年来中国共产党领导中国人民进行艰苦探索的传奇伟业，这些闪耀着文化自信

与红色精神的档案思政教育资源是增强教育自信、构建高质量"大思政课"体系的"传家宝",有助于增强学生的历史感知力,深化学生的家国情怀。

3.2 有利于丰富拓展"大思政课"内容体系,增强育人效果

2024年5月,习近平总书记强调,坚持思政课建设与党的创新理论武装同步推进,构建以新时代中国特色社会主义思想为核心内容的课程教材体系,深入推进大中小学思想政治教育一体化建设。"大思政课"之"大"在于纠正了思政课程与课程思政的狭隘对立,打破了大中小学思政课的学段区隔,不仅拓展了课程内容、载体形式、教学样态、师资体系、时空环境等,也深化了立德树人意义生成、价值引领、功能实现等方面的回归性研究。各地馆藏资源尤其是红色档案根植于党的教育血脉之中,同小学学段"思想与道德品德""语文"课程、中学学段"政治""历史""语文"课程、大学学段"中国近现代史纲要""毛泽东思想和中国特色社会主义理论体系概论""中国近现代史纲要""形式与政策""政治学""历史学""教育学"的那个学科课程存在有机融入的内在联系,同时以中共党史为重点的"四史教育"存在密切交集,可见档案资源赋能"大思政课"内容体系构建具有广泛适用于中小学思想政治教育一体化的适应性和覆盖度,运用档案资源增强育人效果。如江西省联合省教育厅、省委党史研究室、省广播电视台等单位组织全省中小学生开展"党的故事我来讲——江西省中小学生红色档案云课堂建设"活动,同步拍摄的20集微纪录片被作为全省中小学生云课堂补充教材,取得良好的育人成效。[10]

3.3 有助于坚定文化自信、筑牢学生理想信念,赓续红色血脉

思政教育是落实立德树人的关键领域,档案凭借其原始本真性,成为还原历史真相、去伪存真无懈可击的有力证据,各地馆藏资源有很大比重的档案记载了中国共产党革命斗争史、社会主义建设史、改革开放史,蕴含着丰富的马克思主义中国化真理知识与实践经验,是助力学生筑牢理想信念的绝佳教育资源与"活教材",能够激发"大思政课"教育对象的爱国主义情感自觉,引导广大接班人以坚定不移的理想信念照亮新的赶考之路,用奋发有为的本领担当创造美好生活。同时,也有利于学生抵御历史虚无主义的肆意泛滥,与互联网同一时代诞生的"网民学生群体",海量良莠不齐的网络信息随时随地向他们扑面而来,网络日益成为历史虚无主义"集散地",各种错误思潮"暗流涌动",恶意解读红色历史,解构革命英雄和历史事件频频

发生，由于学生心智尚未发育成熟、缺乏必要的信息鉴别能力，往往易被境外敌对分子歪曲编造的不实之词迷惑。[11] 因此，档案赋能"大思政课"建设能够引导学生通过档案史实记载揭开历史真相，从档案里感知真实的历史，从而在网络舆论场域激浊扬清，使其形成并坚守正确的世界观、人生观、价值观。可见在新时代新征程上，档案馆赋能"大思政课"建设有助实现新气象新作为。

注释及参考文献

[1] 杨静,邵桠丽,周梦倩.地方特色文化融入档案学课程思政建设的思考——以盐城特色文化的融入为例 [J]. 档案学刊,2023(6):98-107.

[2] 闫静,李雪婷."案例式思政"在档案学类课程思政建设中的教学实践——以"海邦剩馥　侨批档案"为例 [J]. 档案与建设,2023(2):45-49.

[3] 徐拥军,熊文景.档案学专业融入"课程思政"建设的理路探析 [J]. 档案学通讯,2021(2):20-25.

[4] 卢珊,徐尧丹.红色档案赋能高校思想政治教育理路探析 [J]. 档案与建设,2023(11):66-68.

[5] 王鑫.利用红色档案提升思政育人效果的路径探析 [J]. 黑龙江教师发展学院学报,2023,42(6):142-144.

[6] 曾祥明,朱彤.发挥红色档案育人价值推进思政教育提质增效 [J]. 中国档案,2023(5):54-55.

[7] 胡劼.多元化助力"大思政课"体系建设——以上海市档案馆为例 [J]. 中国档案,2024(3):32-33.

[8] 胡荣华.发挥档案优势弘扬爱国精神——天津市"档案思政小课堂"巡礼 [J]. 中国档案,2020(5):34-35.

[9] 唐贞全.综合档案馆赋能高校"大思政课"建设的路径探索 [J]. 成都师范学院学报,2023(12):12-20.

[10] 谭荣鹏.守护红色记忆 传承红色基因 [EB/OL].[2024-05-20].http://www.zgdazxw.com.cn/news/2023-08/23/content_341927.html.

[11] 潘坤,王继红.红色档案助力高校思政课教学刍议 [J]. 学校党建与思想教育,2021(2):57-58.

面向政府循证决策的档案资政服务能力提升研究

丁卫杰 [1,2]　李颖 [1]
1 河北大学管理学院
2 中央司法警官学院警察管理系

摘要：政府循证决策是一种以"遵循证据"为核心的循证思想，以"证据"为基础的科学方法和决策哲学。档案具有的凭证价值、信息价值和工具价值，能够为政府循证决策提供最佳证据和知识支持，贯穿政府循证决策的全过程。面向政府循证决策的档案资政服务在意识层面、资源层面、服务层面还有很大提升空间，需要采取提升面向政府循证决策的档案服务水平、推进面向政府循证决策的档案资源建设、提供面向政府循证决策的档案服务保障等策略，提升档案资政服务能力。

关键词：政府循证决策；档案资政服务；档案价值；最佳证据

0 引言

循证决策是一种以"遵循证据而非权威"为核心的循证思想，以"证据"为基础的决策哲学和科学方法，强调通过遵循证据进行决策，以提升决策的科学化水平。档案具备天然的资政服务能力，对于"决策的科学性具有不可或缺、无可替代的凭证和参考作用，这种作用可以被称为行政作用"[1]。档案自身具有独特的凭证价值、知识价值和工具价值，是政府决策的基础要素，贯穿政府循证决策的全过程，为政府决策提供凭证参考和知识支持，成为政府循证决策的"最佳证据"。

众多学者从不同的视角对政府循证决策和档案资政服务进行研究，一是政府循证决策研究的重点在于循证决策理论运用[2]、机制建设[3]和模式构建[4]。二是对档案资政服务的研究，主要是档案的资政服务路径[5]、档案信息资源开发[6]、知识管理和知识库建设[7]等方面。政府循证决策与档案资政服务还需要更好地结合起来深入研究，充分挖掘档案作为"最佳证据"

的价值，在政府循证决策中提升档案的资政服务能力。

1 档案在政府循证决策中具有独特作用

档案资政就是基于档案自身的价值，充分开发档案资源，为政府循证决策提供凭证参考和知识支持，辅助政府部门科学决策，服务党和国家中心工作任务。档案在政府循证决策中具有独特作用。

1.1 档案具有凭证价值，为政府循证决策提供最佳证据

档案具有的凭证价值是其基本价值之一。档案是真实可靠的原始记录，档案作为证据因其原始性、真实性而具有较高的可信度，为政府决策活动提供凭证。档案具有原始真实的凭证性，是在社会实践活动中形成的记录性信息，是政府循证决策的"最佳证据"。最佳证据是指具有可靠来源、高信度及效度，而且能够有效运用于政府绩效管理活动实践的科学证据。[8] 档案具有供政府部门在决策活动中循证溯源的证据价值，在资政服务方面，档案具有无可替代的权威性证据作用，被誉为"没有掺过水的史料"。"以证据为基准来做出理性行动"[9]，这既是政府决策行为的客观需要，又是政府决策要遵循的行为准则。为政府循证决策服务，为政府的中心任务服务，这是档案的天然任务和服务领域。美国档案学家谢伦伯格充分肯定档案在资政方面的基础作用："体现着大量的政府公务经验，是政府赖以建立的基础。"

1.2 档案具有信息价值，为形成决策提供知识支持

档案是信息记录的载体，承载着大量的原生信息资源。档案保存了政府部门在政务活动中形成的，具有较高保存价值的原始性材料和具有典型意义的案例，其蕴藏的信息价值极高，具有档案独有的信息资源优势。档案信息记载于档案载体之中，既是档案内容的记录，也是档案信息价值的体现。档案知识是将原始的档案信息经过分析整合、加工提炼使其知识化。基于政府循证决策的形式和内容，主要是根据决策主体的需求和以问题为导向，"通过对众多分散、异构资源上知识的获取、匹配、集成、挖掘等处理，获取隐含的或有价值的新知识，同时优化知识的结构和内涵，提供知识服务"[10]。在循证思维的指导下，以档案信息资源为基础，通过档案参考历史

数据和以往案例，运用相关分析工具，对档案信息、数据进行处理，对现实证据进行多方面的考量，从而发现知识、进行知识管理，为政府循证决策提供知识支持。

1.3 档案具有工具价值，贯穿政府循证决策的全过程

档案具有工具价值，"是一个政府借以完成其工作的基本行政工具"，提供利用是实现档案资政功能的基础和逻辑起点。档案在政府循证决策全过程中发挥着资政辅助的工具价值，是政府机关工作中具有特定效力的行政工具，是实施领导、履行职能、处理公务的手段。档案作为具体的管理工具、记忆工具与信息工具，贯穿政府循证决策的全过程，在政府循证决策的各个环节体现了档案资政服务的工具价值。政府循证决策构建了包括收集分析、提供运用和效果评估的"从数据到证据"完整链条，是去伪存真、科学严谨地将最佳证据运用到决策实践中的完整过程。档案既是政府循证决策的辅助工具，也是档案参与政府循证过程中工具价值的结果显性化表现。档案辅助政府循证决策的形成，政府循证决策中形成新的记录，产生新的档案资源，为下一次循证决策提供更为丰富可靠的档案证据，实现政府循证决策的循环上升。

2 面向政府循证决策的档案资政服务提升空间

2.1 在意识层面还需主动提升资政服务意识

档案的资政服务工作取得了一定的成绩和效果，为政府决策提供信息资源和知识支持，切实提高了政府治理能力和治理效能。档案部门在整体思想上提倡开放利用，但是在局部"重保管，轻利用"思想仍未彻底根除，缺乏主动开展资政服务的意识。受"安全""保密"思维的影响，档案工作者更多是"保管者"而不是"开发者"的角色定位，未能充分发挥档案部门的独特优势。还存在着以下问题有待改进：对档案资政选题缺乏新意，缺乏针对性和时效性，成果形式较单一，缺乏档案特色；档案部门之间合作协同度不够，与资政服务对象的交互性不足，交流不够深入；深层次研究不够，社会实践调研不多，理论和实践结合不够，不能充分满足实际资政需要。

2.2 在资源层面仍需深入筑牢档案资源基础

档案蕴藏的信息资源是开展档案资政服务的基础。"过去已发生的事实主要靠档案来得以记载",档案具有原始性和真实性,是政府决策的"最佳证据"。目前,"档案的价值实现量与档案的价值本体量之间并不完全相等",档案资源未能被充分有效地开发利用,档案信息资源未能形成知识化的档案资源体系。档案信息具有隐藏性和广泛性的特点,零散地分布于数量众多的档案之中,还需要基于循证理念的指导思维,对档案信息资源进行全面系统的收集处理和多维价值挖掘,深入筑牢档案资政服务的资源基础。

2.3 在服务层面有待加强制度保障和平台建设

《"十四五"全国档案事业发展规划》提出:提升档案资政服务能力,及时精准为各级党委和政府决策提供参考。从顶层设计方面提出了资政要求,但是在制度保障和平台建设方面还不够完善,档案资政服务往往表现出"单打独斗"的形态。制度层面缺乏与档案资政服务明确相关的行业法规、数据标准与评价标准等制度措施;档案资政平台建设处于探索阶段,提供知识服务的水平和质量有待提高,其与政府部门的交流反馈机制交互性不足。还需要进一步做好档案资政的制度规范,加强服务平台建设,保障档案资政服务的稳定发展,提升档案资政服务的有效性和规范性。

3 面向政府循证决策的档案资政服务提升策略

3.1 意识层面:提升面向政府循证决策的档案服务意识

充分认识到档案工作的重要性,增强档案资政意识,提升档案服务水平。档案工作是维护党和国家历史真实面貌、保障人民群众根本利益的重要事业,各项事业的发展都离不开档案。新《档案法》明确规定:"加强档案宣传教育,增强全社会档案意识。"2023 年,国家档案局局长陆国强提出:要及时编报档案资政参考,发挥档案资政的特殊作用。

提升档案资政服务意识,要有先行思维,设定具有明确性和前瞻性的资政服务目标,做好档案事业整体发展规划,充分重视档案资政服务工作。增强主动服务意识,站在人民至上的立场,保证档案资政成果维护人民的利益。坚持问题导向，在资政服务领域和方向上需要有一定的预见性和指向性。档案部门和档案工作者以政府部门的需求为出发点，及时了解政府的决策需求和人民群众最关心的热点社会问题，从实际出发，提供精准化、个性化的资政服务，真正满足政府资政决策的需要。档案本身具有的独特价值能够满足政府决策的证据需要，对政府决策需要的满足是实现档案资政功能的关键点。"需要—价值—满足"这一基本关系决定了档案资政的内在动力。

3.2 资源层面：发挥面向政府循证决策的档案资源优势

"基于馆藏，服务政府"，档案资政服务的基础是自身丰富的档案资源。档案馆藏资源包含大量有关政府决策方面的文件与数据内容，是档案资政服务的资源基础。档案部门保存的政府部门在政务活动中产生的大量文书档案，涉及政务活动的各个层级和众多方面，其"数量"和"质量"都具有特殊的优势。档案在文本信息分析和政府政策解读方面具有特殊的资源优势，将分散的信息按照一定标准进行分类、整理和聚合，从数据到证据再到政策环节，提供知识化的服务成果，将档案证据与决策过程进行融合应用，提升档案资政服务的实现程度。基于循证思维对档案信息资源进行分析，深度挖掘档案数据资源的价值，能够发掘出深层次关联及事物发展的内在规律，为政府部门应对各种类似事件提供有预见性的资政服务。

档案机构要将传统的信息服务上升为知识服务，立足馆藏资源推进其知识化发展，实现档案资政服务向纵深发展。[11] 档案部门保存大量有关政府政务的档案数据。档案数据是档案自身所蕴含的以及在档案管理、提供利用服务等过程中产生的数据，是数据资源的重要组成部分。[12] 政府循证决策遵循着"数据—证据—政策"的基本逻辑，从数据到证据环节，档案部门要精确定位政府需求，依靠档案原始数据，应用新技术手段将档案信息资源进行价值挖掘和形成知识管理，提供深层次的知识服务，发挥档案资源优势。

3.3 服务层面：提供面向政府循证决策的档案服务保障

从制度上保障档案资政服务的稳定性和规范性，构建基于证据的科学循证制度，是政府决策的现实理性的道路选择，使政府部门能根据规范的制度流程来进行科学决策。建设档案资政服务平台，实现由"档案库"向"思想库"的转变提升。通过深入挖掘档案资源来揭示档案资源的价值，把"档案库"变为"思想库"，既是新时代深化档案工作服务的具体体现，又充分彰显了档案资政服务的根本特质。[13] 建设档案资政服务平台是档案资政服务范围拓展和支撑能力提升的重要方式，主要目的是汇集资源、聚焦服务对象，提高档案知识服务水平和服务质量。加强档案资政服务平台建设，准确定位其功能，优化服务路径，创新和优化资政服务方式，提高资政服务的时效性，打造档案"最佳证据"的资政形象，提供高质量的服务产品，能够实现供给与需求的有效衔接，保障政府决策的科学性。

档案部门还要进一步转变服务理念，创新服务方式，全面提升档案资政服务能力。目前档案资政服务方式不够新颖丰富，档案资政服务的典型案例不多，不能充分发挥档案的最佳证据作用、档案资源优势和档案特有的价值。要积极利用新技术创新服务方式，推出形式多样的服务成果，更好地保障档案资政服务的发展。

4 结语

档案资政服务的实现是一个动态过程，要建立以证据为核心的政府循证决策制度，以数字技术赋能档案价值的挖掘和应用，积极开展"档案+"探索实践，提升档案的资政服务能力，推动政府循证决策和档案资政价值的实现。

注释及参考文献

[1] 冯惠玲 . 档案学概论 [M]. 第三版 . 北京 : 中国人民大学出版社 ,2023:49.

[2] 王学军 . 在政府治理中探索运用循证决策 [J]. 群众 ,2021(14):57-58.

[3] 郁俊莉 , 姚清晨 . 从数据到证据 : 大数据时代政府循证决策机制构建研究 [J]. 中国行政管理 ,2020(4):81-87.

[4] 高鹏飞 , 吴琼 . 科学与决策的协同 : 新型政府循证决策模式构建与逻辑延伸 [J]. 领导科学 ,2021(6):97-100.

[5] [11] 归吉官 , 田晓青 . 档案资政服务样态及路径优化——基于多案例研究 [J]. 档案管理 ,2023(3):66-70.

[6] 牛力 , 王钰涵 . 面向政府的档案信息资源开发利用研究综述 [J]. 档案学研究 ,2016(2):60-66.

[7] 魏扣 , 郝琦 . 面向决策的档案知识库构建理论研究 [J]. 山西档案 ,2017(2):34-37.

[8] 黄玉玲 . 循证政府绩效管理 : 内涵、系统与启示 [J]. 现代管理科学 ,2017(1):79-81.

[9] 邹东升 , 陈昶 . "循证式"重大行政决策社会稳定风险评估建构 [J]. 电子政务 , 2019(12):25-34.

[10] 唐晓波 , 魏巍 . 知识融合 : 大数据时代知识服务的增长点 [J]. 图书馆学研究 , 2015(5):9-14,8.

[12] 李颖 . 档案开放研究 : 理念、制度与行动 [J]. 档案与建设 ,2022(3):36-39.

[13] 陈辉 . 面向档案资政服务的改革开放档案资源深入挖掘探究 [J]. 山西档案 , 2023(5):51-58.

工业遗产档案价值挖掘与利用研究
——以百年企业苏纶纺织厂为例

马璀莹

苏州市工商档案管理中心

摘要：基于工业遗产档案的概念，对苏纶纺织厂档案的内容进行系统梳理。认为以苏纶纺织厂为代表的工业遗产档案见证了苏州近代民族工商业的发展历程，蕴含深厚的历史、文化、经济、教育价值，在编研展示、学术科研、数字化建设、工业遗址改造等方面取得了一定的利用成果。但其价值挖掘与利用工作仍存在缺乏创新与特色、开发乏力等问题，需要深入挖掘档案文化内涵、形成数字化运营长效机制、推进跨界合作、深化宣传教育、打造工业遗址改造特色化模式等，切实发挥工业遗产档案的价值与作用。

关键词：工业遗产档案；价值挖掘；开发利用

0 引言

《"十四五"全国档案事业发展规划》将"工业遗产保护专题档案开发"列入国家重点档案与保护开发工程专栏，为档案保护开发工作指明了新的方向，推动档案部门积极开展工业遗产保护相关档案的收集、保管、利用等工作。以苏纶纺织厂档案为代表的苏州工业遗产档案是民族工商业的瑰宝，深入挖掘其价值，采取更有效的利用方式，将对推动历史文化传承、留存城市记忆、服务经济发展起到积极作用。

1 工业遗产档案的概念及内容

1.1 工业遗产档案的概念

以"工业遗产保护与利用"为主题，在中国知网中进行检索，得到有关文献730篇，涉及保护利用、价值研究、建筑改造、数字化建设、旅游等方面。以"工业遗产档案"为主题进行检索，得到有关文献46篇，其中包括"保护利用"方面27篇，"价值研究"方面6篇。可见，现有"工业遗产档案"研究以保护利用为主，也涉及价值分析、数字化建设等方面的探索。但总体而言，学术界对"工业遗产档案"的研究相较"工业遗产"相关研究，在成果数量、涉及范围等方面均存在较大差距。

当下，工业遗产档案的概念尚未有明确定义。于子贺认为，工业遗产档案由三部分构成：一是企业停止生产后留下的实物档案，包括厂房、设备、产品仪器等；二是企业运营期间形成的档案，包括文书、科技、声像等档案；三是申报工业遗产名录期间形成的档案。[1]蓝杰认为，工业遗产档案既包括非物质遗存还包括物质遗存，既包括文书档案、科技档案等可以转移的档案，还包括不能移动的实物。[2]张晨文认为，工业遗产档案是指工业时期工业生产实践或相关活动中形成的，能综合、典型地反映近现代工业化进程的对城市和社会有保存价值，包含文字记录、地图和其他制图材料、照片、电影、录音等原始记录。[3]因此，虽然学界展开了对工业遗产档案的研究，但对其定义尚未达成广泛共识，缺乏明确统一概念，对后续深入研究造成一定影响。

本文认为，工业遗产档案既包括企业存续及申遗期间形成的真实的历史记录，还包含企业关闭后的物质遗存，即企业遗留的厂房、车间等生产储运设施，相关的管理场所、生活服务设施及构筑物和生产工具等。

1.2 苏纶纺织厂工业遗产档案的内容

本文以苏纶纺织厂工业遗产档案为例，探讨工业遗产档案的价值及保护利用工作。苏纶纺织厂工业遗产档案内容包括：一是苏纶纺织厂在成立、生产经营、关闭及申报档案文献名录期间形成的文献材料。二是苏纶纺织厂留存的工业遗址，主要是厂房、车间、宿舍等物质遗存。

1.2.1 苏纶纺织厂文献材料

21世纪初，苏州市响应国家政策，打响了国有企业产权制度改革攻坚战，一批曾经承载着几十年、上百年城市发展印迹的企业或关闭、或改制。大量企业档案堆在仓库，面临损毁、破坏的风险。为做好这些企业档案的保管利用，苏州市专门成立了全国首家集中保管改制国有企业档案的机构——苏州市工商档案管理中心（简称"中心"）。中心组织大量人力物力将这些档案抢救性地接收进馆，其中就包括苏纶纺织厂档案。

本文以苏纶纺织厂为例介绍上述企业档案的构成。苏纶纺织厂档案主要保管在苏州市档案馆、苏州市工商档案管理中心，其档案起止年代为 1771 年至 2004 年（未申报《江苏省珍贵档案文献名录》前），包括文书和会计档案 26006 卷、科技档案 17204 卷、特殊载体档案（实物、照片、磁性档案等）829 件。

其中，文书和会计档案内容丰富，包含工厂组织系统、业务概要、董事会会议记录、棉纱购销合同、纱布外销资料、经营状况调查统计表、商标注册、财务账册、申请赔偿战时损失文件等，从中可以清晰地看到百余年来企业成长、发展、变迁的曲折历程。

科技档案包含产品工艺单，机器设备的装配图、说明书，厂房和车间的设计、施工图等。从中可以了解到，企业注重产品开发、技术和设备革新，随着时代变迁不断更新产品的种类和工艺，提升产品质量，增强市场竞争力，在多个阶段取得明显经济效益。

特殊载体档案中，有企业、产品获得的奖状、奖杯，产品实物，还有企业举办新党员入党宣誓仪式、座谈会、联欢会、演讲比赛等活动的照片和光盘。实物档案记录了企业获得的各项荣誉，展现了企业的社会知名度和影响力，照片和磁性档案以画面、音视频载体形式记录下企业的发展变化和具有历史意义的时刻。

1.2.2 苏纶纺织厂工业遗址

清朝末年，苏纶纺织厂选址苏州城外青旸地，即现在的吴门桥街道一带，毗邻京杭大运河。沿运河两岸逐渐向外延伸，还兴建了鸿生火柴、太和面粉等工厂，也吸引了诸多外资企业，如亚细亚火油、峰谷陶瓷、瑞丰丝厂等，可称是苏州最早期的"工业园区"。[4] 国有企业产权制度改革后，工厂大量关闭，部分遗址拆除，例如苏州纺织机械厂、苏州热电厂、苏州木材公司等。保留下来厂房、车间、宿舍等建筑及室内设备设施的企业主要是苏纶纺织厂、苏州第一丝厂，另嘉美克纽扣厂保留下部分临街铺面房屋。其中，苏纶纺织厂现存遗留的旧有建筑和各类生产、生活设施，含厂房、车间、宿舍等，包括 4 处苏州市控制性保护古建筑。[5]

2 苏纶纺织厂工业遗产档案的价值

苏纶纺织厂工业遗产档案蕴含深厚的历史、文化、经济、教育价值。中心对苏纶纺织厂档案进行了全面整理，按照档案归档制度，一一分类，装订编号，上架入库，为日后苏纶纺织厂档案史料的研究利用打下坚实的基础。

2.1 历史价值

苏纶纺织厂是清同治十三年状元陆润庠于 1895 年创办，1897 年正式开工生产。2004 年国有企业产权制度改革后，工厂停止运营，退出历史舞台。纵观苏纶纺织厂的百年历史，是苏州近代城市发展进程中的一个缩影，也是中国近代工业发展的一部史籍。苏纶纺织厂工业遗产档案，是苏纶纺织厂在百年发展历程中形成的文献材料、工业遗址的总合，见证了苏州近代民族工商业的崛起，是苏州这一中国典型传统城市早期现代化的重要标志。通过这些史料，能够逐步厘清苏州乃至大运河沿岸近现代民族工商业的发展脉络、形态规模，探求近现代民族工商业的发展特点及规律。

2.2 文化价值

苏纶纺织厂留下了丰厚的文化遗产，其丰厚性主要体现在工厂遗址、文件史料、产品实物等物化形态，以及蕴含的大运河文化、江南文化等非物化形态。苏州古城文化底蕴厚重深邃，文化内涵多元广博，大运河文化、江南文化是其中闪亮的名片。文化的生命力在于传承和开拓，探索与创新。工业遗产档案承载的是一段历史文化，是一个时期的城市记忆，只有将其活化利用，才能让城市的文化更丰富完整。

2.3 经济价值

苏纶纺织厂档案中的科技档案作为产品工艺信息的载体，具有产品恢复、创新开发的潜在价值，可转化为市场效益，服务经济建设。因此，将科技档案与技术研究、产业发展相结合，有利于创造可观的经济价值，提高产业竞争力，推动经济发展。例如，2012 年，中心与吴江鼎盛丝绸公司合作开展宋锦样本档案开发研究，开发出新宋锦面料，产品成功进入北京、上海等地，取得良好的经济效益。工业遗址同样具有经济价值，将工业遗址与文化深度融合，进行产业化经营，促进文化旅游、购物及文化创意产业运营，在创造经济效益的同时实现文化推广。

2.4 教育价值

深入了解苏纶纺织厂档案，可以看到在抗日战争、抗美援朝战争中，企业为抗战捐款捐物、共克时艰的爱国之举，也可以感受到追求变革、勇于创新的企业精神，以及实业报国、奋发进取的企业家精神，这是在历史发展长河中逐渐形成的，是与爱国爱党相统一，与弘扬民族精神、时代精神相统一的，具有重要的教育价值。要通过档案研究利用工作，正确总结历史经验，弘扬爱国主义精神，激励社会公众以史为鉴、砥砺前行，为苏州这座千年历史文化古城增添工业遗产的魅力。

3 苏纶纺织厂等工业遗产档案利用现况与存在问题

3.1 苏纶纺织厂等工业遗产档案利用现况

3.1.1 工业遗产档案编研展示

文献材料作为工业遗产档案的重要组成部分，保存着城市发展的重要记忆与历史文脉。经苏州市档案馆、苏州市工商档案管理中心组织申报，2012 年苏纶纺织厂文献材料类档案入选《江苏省珍贵档案文献名录》，这是对工业遗产档案价值的肯定，对其保护和开发利用具有积极作用。

中心编研了"苏州民族工商业百年名企系列"丛书，已出版《百年苏纶》《百年民丰》等 5 册图书。中心还举办了"百年苏纶""百年东吴""百年嘉美克"工业遗产档案史料展。其中，百年苏纶纪念系列活动被纳入"2020 年国家重点档案保护与开发项目"，展览推出苏纶纺织厂历史档案图片 300 余幅、档案实物 200 余件，时间跨度 1895 至 2004 年，全景式地展示苏纶厂历史沿革中的精彩瞬间，展现百年苏纶的辉煌图卷。展览期间，配套举办未成年人体验、读书会、主题报告等活动，扩大展览的影响力。

3.1.2 工业遗产档案科研工作

中心积极开展工业遗产档案整理、征集、保护利用、数字化建设等科研项目，例如《苏州工业遗产中档案资源抢救与保护方法研究》《馆藏民族工商业商标档案文化价值研究》等，为业务工作赋能助力。中心主持国家、省、市科技项目 20 余项，获国家档案局科技成果奖 4 次，江苏省档案局科技成果奖 3 次。同时，与苏州大学、南京理工大学、江南大学等高校合作开展横向科研项目，探寻档案的文化价值、传播路径、利用形式等，以科学研究助推档案事业发展。

3.1.3 工业遗产档案数字化服务民生

中心逐步开展工业遗产档案数字化工作，探索档案专题数据库建设，不断提升档案的管理水平、安全性和利用率。值得一提的是，中心对工业遗产档案中的人事档案、工资单、党员材料、退役军人材料等民生档案，进行专门梳理及数字化，加入了苏州市民生档案数据交互服务平台，主要用于群众查借阅档案，为群众房产公证、党员政审、工龄购房、退休办理等提供便捷服务。

3.1.4 工业遗址改造利用

"每3个苏州人中就有1人和苏纶厂有着渊源"，苏纶纺织厂是姑苏的一个记忆标志，对于苏州人来说是非常有意义的历史印记。苏州市积极进行工业遗址保护工作，苏纶纺织厂遗址于2004年被列为市级文物保护单位。2007年，浙江嘉业集团购买下苏纶纺织厂地块。为做好地块开发工作，集团深入查阅了解苏纶纺织厂文献档案，做出保留"苏纶"名称，建设"苏纶场"城市综合体的决定。"苏纶场"以商业、文化设施为主导，将原厂房改造为商场、超市，将原职工宿舍、工会等控制保护建筑改造为商业广场。[6]2020至2022年疫情期间，为提振地方经济，在苏州市政府支持下，"苏纶场"举办了"不夜苏纶场"夜市、"5·5"购物节、"双12"购物节、"姑苏八点半"等商业活动，并将商业与文化相结合，利用苏纶纺织厂文献档案举办了"百年忆时光"展览，致力于将"苏纶场"打造成为古城商业文化新地标。

3.2 苏纶纺织厂等工业遗产档案利用存在的问题

3.2.1 文化价值利用创新不足

工业遗产档案拥有厚重的历史文化内涵，但目前对其挖掘利用还停留在表面，缺乏深入探索。文献材料的开发以展览、编研等传统形式为主，创新不足，公众很难真正融入其中感受大运河文化、民族工商业文化的魅力。工业遗址改造方面，多数工业遗址的再利用都只注意到了物质空间的改造，而忽略了工业遗产所承载的工艺技术、工业流程和工业精神等非物质性遗产。[7]对于文化内涵的开发利用不足，大大削弱了活化利用的意义。

3.2.2 科技档案经济价值开发乏力

在实际工作中，档案部门服务社会民生以文化传播、档案查阅借阅等为主，对档案资源经济价值的开发利用不足。科技档案中的产品工艺单、意匠图，从技术层面清晰地展示了中国传统产品的工艺特征、结构技巧、产品规格等，是非常宝贵的产品设计、生产资料。科技档案的充分利用可以为企业科研提供参考和借鉴，推动产品研发和技术创新，为企业带来新的发展机会，进而推动社会经济发展和创新能力提升。

3.2.3 数字化体系建设有待深入

当前，档案数字化工作主要是纸质档案转化为电子档案，提升档案查询的便捷度和保管的安全性。但在大数据时代，档案数字化建设不仅是档案的扫描、转换、存储等数字化转换，还要建立各类档案资源数据库，形成数字化体系。一方面随着数据共享范围和程度的提高，逐步实现"就近查档、跨馆出证"，提高为民服务质量。另一方面，档案资源数据库与城市数字化建设相结合，实现"档案 + 文化""档案 + 产业""档案 + 科研"相结合，大大提升与文化、产业、科研部门的合作。

3.2.4 档案研究推广有待加强

中心馆藏苏州市属改制企事业单位档案含纺织、医药、轻工、化工机械、电子、建材、工艺美术等 200 万余卷（件），是研究苏州近现代民族工商业的宝库。目前，档案编研、展览及科研取得了一定的成果。但由于馆藏数量较大，研究人员不足等原因，对这些工业遗产档案的研究、对外展示传播仍然存在数量少、未成体系等特点，需要进一步加强研究推广力度。

3.2.5 工业遗址改造缺乏特色

近年来，城市商业综合体实现蓬勃发展，为公众提供更多样化的消费场所和休闲形式。在工业遗址开发中，引入城市商业综合体建设的理念，以休闲、旅游、餐饮、购物、办公等功能为主，存在重利益轻保护，重外观轻内涵等现象。以"苏纶场"为例，改造后因与周边业态同质化，在风格、装修、品牌等方面相似度较高，再加之地理位置、交通和市场运营等相关原因，在短暂的人流量高峰后，出现商家关闭、人流减少的情况。

4 苏纶纺织厂等工业遗产档案价值挖掘与利用策略

4.1 深入挖掘文化内涵，探索文化传承发展创新路径

习近平总书记在对档案工作重要批示中提出两个"服务"的明确要求，为做好新时代档案工作指明了方向。具体到档案研究利用而言，应紧紧围绕党委政府中心工作，发掘档案中蕴含的历史文化价值和现实意义，创造性地开展服务工作。目前，江苏省正在大力加强"大运河文化带"建设，苏州市也在打响"江南文化"品牌，而苏纶纺织厂等工业遗产档案蕴含深厚的"大运河文化""江南文化"历史基因。因此，档案部门要深入挖掘档案的历史

内涵和价值，探索文化创新性传承和创造性转化的有效路径，为"大运河文化""江南文化"的传承和发展提供新的思路和方法，提升大运河（苏州段）的体验感和互动性，让公众能够真正融入其中，感受工业遗产的独特性。

4.2 深化档案数字化建设，形成数字化运营长效机制

档案部门要切实深化工业遗产档案数字化建设，借助现代信息技术手段，构建科技档案数据库、丝绸档案数据库、民生档案数据库等，打造档案数字资源管理体系。通过档案数字化程度的提升，进一步提高档案的利用效率和共享范围。建设以档案资源为核心的文化、学术、产业数字化生态圈，开展文化输出、学术研究、产业构建等多领域的协同创新发展，以助力档案文化、学术、产业数字化布局。并与各产业协同联动，带动文旅、文创、制造业、科学研究等多个领域的共同发展，构建线上线下相结合的利用模式，形成档案数字化运营的长效机制。

4.3 推进档案跨界合作，释放叠加社会效应

在跨界合作中，跨度越大、越深入，产生新事物的独特性和生命力越强。"跨"出档案边界，与其他行业相互渗透相互融合，多方合作优势互补，方能形成 1+1＞2 的社会效应。档案馆与博物馆、图书馆、高校、科研机构等的合作屡见不鲜，为档案事业的发展构建了良好的社会环境。为进一步拓宽合作之路，要深入思考开辟新的合作领域与形式。档案部门要与文旅部门、企业等社会各界形成合力，与物质文化遗产、非物质文化遗产交叉融合，进行工业遗产档案与城市、历史、文化、产业的多角度、全方位的整合，比如共同开发旅游观光项目、遗产展示项目、文创产品等，深入探索跨界合作，博采众长，融入社会各领域，让工业遗产档案真正走进社会公众。

4.4 讲好工业遗产档案故事，加强社会精神文明建设

跨越百年的工业遗产档案，历经清朝末年、民国时期、抗日战争时期、新中国计划经济和市场经济时期等历史阶段，见证了近现代工业发展的历程，反映不同时期科技、经济的发展水平。在历史长河中跌宕起伏的企业，造就了一批勇于拼搏的企业家，大量具有无私奉献精神的工人，也记载下诸多爱国爱党的光辉事迹。档案部门要利用好工业遗产档案承载的精神文化和感人故事，走进学校、社区、企事业单位，开展主题教育，讲好档案故事，加强社会精神文明建设，增强城市认同感和使命感。同时，注重利用工业遗址、

档案馆等空间，结合现代信息技术，搭建智能化的交流展示平台。例如，通过情境设置，借助 VR 体验，让公众沉浸式感受企业的百年沧桑、历史贡献等。还可以配合举办展览、互动体验活动、学术交流活动等，进行全方位、立体化的宣传教育。

4.5 融入古城保护，打造工业遗址改造特色化模式

工业遗址的改造不仅要维持自身价值、打造自身特色，更涉及与苏州历史文化名城、姑苏古城整体风貌相结合、相协调的问题。改造中要克服同质化现象，将工业遗址的特点与苏州历史文脉、传统风貌、城市环境匹配融合，对遗址空间进行优化提升，形成具有自身独特性的公共空间。例如，可开发以工业遗址为主体的旅游项目，嘉美克纽扣厂、苏纶纺织厂、苏州第一丝厂工业遗址沿大运河依次自北向南而列，沿途经裕棠桥（苏纶纺织厂出资建设）、觅渡桥（江苏省文物保护单位）等建筑，苏纶纺织厂还投资兴建了裕斋、鹤园等公共设施，其创办人陆润庠的宅院在苏州知名园林留园附近，将这些相关的工业遗址与承载城市文化的景点联系起来，与园林、丝绸、评弹等姑苏元素结合起来，开发新的工业旅游项目，打造品牌化、特色化遗址改造模式。既可留存苏纶纺织厂等工业遗址原本的形态风貌，又可让公众深入了解这段历史，深切感受古城文化，让宝贵的城市记忆、社会记忆永续流传。

5 结语

以苏纶纺织厂为代表的工业遗产档案是记载苏州近现代工商业发展史的宝库，具有重要的历史和当代价值，做好工业遗产档案研究利用工作是档案部门的职责和使命。目前，工业遗产档案资源的开发利用存在不足，大量文献档案被遗忘在档案馆库房，部分工业遗址被破坏或无效利用。档案部门要切实承担起工业遗产档案开发利用职能，深入探讨工业遗产档案的价值，研究工业遗产档案利用的创新举措，让工业遗产档案在活化利用中彰显价值，为打造城市特色、繁荣城市文化、助推城市经济发挥积极作用。

注释及参考文献

[1] 于子贺. 数字化背景下的工业遗产档案保护与开发研究 [D]. 郑州 : 郑州航空工业管理学院 ,2019:12.

[2] 蓝杰. 工业遗产档案保护与利用研究——以杭州市大城北炼油厂为例 [J]. 浙江档案 ,2020(5):62-63.

[3] 张晨文. 工业遗产档案的产生背景、内涵及保护实践 [J]. 档案管理 ,2022(5):27-30.

[4] 谭金土. 苏州沧浪工商文化丛书—— 觅渡青旸 [M]. 苏州 : 苏州大学出版社 ,2009:201-204.

[5] 赵彬元. 共生理论下的工业遗产保护与更新规划策略研究——以苏州苏纶厂更新改造为例 [J]. 城市住宅 ,2021(1):62-64.

[6] 许可. 城市记忆视角下苏州纺织工业遗产更新改造探究 [J]. 建筑与文化 ,2020(4):140-141.

[7] 谢涤湘, 邓雅雯, 朱雪梅. 我国工业遗产保护及再利用的思考 [J]. 工业建筑 ,2013(7):9-12.

基于后端反馈的核电工程设计
文档质量控制体系研究与实践

汪建军　汪莉　黄金科　陈淑蓁

中广核工程有限公司

摘要： 核电工程设计文档因其独特性，如庞大的文件数量、多样化的文件类型、频繁的文件版本更迭、错综复杂的文档间关联、长久的保存需求以及对文件质量的严苛标准，而显著区别于其他类型的项目文档。这些特性使得对核电工程设计文档的质量控制变得尤为关键。本文着重探讨了后端反馈机制在核电工程设计文档质量控制中的应用与实践。作为一种高效的质量控制策略，后端反馈能够实现对设计文档质量的实时监控，及时发现并纠正潜在问题，进而显著提升文档的准确性和完整性。这一机制不仅为后续的施工与运营活动提供了坚实的数据支持，更从根本上增强了核电站的整体安全性和运营效率。

关键词： 核电工程设计；文档管控；质量控制；后端反馈机制

0 引言

党的二十大报告明确提出了"深入推进能源革命"和"积极安全有序发展核电"的战略方向，这不仅为碳达峰碳中和背景下的核电产业发展指明了道路，也标志着我国核电工程建设将重新迎来快速发展的新时期。

核电工程建设作为高度复杂且宏大的系统工程，其特点在于投资体量大、技术难度高、建设周期长、安全质量要求高等。在这一系列环节中，工程设计占据着引领和核心的地位，对整个核电工程的建设具有决定性的影响。鉴于核电工程建设的这些特性，以及近年来多个项目并行推进的现状，中广核工程有限公司设计院（以下简称"设计院"）年均产出的核电工程设计文档数量已达 50 余万份。这些海量的设计文档，不仅对于国家及企业而言是珍贵的知识资产，具有难以估量的社会经济价值，同时也对文档管理部门的质量控制工作提出了前所未有的挑战。

核电工程的安全性是其建设的首要前提，这就要求工程设计文档的质量控制必须达到极高的标准。然而，传统的文档管理方式在面对当前核电工程设计文档的特点时，已逐渐显露出其不适应性，如管理效率低、错误和遗漏频发等问题，这已无法满足现代核电工程设计对高质量文档的需求。因此，设计院亟需探索一种能够有效应对当前核电工程设计文档质量控制的新方法，以提升管理效能，确保文档质量，进而保障核电工程的安全与高效建设。

1 核电工程设计文档质量控制现状分析

1.1 核电工程设计文档的特点和要求

核电工程设计文档不仅是核电工程建设与运营过程中的重要依据，更因其独特性而备受关注，这些文档的特点显著，如数量庞大、类型多样、版次频繁更迭、文件间关联错综复杂、保存期限长以及对质量的高标准要求等。这些文档必须精准地反映核电站设计的各个环节，同时严格遵循行业规范与安全准则。文档的准确性、完整性、可用性以及安全性，对于核电站的稳定运行而言至关重要。

1.2 当前核电工程设计文档管理面临的挑战

在现阶段的核电工程设计文档管理中，存在若干亟待解决的问题，这些问题对文档质量及其控制产生了深远影响。

1.2.1 文档质量的不均衡性

鉴于核电工程设计的复杂性和跨专业领域的特点，设计文档的形成过程需要高度的专业性和规范性。然而，由于设计人员技术水平和经验的差异，导致文档质量存在显著差异。部分文档可能包含不准确的数据、格式不规范或关键信息的缺失，这不仅损害了工程设计的精确性，还可能对后续施工与运营带来潜在的安全隐患。

1.2.2 管理流程的烦琐与低效

核电工程设计的全流程依托于数字化系统平台，其中涉及众多专业化的辅助设计系统，每个系统都会产生大量的设计文档。这些系统间的交互与接口增加了管理流程的复杂性，加之诸多需要人工介入的环节，不仅降低了整体工作效率，也增加了出错的风险。此外，部门之间的沟通障碍和烦琐的审批流程也影响了文档更新的及时性和准确性。

1.2.3 反馈机制的缺失

现有的核电工程设计文档管理体系中，缺乏有效的反馈环路来及时识别和修正文档中的问题。这种机制的缺失可能导致问题文档长时间未能得到妥善处理，从而对核电工程的安全与效率构成潜在威胁。

1.3 质量控制的重要性与必要性

针对上述问题，实施严格的质量控制显得尤为关键。通过强有力的质量控制措施，可以确保核电工程设计文档的准确性和完整性，同时优化管理流程、提升工作效率。更为重要的是，一个健全的质量控制体系能够为核电站的安全运营提供坚实的保障，显著降低潜在风险。因此，加强核电工程设计文档的质量控制已成为一项紧迫而重要的任务。

2 后端反馈机制的构建及在质量管理中的应用

2.1 后端反馈机制的概念与理论基础

反馈（调节）理论在学界有着深厚的研究背景理论，尤其是在系统科学领域，它源自控制论和组织理论的观点。[1] 反馈机制，按照武汉科技大学李锐锋教授的定义，指的是"所谓反馈，就是控制系统把信息传输出去之后，义将信息作用的结果返回到控制系统，并对控制系统的再输出发生影响。信息在这种循环往返的过程中，不断改变内容，实现控制，这就是控制的反馈机制。"[2]

后端反馈机制，作为反馈机制的一个特定分支，归属于负反馈（调节）的范畴。简而言之，它指的是在循环系统中，后端的信息会回馈至前端，以引导前端进行改进与优化。其核心理念在于，通过系统后端的检测与分析前端输出，将所得信息作为反馈信号回传至系统前端，进而指导前端进行必要的调整与优化，使系统能够持续自我修正与完善，最终提升系统的性能和稳定性。

2.2 后端反馈机制在质量管理领域的实践应用

在质量管理领域，后端反馈机制的应用已变得日益广泛，其主要体现在以下几个方面：

2.2.1 产品质量监控与提升

借助后端反馈机制，我们可以对产品质量进行持续监控，及时发现存在的质量问题，并迅速采取相应的改进措施。这种机制不仅有助于提升产品的整体质量，还能显著提高客户的满意度。

2.2.2 生产流程的优化

后端反馈机制使得我们能够实时监控并分析生产流程，从而准确识别流程中的问题。基于这些反馈信息，生产部门可以针对性地进行优化和改进，进而提高生产效率并降低生产成本。

2.2.3 客户反馈的综合管理

通过后端反馈机制，我们能够有效地收集和分析客户的反馈信息，更深入地了解客户需求与期望，进而为产品研发和改进提供明确的方向。这不仅有助于提升客户的满意度，还能增强企业在市场上的竞争力。

2.2.4 质量管理的持续改进

后端反馈机制为质量管理提供了源源不断的改进动力和方向指引。通过持续收集和分析反馈信息，我们能够及时发现系统中的问题与潜在风险，并指导质量管理部门进行相应的改进和优化。这一过程不仅提升了质量管理的整体水平，也显著增强了企业的市场竞争力。

3 后端反馈机制在文档管理领域的研究现状

在文档管理学术领域，关于反馈机制在档案工作中的作用与影响的研究已有一定积累。然而，目前的研究多聚焦于档案利用端如何对档案管理端产生反馈作用。这些研究主要探讨了档案管理后端（即利用端）的信息反馈如何为档案管理提供指导，以及如何通过收集这些反馈信息来优化和提升档案管理部门的信息服务水平，从而更好地满足用户对于档案信息的多元化需求。盐城师范学院的刘书旺老师在这一领域发表了多篇具有影响力的论文，为这一研究方向做出了显著贡献。[3][4]

尽管如此，我们必须认识到，档案管理仅仅是企业管理这个大循环系统中的一个子系统。如果仅仅将后端的反馈信息应用于文档管理的指导，而未能深入挖掘这些信息对企业大循环系统中更前端活动（如企业的生产业务活动）的潜在价值，那么企业的文档质量控制将难以达到理想的治理效果。究其原因，企业的业务活动所产生的信息记录是企业文档的根源，而这些记录正是后端反馈的接收端（也即文档的产生端）。遗憾的是，目前档案学界对于这一领域的探讨尚显不足，仅有丁海斌教授[5]、王安培[6]等少数研究者开始涉足这一领域。因此，为了全面提升企业文档质量控制的效果，我们需要更多地关注后端反馈信息如何为企业的前端业务活动提供指导，从而实现企业管理的整体优化。

4 基于后端反馈的核电工程设计文档质量控制实践

核电建设的核心前提是确保安全和质量，这要求在整个核电建设周期中，所有环节都必须达到卓越的质量控制水平。作为国内领先的核电、火电、新能源工程设计高新技术企业，设计院集核电站核岛、常规岛及电站辅助设施的设计、咨询于一体，近年来设计文档产出持续处于高位，并呈现上升趋势。在如此巨大的文档管理业务压力下，设计院仍能保持核电工程设计文档质量控制的高水平，连续多年文档管理主营业务考核，即设计文档合格率超过 99.8%，在行业中处于领先地位。这一合格率是基于工程设计文档大循环系统的后端反馈信息统计得出的，其中"后端"主要指核电工程设计文档的下游相关方，如现场施工方、设备供应商、业主等。

尽管不合格比例看似很低，但在庞大的文档数量基础上，每年仍有数百份文档存在不合理之处。对于以安全和质量为首要考虑的核电工程建设而言，这是一个不容忽视的潜在风险。因此，进一步完善和优化工程设计文档管理机制的需求仍然迫切。这促使设计院文档管理部门对当前工程设计文档质量控制体系进行必要的重新审视。通过分析和梳理现行文档管理机制中的风险点，并充分利用后端反馈信息对核电工程设计文档质量控制的调节作用，设计院已经进行了一些富有成效的创新实践。

4.1 质量控制标准的制定与实施

标准化作为有效的质量控制手段，已在各行业达成共识。对于大规模产出的核电工程设计文档，建立详尽的质量控制标准是确保高效控制过程和质量稳定的关键。设计院根据自身业务特点,结合国家相关法规和行业标准,并充分吸纳工程设计文档后端相关方的反馈,制定了一系列文档管理程序和操作规程。这些规程明确规定了工程设计文档的元数据信息要求和文档实体形式规范,覆盖了项目设计和文档管理的各个环节。项目管理部门和文档管理部门紧密合作,共同推进文档管理标准的宣传和教育,持续组织培训,并形成稳定机制。此举显著提高了全院员工的文档质量意识,从源头上减少了质量偏差,确保了工程设计文档质量的稳定和可靠。

4.2 质量控制流程的优化

针对设计系统平台众多、接口复杂、设计文档源头分散等问题导致的质量控制流程烦琐和低效,设计院文档管理部门与信息开发部门合作,对核电工程设计文档管理业务流程进行了全面梳理和分析。通过整合和优化现有文档管理系统,开发了电子文档一体化平台,打破了原系统平台间数据交换和共享的障碍。该平台实现了对核电工程设计文档全生命周期的管控,包括文档的形成、生效、流转、使用、归档、整理和保管利用等各个环节。同时,设计院还紧跟科技潮流,基于人工智能技术开发了文档自动化检测工具,快速检测文档的格式、内容和数据一致性,显著提高了检测效率和准确性,并能及时提供反馈,便于及时修改和完善文档。

4.3 质量控制反馈机制的搭建及控制效果的评估与优化

核电工程建设秉承整体安全质量观,要求前后端之间建立良好的反馈协调机制,以确保质量控制效果的持续提升。针对核电工程设计文档的质量问题,设计院建立了问题跟踪台账,详细记录文档问题信息,并实行问题解决跟踪机制。通过向设计文档的编制人定期发送处理状态提醒,直至问题得到解决。通过构建"文档利用方—文档管理方—文档编制方"的三方协调机制,减少了不必要的中间环节,实现了问题文档直接相关方的直线对接,大大降低了反馈信息偏差,显著提升了信息交换的速度和准确度。作为反馈链条的中轴,文档管理部门能够直接收集第一手反馈信息,为持续改进和优化现行的文档管理程序和操作规程提供持续的信息输入。同时,利用后端反馈信息,梳理统计出核电工程设计文档质量问题的高发点,并在系统平台中引入"易错提醒"预警功能,从工程设计文档生命周期的最前端开始进行质量控制介入。通过这些措施,设计院的核电工程设计文档质量控制效果得到了显著提升,为核电工程建设的质量和安全提供了更有力的保障。

5 结论

后端反馈机制的建立，能够精准地识别和纠正文档中的质量问题，从而大幅提升设计文档的准确性与完整性，提高用户的满意度并促进文档管理的优化。这不仅为后续的施工和运营活动奠定了坚实基础，更是对核电站的整体安全性和运营效率提供了有力保障。

后端反馈机制在工程设计文档质量控制中的应用尚未充分发挥其潜力，有待进一步挖掘其潜在价值。展望未来，我们期待看到大数据分析、人工智能等科技前沿成果能够更深入地融入核电工程设计文档的质量控制中，为推动我国核电事业的持续进步贡献更多力量。

注释及参考文献

[1] 肖广岭. 用反馈调控的观点认识科技、经济和社会的协调发展 [J]. 科学导报，1993(3):11-13.

[2] 李锐锋. 试论系统科学对否定之否定规律的丰富和发展 [J]. 系统科学学报，1995(4):33-36.

[3] 刘书旺. 反馈控制理论在档案管理中的应用 [J]. 兰台世界 (上旬),2005(11):62-64.

[4] 刘书旺, 周燕. 从科学发展观谈档案利用反馈的认识 [J]. 兰台世界 (上旬),2005(9):22-23.

[5] 丁海斌. 档案工作中的"后端反馈调节原理"——兼谈对"前端控制"理论的修正与完善 [J]. 档案管理,2022(5):5-13.

[6] 王安培. 反馈对档案管理工作具有重要作用 [J]. 管理观察,2011(21):48 49.

档案赋能韧性城市活化利用的困境及其纾解

蒋纯纯

国家档案局档案科学技术研究所

摘要：档案记载了城市的发展与变迁，对韧性城市建设具有不可替代的重要作用。从实践来看，我国档案工作与韧性城市建设的融合机制不够完善，档案部门在韧性城市建设中参与空间相对狭小，档案赋能韧性城市的智能利用体系尚待健全。究其原因，主要是档案赋能韧性城市活化利用缺乏系统性规划，赋能韧性城市的档案活化利用制度不够全面，档案赋能韧性城市活化利用的保障力度不大。基于此，亟需制定档案赋能韧性城市活化利用的工作规划，健全档案部门参与我国韧性城市建设的介入机制，建立档案赋能韧性城市活化利用多主体协同机制，健全赋能韧性城市的档案资源活化利用共享机制，完善档案赋能韧性城市活化利用的保障体系。

关键词：档案；赋能；韧性城市；活化利用

0 引言

城市是现代社会中公众活动至关重要的物理空间，城市安全与否，直接关系国家的长治久安。如今，城市规模越来越大，系统越来越精密，运行也越来越复杂，国家《"十四五"规划和 2035 年远景目标纲要》、党的二十大报告等文件提出加快建设韧性城市。作为城市建设新模式，韧性城市涉及政治、经济、文化、社会、生态等领域，是指城市坚持以人民为中心，通过优化规划、建设、治理水平，从而具备在各种逆变环境中承受、抵御、适应和快速恢复能力的新型城市发展类型。在党和国家的政策指导下，全国各地已经掀起了韧性城市建设高潮。档案作为真实的历史原始记录，其文字、数据、图片、音像等真实地记载了城市的发展与变迁，以及城市在应对各类逆变事件的成功经验与失败教训，对韧性城市具有不可替代的重要价值与作用。从已有实践来看，韧性城市对档案的利用需求正在随着其建设的拓展而不断扩大。基于此，围绕韧性城市建设对档案利用的需求，研究档案赋能韧性城市活化利用的困境及其纾解，对激活档案价值和提升韧性城市建设水平具有现实意义。

1 档案赋能韧性城市活化利用面临的困境

1.1 档案工作与韧性城市建设的融合机制不够完善

档案工作与城市建设密切相关，是韧性城市建设必不可少的工作之一。从现实来看，档案工作如何更好地参与韧性城市建设还处于探索之中。一是档案工作参与韧性城市建设的渠道不够畅通。于档案部门而言，在韧性城市工作体系中处于什么地位、扮演什么角色、发挥什么作用，通过何种途径参与韧性城市工作，如何与韧性城市建设相关主体进行协作，赋能韧性城市的空间和边界在哪里？这些都是档案赋能韧性城市活化利用亟待解决的问题。我国既有法律法规仅规定了基于突发事件的档案工作机制，但这并不能覆盖和解决档案赋能韧性城市的这些关键问题，如何回答这些问题尚处于混沌之中。这一现状给档案赋能韧性城市活化利用带来了行动上的困境。二是韧性城市建设相关主体对档案工作的关注度还不够高。韧性城市建设是一项系统工程，其涵盖支持城市运行的各个系统和领域，涉及城市规划、建设、管理、更新等环节，对档案利用有着十分广泛的需求。然而，相关部门尚未充分认识到档案及档案工作对于韧性城市建设的重要性，档案工作甚至被置于韧性城市建设工作的边缘位置，难以充分发挥其作用。

1.2 档案部门在韧性城市建设中参与空间相对狭小

韧性城市建设需要多部门、多行业共同协作推进，其中，档案部门自然不可或缺。然而，从实践来看，档案部门在韧性城市建设中的参与空间相对狭小[1]，韧性城市建设相关主体与档案部门联动配合不够。一是档案部门与城市管理部门的沟通对接渠道不够畅通。韧性城市建设的参与主体多、涉及环节复杂、建设内容丰富、建设周期漫长，需要档案部门全程跟进。然而，档案部门并非官方指定的韧性城市建设（协作）主体，大多数档案部门尚未正式纳入韧性城市建设工作小组，难以实现用档案为韧性城市建设各个方面的需要及时赋能。二是档案赋能韧性城市活化利用的不同主体间的协同不够。

从实践来看，档案赋能韧性城市活化利用的相关主体间的沟通和协调不够，由城市建设不同主体所产生的档案资源尚未进行有效整合，如在韧性城市建设过程中，未将商业、交通、医疗、消防、气象、环境、公安等多部门的档案资源建立必要的联系，在以档案赋能的方式提升城市工程韧性、城市经济韧性、城市社会韧性、城市空间韧性、城市生态韧性的具体探索中，档案未能充分释放其重要价值。

1.3 档案赋能韧性城市的智能利用体系尚待健全

随着数字信息技术的快速发展，赋能韧性城市建设的相关档案势必要以更加智慧的方式进行管理，当前我国档案赋能韧性城市的智能利用体系尚待健全。一是档案赋能韧性城市活化利用的方式方法较为单一。城市建设的相关档案产生于不同年代、不同系统、不同行业、不同部门，既有纸质档案，又有电子档案，既有结构化的档案数字资源，又有非结构化的档案数字资源。然而，档案部门对档案的管理还达不到智慧管理的要求，且对其编研或价值挖掘的探索较为有限。二是对档案赋能韧性城市活化利用支撑技术的应用与研发不够。档案部门对韧性城市建设相关的数字、文本、图像、声像等档案进行数据挖掘、关联分析的技术还不够智能，对档案内容的深入挖掘还有待加强，这一现状与韧性城市建设对档案智慧化、智能化管理与利用的需求还存在较大差距。三是档案赋能韧性城市活化利用共享平台不够智能。现有的档案信息资源共享平台，鲜有专门面向档案赋能韧性城市活化利用的版块，档案的智能分类、智能分析、智能推送等功能还不成熟，不足以支撑档案赋能韧性城市活化利用的精准化、智能化目标的实现。

2 档案赋能韧性城市活化利用存在困境的原因

2.1 档案赋能韧性城市活化利用缺乏系统性规划

档案赋能韧性城市活化利用，需要通过系统性规划设计，才能更好地确定工作目标，找准工作路径，优化档案资源配置，以及加强与韧性城市建设相关主体的协同合作[2]。我国档案赋能韧性城市活化利用缺乏系统性规划，主要体现在两个方面。一是档案工作鲜少纳入韧性城市建设规划。自从韧性城市建设纳入国家战略以来，党和国家各级部门及地方政府均围绕韧性城市建设进行了不同程度的规划部署，但并未将档案工作纳入其中。二是档案部门对档案赋能韧性城市活化利用的系统性规划设计不足。我国韧性城市建设尚处于探索阶段，符合我国韧性城市建设实际需求的档案活化利用理论框架体系尚不完善，档案赋能韧性城市活化利用在思想理念和方式方法等方面还存在不足。

2.2 赋能韧性城市的档案活化利用制度不够全面

从档案赋能韧性城市活化利用的相关制度来看，一是缺少与档案赋能韧性城市活化利用直接相关的法律法规和政策。2020 年以来，《档案法》《档案法实施条例》《"十四五"全国档案事业发展规划》《重大活动和突发事件档案管理办法》《关于加强重特大事件档案工作的通知》等，对广泛意义上的档案开发利用进行了规定，并对档案参与突发事件提出了要求，尽管这在一定程度上为档案赋能韧性城市活化利用打开了一些"窗口"，但是这些法律法规和政策对于档案赋能韧性城市活化利用而言仍较为宏观，还有待细化和完善。二是围绕档案赋能韧性城市活化利用工作尚未建立起完整的制度和标准体系。赋能韧性城市的档案活化利用工作需要依据相关的制度和标准来指导开展，但是 2019 年修订的《城市建设档案管理规定》未对档案开发利用作出相关规定，加之赋能韧性城市的档案活化利用相关标准不统一，给档案赋能韧性城市活化利用的开展带来了一定的阻碍。

2.3 档案赋能韧性城市活化利用的保障力度不大

从我国档案赋能韧性城市活化利用实践来看，相关主体对资金、人才、技术等保障要素的投入支持力度还比较有限。一是资金投入力度不够。我国档案赋能韧性城市活化利用的资金投入以政府拨款为主，资金来源较为单一，市场主体对档案赋能韧性城市活化利用的参与意愿不够强烈，相关部门和企业对档案赋能韧性城市活化利用的资金投入还不够。二是专业人才队伍建设不足。档案赋能韧性城市活化利用需要既懂档案又懂城市管理，还掌握技术的复合型人才对该项工作进行统筹。然而，目前我国档案赋能韧性城市活化利用的专业人才队伍建设不足，高层次高素质的复合型专业人才缺口较大，难以满足档案赋能韧性城市活化利用对档案人才的需求。三是技术支撑力度不够。档案数字化技术、大数据分析技术、数据共享系统关键支撑技术，以及其他相关技术的研发与应用，是实现档案赋能韧性城市活化利用目标的关键支撑。然而，我国对档案赋能韧性城市活化利用支撑技术的应用还不够深入，赋能韧性城市的档案资源数字化进展缓慢，档案赋能韧性城市活化利用的智慧化、智能化程度不够深入。

3 档案赋能韧性城市活化利用困境的纾解

3.1 制定档案赋能韧性城市活化利用的工作规划

档案具有独特价值，在韧性城市建设中大有可为，可从国家层面、地方层面、执行层面，制定档案赋能韧性城市活化利用的工作规划。

第一，从国家层面来看，国家档案局、国家发展和改革委员会、住房和城乡建设部、工业和信息化部、应急管理部等，可以加强对档案赋能韧性城市活化利用的规划指导。如将档案工作纳入城市建设发展规划、城市安全发展规划、城市信息化发展规划、城市应急管理规划之中，为档案赋能韧性城市活化利用指明方向。

第二，从地方层面来看，韧性城市建设主要职能部门可以根据城市建设的具体情况和实际需要，因地制宜设计档案赋能韧性城市活化利用的工作计划，从城市生态保护、城市灾害应对、城市地下空间管理、城市公共服务等方面明确档案赋能韧性城市活化利用的方式方法，为档案赋能韧性城市活化利用提供作为空间。

第三，从执行层面来看，可以通过项目合作方式，加强档案部门与韧性城市建设相关主体之间的合作，面向韧性城市建设遇到的不同情况，具体问题具体分析，联合制定相关工作计划，从而实现用档案赋能的方式全面促进城市在工程韧性、经济韧性、社会韧性、空间韧性、生态韧性等方面的协同发展。

3.2 健全档案部门参与我国韧性城市建设的介入机制

档案赋能韧性城市活化利用目标的实现，需要促进档案部门在韧性城市建设中实现从"相关者"向"参与者""建设者"的角色转变。

第一，把档案部门纳入韧性城市建设与管理体系。重视档案部门在韧性城市建设中的专业作用，将档案工作与韧性城市的其他相关工作同规划、同部署、同落实，在具体行动中赋予档案部门与其他韧性城市建设主体协同合作的必要职责和权力，明确档案部门参与韧性城市建设的方式和途径。

第二，加强档案部门与韧性城市建设相关主体的联动。档案部门需要强化横向互通、纵向互联的观念，在横向上加强与韧性城市建设相关主体的工作联动，依托城市建设和发展过程中形成的档案资源，对韧性城市建设中存在的问题进行具体分析，并提出问题的解决方案；在纵向上加强与韧性城市建设有关行业、单位档案部门的联动，通过联合开展韧性城市建设中的具体业务工作，共同推动档案赋能韧性城市活化利用工作更好地开展。

第三，实现档案部门在韧性城市建设中的全过程参与。在韧性城市建设过程中，亟需优化在韧性城市建设的某一项工作完成之后档案工作才开始介入的工作模式，推动档案部门在韧性城市建设中的全过程参与 [3]，尤其是要实现档案部门在城市发生逆变事件的第一时间就能够参与其中，发挥档案部门的专业职能和资源优势，为城市逆变事件的科学妥善处理提供档案服务，并实时进行逆变事件档案资料的收集与整理。

3.3 建立档案赋能韧性城市活化利用多主体协同机制

档案赋能韧性城市活化利用，不仅仅是档案部门的工作，还需要全社会的广泛参与。档案部门需要加强与其他政府部门、社会力量的合作，营造多主体协同合作的生态系统。

第一，加强与政府力量的协同合作。档案部门可以通过加强与韧性城市建设相关政府部门在业务工作上的交流与合作等方式，获得更多韧性城市建设相关政府部门对档案工作的理解与支持，推动韧性城市建设中的档案收集、整理、开放和利用等基础工作的顺利开展，为韧性城市建设提供更精准的资源支撑和更丰富的智力支持。

第二，加强与社会力量的协同合作。在韧性城市建设中，档案部门可以通过健全社会力量参与档案事务的准入、奖励、监管等机制，促使社会力量参与档案工作的健康有序发展。通过积极鼓励人民群众、高等院校、学术团体、档案服务企业等在内的相关社会力量，参与档案部门在韧性城市建设中的档案事务，形成以档案部门为主导，社会力量为辅助的协同合作架构，充分发挥社会力量在韧性城市建设中，在丰富档案资源、推动档案数字化转型、推进档案资源开发、促进档案共享利用、助力档案文化建设，以及留存国家记忆、社会记忆、城市记忆等方面的积极作用。

第三，加强与市场力量的协同合作。在韧性城市建设中，档案部门可以通过推进政府购买服务，借助市场力量完善和更新档案信息资源管理系统，将不同类型的档案转化成数字形态，打造档案信息资源智慧管理平台，同时可以将数字档案与其他数据源进行整合，提供更全面和综合的城市韧性建设数据支持[4]，增强档案赋能韧性城市活化利用共享利用平台的实用性、智慧性[5]，为档案赋能韧性城市活化利用提供新思维、新方法、新工具。

3.4 健全赋能韧性城市的档案资源活化利用共享机制

整合和利用城市档案资源是档案赋能韧性城市活化利用的关键点，可以通过健全常态化的跨区域、跨部门的档案赋能韧性城市活化利用的业务协同平台和开放共享机制，形成档案赋能韧性城市活化利用的倍增效应。

第一，健全赋能韧性城市的档案资源活化利用跨部门共享框架。通过推进综合档案馆、地质资料馆、气象档案馆、城建档案馆、应急管理档案馆、企业档案馆等城市建设主体相关档案馆的档案开放共享，扩大共享内容和共享范围，搭建城市档案信息资源共享利用平台，打破部门分割和行业壁垒，健全赋能韧性城市的档案活化利用跨部门共享框架，从运行机制上打通"信息孤岛"、拆除"数据烟囱"、消除"应用壁垒"[6]。

第二，健全赋能韧性城市的档案资源活化利用跨区域共享体系。韧性城市建设不仅是某一座城市的事情，而是需要统筹考虑与毗邻、毗连、周边城市的共同发展。这就更需要通过跨区域档案资源共享，统筹不同城市在气象、水文、地质、地震、森林、交通、地下管网等方面的具体情况，融合不同城市的遥感信息、社会信息、地理信息、经济信息、人口信息等基础信息，实现档案资源的互补，可以通过建立联席会议制度、开展项目合作、进行业务协同等方式，为韧性城市建设提供更为全面的档案资源支持，以此不断满足城市在提高工程韧性、经济韧性、社会韧性、空间韧性、生态韧性等方面的多样需求[7]。

3.5 完善档案赋能韧性城市活化利用的保障体系

档案赋能韧性城市活化利用需要建立全面的保障体系，才能最大程度地释放档案价值，促使档案赋能韧性城市活化利用高质量发展。

第一，强化档案赋能韧性城市活化利用的安全保障。在法规体系建设方面，可以通过制定档案安全管理相关政策，提升档案赋能韧性城市活化利用的安全性；在制度体系建设方面，可以从档案工作人员管理制度、档案赋能韧性城市活化利用的软硬件管理制度、安全责任制度等方面，建立完备的档案安全管理制度，规范、监督韧性城市建设中档案的使用和开发，确保档案在开放共享过程中不被泄露和滥用；在技术体系建设方面，可以完善档案赋能韧性城市活化利用的软硬件管理制度、业务系统安全标准等，实现对档案赋能韧性城市活化利用的安全保障。

第二，强化档案赋能韧性城市活化利用的人才保障。档案部门可以大力培育档案赋能韧性城市活化利用专业人才，拓宽人才培养渠道。在高等学校继续推动档案学科建设，优化高等教育课程和教材，尽早开设相关课程，为档案赋能韧性城市活化利用培养专业人才。同时，可以联合高等学校，通过举办档案干部培训班等方式，培养既懂城市治理又懂档案、既熟悉专业又掌握技术的档案人才。

第三，强化档案赋能韧性城市活化利用的财政保障。韧性城市建设离不开档案部门的支持与服务，各级政府需要重视档案工作对韧性城市建设的作用，将档案事业发展经费列入韧性城市建设预算，加大档案赋能韧性城市活化利用在资源准备、技术支撑、科研创新、共享平台搭建、安全保障、人才培养等方面的资金投入，加强资金监管，提高资金使用效益。

注释及参考文献

[1] 何振, 唐芝琳. 档案赋能韧性城市建设: 功能定位、困境反思与优化路径 [J]. 档案学通讯 ,2024(2):23-31.

[2] 李伟. 韧性城市治理体系的构建困境与对策 [J]. 南京邮电大学学报 (社会科学版),2024(1):86-95.

[3] 张斌, 杨文. 论重大公共危机治理中档案工作的参与机制——以新冠肺炎疫情防控治理为例 [J]. 档案学通讯 ,2020(5):4-12.

[4] 周群. 国外档案赋能韧性城市建设的举措及启示 [J]. 中国档案 ,2023(11):68-70.

[5] 陈艳红, 李健. 档案数智化赋能韧性城市建设的价值阐述、理论基础及实践路径 [J]. 档案与建设 ,2023(8):19-22.

[6] 刘璐, 申霞, 王会权. 大数据驱动下安全韧性城市的建设 [J]. 城市管理与科技 ,2019(5):38-41.

[7] 谭日辉, 陈思懿, 王涛. 数字平台优化韧性城市建设研究——以北京城市副中心为例 [J]. 城市问题 ,2022(1):86-94.

明清档案工作高质量发展的实践探索和经验启示

赵菁

中国第一历史档案馆

摘要："十四五"时期，档案事业发展处于重要战略机遇期。面对深化依法治档、提高档案治理能力和水平要求，中国第一历史档案馆始终牢记"档案工作姓党"政治属性，依法认真履行"为党管档、为国守史、为民服务"神圣职责。文章以贯彻实施好新修订《档案法》及《档案法实施条例》为背景，聚焦充分发挥明清档案工作发展新平台功能作用的实践举措，围绕如何推动明清档案工作高质量发展归纳出经验启示。

关键词：明清档案；高质量发展；依法治档

0 引言

档案工作作为党和国家事业发展的重要组成部分，紧跟国家发展大势，聚焦高质量发展的目标指向显著突出。继 2020 年《档案法》修订颁布后，《档案法实施条例》（以下简称"实施条例"）于 2024 年 3 月 1 日开始施行，一件件档案法治建设进程中的重要里程碑事件，标志着档案工作走向依法治理、走向开放、走向现代化进入新的阶段。中国第一历史档案馆（以下简称"一史馆"）作为专门收集管理明、清两朝中央机构形成档案的中央级国家档案馆，当以扎实举措提升档案治理效能，推动明清档案工作实现高质量发展。

1 明清档案工作高质量发展的现实意义

1.1 贯彻落实习近平总书记对档案工作重要指示批示精神的具体体现

档案工作是一项基础性工作，各项事业得以发展都离不开档案。习近平总书记始终重视关心档案事业发展,就档案工作地位作用、目标任务、发展路径、实践要求等作出一系列重要论述。[1]2021 年 7 月 6 日,在一史馆新馆开馆之际,习近平总书记对新时代档案工作作出重要批示,提出"四个好""两个服务"的目标要求,为明清档案工作指明了方向,成为我们做好新时代明清档案工作的根本遵循和行动指南。为深入贯彻落实总书记重要批示精神,一史馆要将学习批示精神常态化、长效化,把牢档案工作正确政治方向,立足新馆新平台,贯彻实施好档案法及相关法律规范,全面推进各项业务工作。

1.2 有利于准确把握档案事业高质量发展的主题

习近平总书记明确提出,高质量发展不能只是一句口号,更不是局限于经济领域,经济、社会、文化、生态等各领域都要体现高质量发展的要求。档案工作必须紧紧跟上党和国家事业发展步伐。《全国档案事业发展"十四五"规划》(以下简称"《规划》")准确把握高质量发展这一发展主题,要求在服务大局服务人民群众、推动以信息化为核心的档案管理现代化、兼顾档案安全保护和开放利用的档案基础建设、人才培养和档案学科建设等方面迈出新步伐、落实新举措。[2]为实现高质量发展,一史馆要为明清档案工作注入源源不断的发展动能,在持续创新中形成发展新形态,让明清档案事业发展同党和国家事业发展要求相适应,同人民群众期待相契合。

1.3 坚持依法治档的必然要求

依法治档是档案事业现代化的必由之路。《规划》将"档案治理法治化"上升为"档案治理体系",坚持依法治档的核心内涵和基本目标,明确提出"坚持在法治轨道上推进档案治理,不断提高档案工作法治化、规范化、科学化水平"。[3]新《档案法》及《实施条例》与时俱进修改完善,是在党的创新理论指导下推动档案法治建设的必然要求,也是完善档案法律法规体系,更好贯彻依法治档系统要求的现实需要。[4]为夯实明清档案事业法治基础,一史馆要运用法治思维和法治方式、提升依法管档治档水平,依法开展各项档案活动,确保明清档案工作在法治轨道上运行,有效把档案制度优势转化为档案治理效能提升。

2 推进明清档案工作高质量发展的实践举措

一史馆紧紧围绕国家战略以及党和国家中心工作，聚焦档案工作"四个体系"建设，系统梳理总结实践经验，解决制约明清档案事业发展瓶颈问题，全面覆盖明清档案工作各个方面各个环节，在加快提升档案治理效能、档案资源建设质量、档案利用服务水平和档案安全保障能力上有创新突破，为做好新时代明清档案工作作出实践探索。

2.1 围绕资源立馆，优化完善档案资源体系

明、清两朝中央机构形成并留存下来的档案，对国家和社会具有重要保存价值和研究价值。修订完善后的《档案法》及《实施条例》提出注重源头治理、加强资源管控。《规划》要求加强档案资源管控、优化档案资源结构和强化档案数字资源建设。[5] 一史馆以法律法规、政策标准为遵循，努力确保馆藏档案资源建设合理有序发展。在档案资源收集、整理上，加快推进依托全国明清档案目录中心对各地明清档案目录数据的采集，继续扩充包括条目、图像、全文等在内的数字资源；编制出版《馆藏档案全宗概述》，理顺馆藏档案各全宗内的类项体系，系统总结近年来满汉文档案整理工作成果；在档案数字资源建设上，持续推进满文档案全文检索数据库建设，有序恢复汉文档案全文数字化工作，开展馆藏档案数字图像转缩微胶片加工服务项目，探索拓展专题数据整理、全文数据加工等编研方式；在档案信息化建设上，推进完成档案信息化管理平台适配建设项目，推动满文档案图像识别软件优化完善。

2.2 守牢安全底线，持续强化档案安全保障能力

档案安全是实现档案事业高质量发展的重要基础。新《档案法》及《实施条例》从法律制度上要求进一步织牢织密安全防线。《规划》将加强档案馆库建设管理、强化档案安全保护工作和提升档案数字资源安全管理能力予以量化考核。一史馆馆藏1000余万件明清档案是中华文脉传承赓续的重要凭证，确保档案安全至关重要。必须坚持把安全作为底线、红线和生命线，始终"带着敬畏心把老祖宗留下的珍贵文化遗产保存好、保护好"，当好历史文脉忠诚守护者。一史馆始终抓住档案安全这个根本，在新馆具备档案妥善保管条件后，科学谋划筹备、精心组织实施，圆满完成搬迁转运任务，接续开展新馆库房档案上架。不断强化档案安全管理、保护修复，确保档案库

房环境达到安全标准，开展档案技术保护研究和修复工作。扎实推进皇史宬修缮保护工作，加强档案信息数据安全管理，将档案服务外包安全纳入常态化监管范围，组织开展档案安全保密教育，持续做好安全保卫和风险隐患排查治理。

2.3 体现人民立场，进一步提升档案开放利用水平

档案工作的开放导向和共享目标，要求加大推进档案共享利用的力度，使档案工作更好地服务人民群众。《实施条例》全面落实《档案法》有关规定，加快推动馆藏档案依法有序向社会开放，与《规划》"深入推进档案利用体系建设"的目标要求贯通一致。一史馆持续做好档案开放工作，截至去年已开放馆藏档案近 480 万件，官方网站可查询档案目录 422.6 万条，并将继续在国际档案日、馆庆日等重要时间节点向社会开放馆藏档案；《馆藏档案全宗概述》一书向社会各界公开馆藏情况的同时，也为档案利用者提供了简明实用的检索指引；上线新版利用服务系统，打通内、外网数据通路，实现利用者全程自助服务，不断提升接待查档服务水平；积极回应人民群众增加开放时间的需求，在过去周一至周五开放基础上，今年起实现周六常态化对外开放参观展览和查阅档案，让陈列在一史馆的明清档案活起来，便利广大"上班族"特别是外地观众近距离接触档案，学习历史知识，感受文化魅力。

2.4 发挥社教功能，更好提供高品质文化服务

新《档案法》坚持档案服务社会这一价值取向，"国家鼓励档案馆开发利用馆藏，充分发挥社会教育功能，增强文化自信"[6]。明清档案是中华优秀传统文化取之不尽、用之不竭的"元典宝藏"，要在为民服务中不断挖掘档案新价值，展示档案新魅力，积极回应《规划》中提升档案文化教育能力的目标要求。一史馆持续开发利用馆藏档案，通过开展专题展览、公益讲座、媒体宣传等社教活动，更好满足社会公众对明清档案的文化需求。持续打造爱国主义教育新高地，以青少年为重点扩大社会教育覆盖面，肩负起档案文化宣传教育的重要职责。今年起举办"皇史宬大讲堂"系列讲座，邀请明清档案、历史、文化等领域专家学者来馆交流，并逐步面向社会公众开放，打造具有一史馆特点的学术交流分享平台。举办元旦、春节"五福兆瑞贺新春"系列活动，为来馆观众送上档案文化创意产品"五福"，传播蕴含在明清档案中的传统文化。精心打造"蒲艾生香过端阳"主题活动，将明清档案文化

社交课首次送进校园。充分发挥皇史宬微信公众号作用，把握时代要求传承创新，以群众可触可感可用方式传播档案文化。

2.5 加强人才培养，发挥档案智力支撑作用

立足新时代档案事业发展需求，新修订的《档案法》及《实施条例》明确加强档案相关专业人才培养，为明清档案事业创新发展增添新动能。围绕人才强档理念，《规划》要求在加大档案人才培养力度、拓宽人才培养渠道、完善人才评价机制等方面做足功夫。在人才培养方向上，一史馆注重谋划培养高层次人才，久久为功培养档案研究专家，同时加大对优秀年轻干部的培养力度；充分发挥"三支人才队伍"和离退休老专家作用，做好学术研究"传帮带"工作。在人才素质提升举措上，着力发挥《历史档案》作为 CSSCI 来源期刊在引领明清档案学术研究上的导向作用，秉持高水平办刊理念，不断推介优秀学术成果；积极盘活内部学术研究资源，举办"青年学术沙龙"活动，采用研讨、访谈、参观等相对灵活的形式，充分调动青年干部为主体的学术研究热情；加强与文博单位和学术研究机构的外部交流，鼓励干部职工主动钻研业务，参加多种学术交流活动，提升学术研究和业务工作能力，培育浓厚学术研究氛围。

3 明清档案高质量发展实践探索下的经验启示

3.1 突出政治引领，忠诚践行习近平总书记重要指示批示精神

坚持和加强党对档案工作的领导，是档案工作鲜明的政治属性。档案工作和档案工作者必须坚持旗帜鲜明讲政治，强化政治担当，注重政治效果，把档案工作放到党和国家工作大局中谋划推进，切实发挥档案"存史资政育人"重要作用。特别是牢牢把握档案工作正确政治方向，紧紧围绕落实"四个好""两个服务"的目标要求，以写好"后半篇文章"的执行力，扎实推进《规划》既定的各项任务目标落实落地。

3.2 提升治理效能，健全完善单位制度规范

推进档案工作依法管理，有利于保障档案收集、整理、保护、利用各环节合理合法实施。要以学习新修订《档案法》及《实施条例》为契机，按照

依法治档要求，推动单位相关规章制度的立改废工作，针对有关档案收集、移交、利用、公布等重要档案业务环节以及档案信息化建设、安全技术保护等管理活动方面的制度规范进行全面清理，及时将工作中成熟的经验做法吸纳进制度建设之中，有效提升制度规范解决档案工作实际问题的效果。

3.3 强化系统观念，统筹开展档案"四个体系"建设

档案工作是成体系的，各环节紧密连接、环环相扣。要坚持把系统观念作为做好工作的起点，结合馆藏档案自身特点，贯穿"一盘棋"思路，注重工作规划的科学性和可行性，整体谋划档案治理体系和档案资源体系、档案利用体系、档案安全体系建设。面对档案信息化战略转型、档案科技赋能中发现的基础业务建设弱项，在统筹处理好整体与部分、当下与长远的前提下，组织人员力量集中攻坚破难，补齐不同程度的短板。

3.4 坚持守正创新，拓宽档案工作发展思路

档案工作要紧跟时代发展步伐，以创新精神引领本领域的档案实践、理论和制度发展。要注重吸收和巩固档案工作中好的经验和成果，积极实现交流学习"走出去"，经验良策"引进来"。要把调查研究做深做实，在开展常规馆际交流之外，实地赴文博类公共文化机构进行调研，探索多样性档案服务模式和工作路径；要注重发挥平台独特优势，邀请高校、科研机构专家学者来馆交流，就档案基础业务建设等热点问题进行研讨，吸收借鉴工作实践中好的经验成果，共同聚力事业发展。

注释及参考文献

[1] [4] 王绍忠.夯实档案事业高质量发展法治基础[EB/OL].[2024-06-10].https://www.saac.gov.cn/daj/yaow/202401/e162b9d2360143b79f0d7c67cad24e51.shtml.

[2] [3] [5] 国家档案局.中办国办印发《"十四五"全国档案事业发展规划》[EB/OL].[2024-05-17].http://www.saac.gov.cn/daj/toutiao/202106/ecca2de5bce44a0eb55c890762868683.shtml.

[6]《中华人民共和国档案法》[EB/OL].[2024-06-10].https://www.gov.cn/xinwen/2020-06/21/content_5520875.htm.

建设中华民族现代文明背景下的档案管理：
理念趋向、任务指向与实践路向

汤盛杰

南方科技大学档案校史馆（文博中心）

摘要：档案是历史的真实记录，是传承人类文明不可或缺的重要载体。档案管理在现代社会中扮演着关键的基础性角色，对于中华民族现代文明的构建具有支撑作用和深远影响。它运用科学严谨且标准规范的方法记录历史脉络、守护文化遗泽，并通过高效利用和广泛传播档案信息资源，为现代文明的传承延续、突破创新及全面发展提供不可替代的信息支持和服务保障。本文通过梳理相关研究文献，依托建设中华民族现代文明的宏大背景，阐述新时代档案管理理念趋向，围绕服务党和国家工作大局、服务人民群众的核心目标，从宏观、中观、微观三个层面分析档案管理的任务指向，提出"学—研—产—用"四维一体高质量发展的实践路向，并倡导发展数智时代的智慧档案管理。

关键词：中华民族现代文明；档案管理；高质量发展；数智时代；新质生产力

0 引言

创造属于我们这个时代的新文化，建设中华民族现代文明，是习近平总书记念兹在兹的大事，也是文化传承发展座谈会发出的最清晰、最响亮的时代强音。[1]2021年习近平总书记对做好新时代档案工作作出重要批示，指出档案工作存史资政育人，是一项利国利民、惠及千秋万代的崇高事业，提出新时代档案工作"四个好""两个服务"的总要求，是新时代档案事业高质量发展的根本遵循。[2]

档案管理，也就是档案工作，是人类现代文明建设的基础性工作之一，它以科学、规范的方式记录历史进程、保存社会记忆，并通过有效利用和传播档案信息资源，为现代文明的传承、创新和发展提供不可或缺的信息支撑和服务保障。杨文认为，档案作为文明的产物和文化的载体，是中华民族现代文明建设的历史基石，在中华民族现代文明建设中肩负着巩固中华民族现代文明发展主体性、厚植中华民族现代文明发展根基、激发中华民族现代文明发展活力、增强中华民族现代文明发展动力的重大使命。[3] 陈烨等认为，档案事业本质属于文化事业，综合档案馆扮演着文化的存储器和展示器的角色，应秉承文化建设"守正创新"的基本要求，推进档案文化助力中华民族现代文明的建设与发展。[4] 许思文则介绍了连云港市档案系统以习近平文化思想为指引，夯实文化强国建设主阵地、当好建设中华民族现代文明生力军的生动实践。[5]

本文基于前人研究成果，依托建设中华民族现代文明的宏大背景，阐述新时代档案管理理念趋向，围绕服务党和国家工作大局、服务人民群众的核心目标，从宏观、中观、微观三个层面分析档案管理的任务指向，提出"学—研—产—用"四维一体高质量发展的实践路向，并倡导发展数智时代的智慧档案管理。

1 理念趋向：有利于建设中华民族现代文明

1.1 档案管理对建设中华民族现代文明的重要价值

在文化传承发展座谈会上，习近平总书记全面系统深刻揭示出中华文明具有突出的连续性、突出的创新性、突出的统一性、突出的包容性、突出的和平性。中华文明是世界上唯一绵延不断且以国家形态发展至今的伟大文明。[6] 中国档案事业起源于原始社会的记事活动，正式形成和发展于文字产生之后，特别是随着国家制度的确立和完善，档案作为一种重要的信息记录与传递工具得到了迅速发展。因此可以说，中国档案事业与中华文明相伴相随，在中华文明形成并延续发展的过程中发挥着不可磨灭的重要作用。

根据国家统计局历年公布的国民经济和社会发展统计公报，自 1997 年"年末全国档案馆"和"已开放各类档案"数据纳入统计以来，全国档案馆数量呈现稳步增长态势，档案开放工作不断强化，2023 年较 1997 年已开放各类档案数量增长 7 倍，全国档案事业发展取得瞩目的成绩。[7][8]

表 1　1997—2023 年全国档案事业发展情况

年度	年末全国档案馆数量（个）	已开放各类档案数量（万卷（件））	全年国内生产总值（亿元）
1997	3670	2940	74772
2023	4154	23827	1260582
年均增长率	0.48%	8.38%	11.48%

截至 2022 年底，全国各级综合档案馆藏档案 117148.6 万卷、件。其中，中央级 2167.7 万卷、件，省（区、市）级 6077.2 万卷、件，副省级 2633.9 万卷、件，地（市、州、盟）级 23464.9 万卷、件，县（区、旗、市）级 82804.9 万卷、件。[9] 如此巨量的档案资源是中华文明历史的直接见证和民族记忆的重要载体，是传承和发展中华优秀传统文化、弘扬社会主义核心价值观的关键资源，更是推动现代文明进步的服务平台。档案管理作为一项基础性、战略性工作，在中华民族现代文明建设过程中承担着存储历史、服务当下、启迪未来的重要使命，其发展水平直接影响着现代文明的质量与高度。

1.2 建设中华民族现代文明对档案管理的理念牵引

建设中华民族现代文明，要求档案管理以科学化、规范化、信息化为核心，强调档案资源的整合共享，注重档案价值的深度挖掘与开发利用，旨在传承历史记忆，服务国家治理现代化，推动社会持续健康发展。由此，新时代档案管理生发出文化传承、价值挖掘、服务社会、创新发展等理念趋向。

在文化传承方面，档案作为历史的真实记录，承载着中华民族深厚的集体记忆和独特的文化基因[10]，档案管理需确保这些珍贵的历史文献材料得到妥善保存，以利于后人了解和研究中华文明的发展脉络、历史经验和民族精神。在价值挖掘方面，档案管理越来越注重档案的内容管理，通过运用大数据、人工智能等现代化技术手段，深度挖掘档案中的历史文化信息，提炼其内在的文化价值和社会价值，使档案成为推动中华优秀传统文化传承创新的重要源泉。在服务社会方面，需要建立更加开放的档案利用体系，面向全社会提供高质量的档案信息服务，满足公众对历史文化的认知需求，服务于教育、科研、文化传承、决策参考等多个领域，促进中华文明成果的社会共享与传播。[11] 在创新发展方面，需要将传统载体档案与数字档案管理相结合，不断推动档案理论创新与实践方法变革，运用现代信息技术手段，加快推进档案工作现代化，更好地适应时代发展需要，为建设中华民族现代文明贡献档案力量。[12]

2 任务指向：通宏洞微深入挖掘档案管理价值

2.1 宏观：服务推进国家治理体系和治理能力现代化

当前，国家治理体系和治理能力现代化已成为衡量一个国家综合国力和国际竞争力的重要指标，对于建设社会主义现代化强国具有重大而深远的意义。档案作为国家信息资源的重要组成部分，对推进国家治理体系和治理能力现代化具有不可替代的作用。[13] 加强档案事业的建设和发展，不仅是提升国家治理能力和治理体系现代化水平的需要，也是推动社会进步和发展的重要途径。

支撑国家治理决策。在当前信息化社会中，国家治理活动对精确且全面信息的依赖程度日益增强。档案信息作为原始记录，翔实地记录了国家在政治、经济、文化、科技、外交、军事等多元领域的各项活动，是制定国家治理决策不可或缺的重要依据。通过科学严谨的档案管理，能够为政府提供历史教训、现实状况以及未来发展趋势等多个方面的深度信息，从而助力决策者做出更为科学合理的决策判断。

支撑提升国家治理透明度和公信力。透明度在现代国家治理机制中被视为至关重要的核心组成部分，而依法公开档案则被确认为强化透明度的关键措施。通过向公众开放涉及政策制定与执行的各类档案，有助于民众对国家决策过程有更为全面深入的认知，从而显著增强政府决策的公信力及权威性。同时，档案信息公开还能有效地促进政府部门内部的信息流通和资源共享，进而大幅度提升整体治理效率。

支撑维护国家安全和社会秩序。自从步入信息时代，信息安全已上升为国家安全体系的关键要素之一。[14] 档案蕴含了大量敏感性内容，若未能得到妥善的保护与管理，极有可能对国家安全构成潜在威胁。因此，建立健全档案信息安全保密机制，有效杜绝信息外泄风险，是维护国家安全不可或缺的重要环节。同时，通过对档案的妥善管理和利用，也能为政策制定提供客观、翔实的决策依据，为国家适时优化调整政策提供重要支撑。

支撑推进国家治理体系现代化进程。随着信息技术日新月异的进步，数字化、网络化、智能化已逐渐成为档案行业发展的重要方向。通过构建数智化的档案管理系统，不仅能有效提升档案管理的效率与质量，还能实现档案资源远程访问和利用，从而为国家治理提供更为便捷、高效的信息化服务。此外，运用大数据、人工智能等先进信息技术对档案数据进行深度挖掘和精准分析，能够为国家治理决策提供更加科学有力的数据支撑。

2.2 中观：服务社会组织可持续和高质量发展

档案管理作为各类社会组织有效运作的重要支撑，通过系统收集、规范管理和高效利用各类档案信息资源，有助于确保组织决策的科学性与合规性，强化内部治理，提升服务质量，促进社会组织可持续和高质量发展。

聚焦提升专业化系统化档案管理水平。当前，新一轮科技革命和产业变革方兴未艾，档案工作也应借助现代化的技术手段，实现档案资源的数字化、智能化管理。通过建立完善的档案信息资源管理系统，实现档案的高效检索和利用，为社会组织的决策提供有力的信息支持，促进社会组织的高质量发展。

聚焦促进知识管理和知识创新。在知识经济时代，知识信息业已成为社会组织最重要的资源之一。档案中蕴含着大量的专业知识、技术信息和管理经验，这些都是社会组织进行知识创新的重要源泉之一。通过对档案知识信息的挖掘、组织和利用，社会组织能够更加有效地推进知识管理，助力组织的可持续创新发展。

聚焦强化档案资源共享与开放。在全球化背景下，社会组织之间的交流与合作日益频繁，档案资源的共享与开放能够促进知识的传播和经验的交流，有利于提升社会组织的创新力和竞争力。档案管理部门应积极推进档案资源的整合与开放，建立跨区域、跨行业的档案资源共享平台，为社会组织的可持续发展提供外部视角和"外脑"支持。

聚焦加强组织文化建设。档案是社会组织文化传承的重要载体，它记录了组织的发展历程、价值观念和精神面貌。通过对档案的有效管理和利用，社会组织可以更好地传承和弘扬自身的文化，增强组织凝聚力和文化影响力，为社会组织的可持续高质量发展提供强大的文化支撑。

2.3 微观：服务贯彻落实以人民为中心的发展思想

在微观层面，档案管理的核心任务是服务人民群众的切身利益与需求，通过精细化、个性化的档案信息服务，确保每一位公民都能便捷获取所需信息，参与社会治理和共享发展成果，从而有力地贯彻落实以人民为中心的发展思想。

保障公民权益与知情权。档案信息是人民群众了解自身权利义务、维护合法权益的重要依据。通过加强关涉个体的档案管理，如人事档案、医疗档案、教育档案等，确保公民能够便捷、准确地获取关乎自身利益的各类档案信息，从而更好地融入社会生活，保障公民合法权益。因此，档案部门应不断优化查询服务，确保每一位公民都能平等地享有对档案信息的知情权。

促进公共服务均等化与高效化。在公共服务领域，档案管理服务于广大人民群众的基础性需求，如住房、社保、社区治理等。通过对公共服务档案进行科学分类、整合和利用，为政府部门提供精准的数据支持，有助于推动公共服务资源的合理配置，实现更广泛的覆盖和更高效的供给，从而更好地满足人民日益增长的美好生活需要。

推动历史记忆传承与文化自信建设。档案记载了民族和国家的历史脉络与文化积淀，是构建人民共同精神家园、培育文化自信的重要源泉。通过收集整理地方史志、民俗文化、口述历史等特色档案，以及开展档案展览、讲座、数字化展示等活动，使人民群众得以深入了解和认识自身所处的文化传统和社会发展环境，进一步激发全社会的文化创造力，共同推进中华民族优秀传统文化创造性转化和创新性发展。

3 实践路向："学—研—产—用"四维一体高质量发展

在 2023 档案数据产教融合大会暨第十三届中国电子文件管理论坛上，冯惠玲提出档案数据化和数据档案化"双向奔赴"，即传统档案向数据转型和大数据项目采用档案管理理念和方法来管理的趋势，强调产教融合对推进档案数据管理的重要意义。[15] 当前，在国家档案主管部门组织协调管理下，档案管理实践领域主要有学（高校）、研（重点实验室[16]）、产（企业）、用（档案馆）等 4 支核心力量，各方需坚持问题导向和系统观念，推动"学—研—产—用"四维一体高质量发展，推进实践创新。

3.1 学：围绕档案管理基础问题，建构中国自主的档案学知识体系[17]

高等教育是学科发展的龙头。面对档案领域由实体向数字化、数据化的深刻转变，高等教育机构应积极应对这一趋势，适时更新并优化教学内容和课程结构，注重培养具备大数据处理能力、信息安全防护意识与技术的复合型档案专业人才。这要求高校在课程设置上融合计算机科学、信息管理、法学等相关学科知识，以满足未来档案工作对跨学科人才的需求。

深入挖掘档案的本质属性及其在数智时代的全新表现形式，探讨适应新时代的档案管理原则，并结合中国国情提炼出具有中国特色的档案学理论基础。通过对档案信息化、智能化等前沿问题的研究，丰富和发展档案学的内涵与外延，为我国档案事业的长远发展提供坚实的理论支持。

加强国际间档案学术交流与合作也是构建自主档案学知识体系的重要途径。通过积极参与国际研讨会、项目合作等方式，加强档案管理理念和经验的交流互鉴，立足我国的具体情况和实际需求，推进档案学科的国际化与本土化相结合，从而建立起真正符合中国国情且具有国际视野的档案学知识体系。

3.2 研：围绕档案管理难点问题，加大重大、关键和共性科技问题攻关力度

技术研发是核心驱动力。针对海量数据存储、检索优化及智能分析等当前档案领域亟待解决的重大科技难题，科研团队应积极研发适应中国档案特性的关键技术，如高效能的数据压缩算法、精准快速的检索系统以及基于人工智能的深度学习分析模型，以应对大数据时代档案信息资源急剧增长带来的挑战。

积极参与国家和国际档案数据标准的制定工作也至关重要，通过深入研究和广泛讨论，提出并推广符合我国国情且接轨国际标准的档案信息化规范，为我国档案信息化建设提供科学依据与统一标准，提升我国在档案信息管理领域的国际话语权。

实验验证是确保档案科技成果实用性和可行性的有效途径。依托国家档案局重点实验室的优势资源，对新技术新方法进行测试与优化，解决档案行业实际工作中普遍存在的关键共性问题，提高档案管理的效率和质量，加快推进我国档案行业科技进步与产业升级。

3.3 产：围绕档案管理效用问题，加快科研成果应用转化

积极推动产学研深度联动。鼓励企业、高校及实验室之间形成紧密合作关系，将理论研究与市场需求紧密结合，共同开发和转化具有实用性强、市场潜力大的档案管理系统或产品，确保科技成果真正服务于档案行业发展的实际需求。

为加快科研成果向产业应用的转化速度，推动建立专门的档案科技成果产业化基地，通过政府引导性项目、专项资金扶持等多元化的支持措施，促进科技成果从研发阶段快速过渡到生产制造与市场化推广阶段，缩短科技成果转化周期，提升转化效率。

广泛应用示范项目和行业推介策略，积极展示并推广尖端的档案数据管理技术和解决方案，促使更多的企事业单位及个人熟悉并采纳这些革新技术。此举将有力推动我国档案信息化管理水平的整体跃升，并加速整个档案行业的现代化转型步伐。

3.4 用：围绕档案管理实务问题，提升服务效能与社会价值

档案馆是社会公共服务的重要窗口。应当采用新技术手段不断优化档案查询、利用体验，如智能化检索系统、数字化展示平台等，有效提高工作效率和服务质量，从而提升档案公共服务水平和社会公众满意度。

深度开发档案资源，对档案信息深入挖掘和分析解读，创新服务模式，使档案在政府决策支持、历史文化传承保护等方面发挥更加重要的作用。例如，在城市规划政策制定过程中，可以利用大数据分析过去的城建档案、人口迁移记录以及经济统计数据等信息，揭示城市发展规律和趋势，从而为当前的城市规划提供具有科学依据的决策参考。又如，中国第一历史档案馆基本陈列"兰台翰墨 家国春秋——明清历史档案展"，运用多媒体技术和网络平台，生动再现历史事件，传播"以档证史、资政育人"理念，强化文化教育功能。[18]

3.5 着力发展数智时代的智慧档案管理

在当前数智时代的大潮中，以人工智能、大数据、区块链、元宇宙等前沿科技为核心的创新力量正在以前所未有的速度和深度重塑人类社会的各个领域。这一轮科技革命不仅推动了经济社会结构的整体升级，而且为档案管理的现代化转型提供了强大的驱动力与无限可能。2023 年 9 月习近平总书记在黑龙江考察调研期间首次提出"新质生产力"这一重要概念。

新质生产力以创新为第一动力，以更高素质的劳动者为第一要素，是由技术革命性突破、生产要素创新性配置、产业深度转型升级而催生的先进生产力质态。[19] 在数智时代发展新质生产力，一方面要求为档案管理向数字化、智能化方向转型提供科技赋能，另一方面要求更高层次的智慧档案管理能够为科技创新、产业创新提供有效支撑。基于新战略、新模式、新阶段、新架构的智慧档案管理，是档案信息化工作发展到一定程度、全社会普遍进入智慧业态形势下档案工作的必然选择。[20] 因此，发展数智时代的智慧档案管理，既是响应国家高质量发展战略的具体实践，也是面向未来构筑新型基础设施、培养新质生产力、建设中华民族现代文明的关键一环。

4 结语

档案管理在中华民族现代文明建设中作用不可替代，承担着守护历史真实、传承民族文化，以及服务政府决策、社会治理、科学研究等多元重任。强调档案管理理念、任务与实践的创新发展至关重要，面对数智时代的挑战和机遇，我们需坚持问题导向和系统观念，持续深化"学—研—产—用"四维一体高质量发展模式，构建中国自主的档案学知识体系，攻关档案行业重大科技难题，加快科研成果转化，提升服务效能和社会价值，发展智慧档案管理。展望未来，档案管理将紧跟时代步伐，强化科技创新力量，加快数智转型升级，紧紧围绕中华民族伟大复兴战略全局，更好地服务推进中华民族现代文明建设。

注释及参考文献

[1] 中国历史研究院 . 建设中华民族现代文明的指路明灯 [EB/OL].[2024-03-20]. http://www.qstheory.cn/dukan/qs/2023-09/01/c_1129834674.htm.

[2] 陆国强 . 新时代档案事业高质量发展的根本遵循 [J]. 秘书工作 ,2021(9):11-14.

[3] 杨文 . 档案赋能中华民族现代文明建设的使命与路径 [J]. 档案与建设 ,2024(1):30-36.

[4] 陈烨 , 苏碧莹 , 林水兰 . 守正创新 : 综合档案馆融入中华民族现代文明建设的学理逻辑与实践进路 [J]. 档案与建设 ,2024(1):11-16.

[5] 许思文 . 以习近平文化思想为指引推动档案事业现代化走在前做示范 [J]. 档案与建设 ,2023(11):4-6.

[6] 中共中国社会科学院党组 . 深刻把握中华文明突出特性的历史意义与时代价值 [EB/OL].[2024-03-20]. http://www.qstheory.cn/dukan/qs/2023-09/16/c_1129862473.htm.

[7] 中华人民共和国国家统计局 . 中华人民共和国国家统计局关于 1997 年国民经济和社会发展的统计公报 [J]. 中国统计 ,1998(3):4-10.

[8] 中华人民共和国国家统计局 . 中华人民共和国 2023 年国民经济和社会发展统计公报 [1][N]. 人民日报 ,2024-03-01(10).

[9] 中华人民共和国国家档案局 .2022 年度全国档案主管部门和档案馆基本情况摘要 [EB/OL].[2024-03-20]. http://www.saac.gov.cn/daj/zhdt/202308/0396ea569aa648f1befd5c49bac87e6f.shtml.

[10] 杨文 . 发挥档案在坚定文化自信中的作用 [N]. 中国档案报 ,2022-07-28(1).

[11] 曲春梅 , 刘晓雨 , 王溶琨 . 档案开放促发展 数据共享惠民生——2022 年中国档案利用体系建设发展报告 [J]. 中国档案 ,2023(3):26-27.

[12] 陈熙满 . 牢牢把握 "三个走向" 加快推进档案工作现代化 [J]. 中国档案 ,2023(11):8-9.

[13] 蔡盈芳 , 樊凡 , 虞香群 . 基于公民生命历程的政务档案信息整合利用模型设计 [J]. 档案学通讯 ,2020(1):80-86.

[14] 张凯 , 黄培 , 方靖雯 . 国家信息安全治理体系和治理能力现代化建设面临的挑战 [J]. 情报杂志 ,2023(4):165-171.

[15] 贺谭涛 , 潘洁敏 . 数据治理创新生态 产教融合塑造未来——2023 档案数据产教融合大会暨第十三届电子文件管理论坛在宁波成功举办 [J]. 中国档案 ,2023(10):12.

[16] 中华人民共和国国家档案局 . 国家档案局印发关于认定首批重点实验室的通知 [EB/OL].[2024-03-20].https://www.saac.gov.cn/daj/tzgg/202312/af929345f77b4894b49ac658e295c42b.shtml.

[17] 卜昊昊 , 张斌 . 中国自主的档案学知识体系：内涵意蕴、生成动因与构建路径 [J]. 档案学研究 ,2023(6):4-9.

[18] 公喆 . 新地标的新温度——写在中国第一历史档案馆首次周六开放之时 [J]. 中国档案 ,2024(1):74-75.

[19] 习近平经济思想研究中心 . 新质生产力的内涵特征和发展重点 [N]. 人民日报 ,2024-03-01(9).

[20] 丁德胜 . 新时代新征程档案工作呼唤智慧档案战略——智慧档案战略的概念定位、初步构想和实施路径 [J]. 中国档案 ,2022(6):38-39.

基于 4R 危机管理理论的突发事件中城建档案应急服务能力提升策略探讨

王红云

南京市城市建设档案馆

摘要：作为城市规划、建设、管理工作的重要载体，城建档案在应对处置突发事件、助力公共安全治理中的价值和功能日益凸显。文章分析了突发事件中城建档案的价值定位、提供应急服务面临的困境，围绕危机缩减、预备、反应、恢复四个阶段探讨了城建档案应急服务能力提升策略。

关键词：4R 危机管理理论；突发事件；城建档案；管理策略

当前，中国式现代化的发展进程面临诸多安全隐患和风险挑战，"黑天鹅""灰犀牛"等突发事件易发多发。突发事件，是指突然发生，造成或者可能造成严重社会危害，需要采取应急处置措施予以应对的自然灾害、事故灾难、公共卫生事件和社会安全事件。[1] 如，南京"10·29"火灾事故、郑州"7·20"暴雨灾害、广东"5·1"梅大高速路面塌陷事故，都造成了严重的社会危害与财产损失。

突发事件给公共安全治理和韧性安全城市建设提出了重大挑战，也对相关档案管理利用提出迫切需求。作为城市规划、建设、管理工作的重要载体，城建档案在应对处置突发事件、助力公共安全治理中的价值日益凸显。2024年4月，住建部发布通知，要求做好新形势下城建档案管理工作，进一步提高城建档案工作质量和水平。通知明确，城建档案是城乡建设高质量发展和人民群众生命财产安全的重要保障。要开通服务通道，为自然灾害、工程质量安全事故处置提供24小时保障服务，做到随时提供档案查询利用。

1 4R 危机管理理论

美国危机管理学家罗伯特·希斯提出了 4R 危机管理理论，将整个危机演化和管理过程视为一个动态整体，分为缩减（Reduction）、预备（Readiness）、反应（Response）和恢复（Recovery）四个阶段，并针对危机发生前、发生中和发生后的不同特点，提出了具体的管控方式。

缩减是危机管理的第一步也是其核心，指的是减少危机的攻击力和影响力，通过风险评估降低风险；预备是通过建立危机预警机制、组成危机管理小组，形成危机应对预案；反应是指当危机发生时快速决策、协调组织和资源，遏制危机扩散，应对和化解危机；恢复是指突发事件得以控制和妥善处置后，及时总结经验并反思不足，为日后的危机管理提供借鉴。[2] 4R 危机管理理论可以有效地分阶段应对突发事件，且危机发生前包含了缩减和预备两个阶段，契合新时代公共安全治理模式向事前预防转型的新策略。

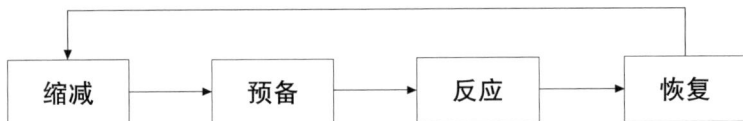

图 1 4R 危机管理模型

2 基于 4R 危机理论突发事件中城建档案的价值定位

作为城市规划、建设、管理过程中形成的第一手资料，城建档案对公共安全治理特别是城市安全治理具有信息支撑作用，在 4R 危机管理不同阶段发挥着重要价值。

从危机缩减阶段来看，城建档案是风险评估和监测预警的重要凭证之一。危机缩减阶段需要综合不同来源的信息开展风险评估，推动"应急治理"向"源头治理"转变。城建档案是城市各项建设工程的真实记录和宝贵资源，对于建设工程寿命预警、特别是城市生命线安全工程（桥梁、供水、燃气、排水等）风险评估具有重要作用。汶川地震发生后，各地高度重视房屋建筑质量特别是学校建筑问题，南京集中开展学校抗震安全隐患排查工作，近 30

家中小学和幼儿园到南京市城市建设档案馆调阅房屋结构图等档案资料，共调档案 35 卷，复印文字、图纸 240 张，为安全专项检查及危房鉴定评估、维修改造、抗震加固等提供了重要依据。

从危机预备阶段来看，城建档案馆及主管部门是应急服务体系中的重要组成部分。国务院发布的《国家突发公共事件总体应急预案》指出，要形成"统一指挥、分级负责、协调有序、运转高效"的应急联动体系。城建档案馆的主管部门大多是住建局或规划资源局，在应急联动体系中扮演重要角色，参与编制《第一次全国自然灾害综合风险普查公报》，全面推进房屋建筑和市政设施承灾体调查工作，采集公路设施的抗震、防洪等设防信息，形成了承灾体风险数据库，为应急预案编制提供依据，城建档案馆积极建立重大活动、突发事件应对活动相关档案利用调度机制。

从危机反应阶段来看，城建档案为应急处置突发事件提供决策参考作用。南京 10·29 火灾事故发生后，为调查了解事故发生原因，摸清起火建筑历史建设工程（新建、改建、扩建）形成情况，南京市城市建设档案馆配合调取相关规划审批档案及建设工程总平面图、单体图等图纸。经调查发现该公司未按照临时建设工程规划许可，擅自扩大建设范围，违法进行建设，且拒不履行相关部门单位作出的停止建设、限期拆除等决定。城建档案资料为事故的善后处置及责任认定等提供了重要信息支撑。

从危机恢复阶段来看，城建档案是灾后恢复重建的重要依据材料之一。在重大突发公共事件发生后，档案可为修复受损基础设施、恢复城市重要建筑、复原城市原貌等提供重要借鉴。唐山发生特大地震灾害后，给水管网破坏达 440 处多，城建档案馆提供的给水管网现状图为水管抢修恢复提供了重要依据，助力解决人民群众生活用水和部分工业用水，在灾后重建中起到重要作用。

3 城建档案在面向突发事件提供应急服务时所面临的困境

3.1 档案资料收集整理不齐全

一方面，我国大中城市城建档案馆大多于 20 世纪 80 年代立馆建库，创建初期城市建设档案法规制度尚不健全，对于 2000 年之前新建、改建、扩建的工程档案接收情况不容乐观，其中，老旧小区住宅因建成年代久远，建筑耐火等级低、消防设施不健全等日益成为火灾频发且造成人员安全事故的主要致灾因素。另一方面，重点工程、市政工程、管线工程档案因具有主体复杂性、材料分散性、价值特殊性等特点，相关档案难于收集管理。此外，突发事件所形成的全周期档案因涉及面广、时间跨度长、资源量大而导致收集不齐全、保管较为分散，无法真实反映突发事件应对全过程，制约了档案的安全保管、深度开发和有效利用。

3.2 档案服务模式较为传统

突发事件具有紧急性特点，档案利用涉及不同主体、不同层级、不同领域，而且要求短时间内精准提供档案利用。传统的档案服务模式主要为突发事件发生后进行检索、复制，在当前城建档案数字化率不高的情况下，传统纸质档案服务利用模式拉长了调阅响应时间，特别是面对老旧建筑、地形区域复杂、建筑物众多、危情更严重等多重不利因素叠加的突发公共事件，城建档案馆要提供精准高效的信息尚有不足。此外，因城市发展更迭交替、区划调整以及馆藏建设项目档案其报建名称与现状地名信息的存在不一致的现象，城建档案著录检索方式跟不上诸多复杂情况叠加下的应急需求，需要进一步加快完善城建档案的著录方式。

3.3 档案信息缺乏深度开发利用

突发事件虽然具有不可预测性，但通过深入挖掘存量档案可以让"经验得以总结，规律得以认识"，把握特定区域同类型突发事件之间的关联、规律、趋势及有效应对经验。因此，迫切需要深度挖掘涉及城市房屋建筑工程和城市生命线工程的存量档案资料，实现"档案—信息—知识"的转化。当前应对突发事件，城建档案提供利用多处于文件级的检索利用，专题性的开发利用较少 [3]，专题档案数据库建设步伐缓慢，城建档案的数据价值没有充分发挥。

4 面向突发事件城建档案应急服务能力提升策略建议

新时代下，档案部门积极参与突发事件应急服务成为档案工作的新常态和新挑战。为实现城建档案资源从"隐性""潜在"的状态转变为"显性""现实"的生产要素 [4]，应优化城建档案应急服务路径，破解城建档案服务的现实供需困境，以有"智"更有"质"的档案工作更好助推公共安全治理，实现高质量发展与高水平安全良性互动。

4.1 危机缩减阶段：完善档案收集机制，强化风险预警能力

第一，扎实抓好城乡建设各类工程档案的收集管理。结合安全、应急、气象、地质等专业部门和执法职能部门发出的预警信息，优化进馆档案结构，完善档案收集策略。特别是加强工程建设相关的行政处罚类、地下管线类档案的收集，形成工程建设过程中小病小灾的"病历表"，做好日常分析监测，对可能发生的突发事件进行日常监管和提前预警。第二，建立全方位、多样化的突发事件档案收集制度。城建档案馆要以新修订的《中华人民共和国档案法》《重大活动和突发事件档案管理办法》为指南，拟定突发事件档案征集、归档、开放的推荐标准，全面收集多元主体参与城市突发事件应急管理的档案资料，结合档案挖掘城市风险分布状况，关注老旧小区更新改造、城区重点区域消防验收等，强化风险预警能力。

4.2 危机预备阶段：建立应急服务机制，强化协同利用能力

突发事件应急管理过程中跨层级、跨部门、跨领域的多跨互动机制必不可少，需要健全内外联动的应急服务制度体系。第一，建立多层次的档案应急服务预案。参照《国家突发公共事件总体应急预案》中对于突发公共事件类别的划分，结合地区致灾因子分析制定档案应急服务预案。[5] 第二，建立健全横向沟通、协调有序地跨部门联动机制。加强对城市街道、社区、商业综合体等重点场所的城建档案及城市安全生产、典型灾害预防等档案的资源整合，坚持平战结合，精准研判利用需求。建立跨部门的联合应急培训演练制度，提高应急协同度。第三，加强信息平台之间互联互通、数据共享。加快融入数字政府，破解数据库关联难题，逐步实现与建设工程全过程图纸数字化、全国自然灾害综合风险普查房屋建筑和市政设施调查以及行政执法等有关业务系统的互联互通和数据共享。如，杭州城市建设档案馆完成消防档案数据共享接口开发，正式启动"施工图图审系统直接调档"模块，同时进一步对接"浙里建"电子文件归集场景。

4.3 危机反应阶段：提升档案供给质效，强化应急处置能力

第一，依托信息化技术手段，创新服务手段，搭建一站式智能检索平台，对馆藏档案进行快速识别检索，便于高效提供档案利用。如，南京市城市建

设档案馆拓展"E 查档"查询服务功能，实现馆藏信息与实体建筑信息多维度数据关联，提高查档精准度和便利性。第二，建立"应急绿色通道"，最大化简化利用审核手续及流程，授权用户一键调取利用，及时提供基于多维语义理解的档案资源整合和内容挖掘成果服务，辅助开展突发事件应急处置决策。第三，当突发事件产生涟漪效应时，档案利用功能需求由"点"向"面"拓展，如，火灾事故发生后，申报消防的档案查阅利用需求呈爆发式增长，应打破传统服务模式，探索市（区）城建档案"跨馆查"，政务 APP"掌上查"以及零材料"刷脸查"等高效便捷的档案查询利用方式，提升档案供给质效。

4.4 危机恢复阶段：探索档案知识转化，强化智库建设能力

档案事业发展"十三五"规划、"十四五"规划均提出要积极探索档案智库建设，为档案事业创新发展提供学理支持和决策咨询。在危机恢复阶段，要推动档案知识服务向"智库化"模式转型，将"智"与"治"有效衔接起来。第一，建立突发事件档案知识库。知识库总框架设计为档案资源层、知识处理层、知识存储层及应用服务层。[6] 利用数据挖掘技术、知识关联技术以及知识图谱应用，将突发事件海量且碎片化的档案资源知识化，包括档案数字化、语义化、智能化、专题化等过程[7]，将直接档案利用转向信息颗粒度细、需求量大且质量要求高的专题内容分析，为应急决策提供智力支持。第二，利用档案科研人才资源支撑智库建设。城建档案馆联合高等院校、科研机构等专业部门，探索面向城市韧性安全建设和突发事件应急服务专题研究，开展同类突发事件档案深层次加工、档案专题编研及科技项目研究，通过专家推论和情景推演，深入研究相关事件演化规律，建设城建档案与基础地理信息相融合的城市空间数字孪生模型。此外，通过展览、视频、沙龙或案例分享开展事故警示，全面呈现预防、应对、处置突发事件的真实原貌，提升社会防灾救灾意识，发挥档案资政、宣传、文化等多维价值。

5 结语

在国家治理体系和治理能力现代化的背景下，城建档案馆提高重特大事件档案利用效能，赋能公共安全治理和韧性安全城市建设具有重要意义。本文围绕危机缩减、预备、反应、恢复四个阶段探讨城建档案应急服务能力提升策略，为城建档案部门参与公共危机治理工作提供参考。

注释及参考文献

[1] 中华人民共和国突发事件应对法 [EB/OL].[2024-05-10].https://www.gov.cn/ziliao/flfg/2007-08/30/content_732593.htm.

[2] 罗伯特·希斯.危机管理［M］.王成,译.北京:中信出版社,2001.

[3] 王强,王红敏.面向突发事件应急管理的档案利用策略 [J].档案学通讯,2022(6): 54-60.

[4] 陈艳红,李健.档案数智化赋能韧性城市建设的价值阐述、理论基础及实践路径 [J].档案与建设,2023(8):19-22.

[5] 张林华,邹润霞.基于 4R 危机管理理论的档案应急服务保障模式研究 [J].档案与建设,2022(6):30-33.

[6] 耿志杰,陈佳慧.突发事件档案知识库构建设想 [J].档案学通讯,2021(3):63-70.

[7] 丁爱侠.档案知识库服务智库建设路径探 [J].北京档案,2022(6):34-36.

PEST 环境下的国家综合档案馆
公共服务分析及发展策略

方彦　陈珠红

福建省档案馆

摘要：2022 年，习近平总书记对档案工作提出"四个好""两个服务"的目标任务，为各级各类档案部门指明了方向，提供了根本遵循。新时代档案工作对服务能力的要求是高水准的、全方位的，也是与时俱进的。笔者认为，国家综合档案馆提供的服务应当定位为政府公共服务。本文就国家综合档案馆如何提升公共服务能力的思路及策略作探讨。

关键词：PEST；综合档案馆；档案服务；策略研究

0　引言

档案服务是档案部门运用现代公共服务的方法和技能满足社会和公众的档案利用需求。长期以来，对如何提升国家档案馆公共服务能力缺乏系统的研究，以机关记忆为主要内容的馆藏资源导致大多数档案馆门可罗雀，长期被动式的思维方式也导致档案专业人员普遍缺乏事业心和使命感。解决档案公共服务体系存在问题，是实现档案事业科学发展的必然要求，已成为刻不容缓的战略问题。[1]

1　研究方法

档案馆作为公共文化服务机构，积极主动地面向社会提供档案服务是其天然属性。[2]本文运用实地调查、文献资料以及管理学 PEST 分析法等对各级国家综合档案馆的政治（Politics）、经济（Economic）、社会（Society）、技术（Technology）等进行分析，探讨如何完善构建高质量的档案公共服务体系。

2 国家综合档案馆公共服务发展的 PEST 分析

2.1 政治环境：政策支持有力，体制机制需进一步完善

我国档案事业实行的是党政档案集中统一管理体制。档案公共服务政策高度依赖强制性政策工具，反映出政府为发展档案公共服务而加强管理的积极性。[3] 从理论上讲，较之于分散式档案事业管理体制，集中式档案事业管理体制有利于加强档案机构及人员的交流与合作，促进档案工作均衡发展。但由于条块分割的档案管理模式，其归属各级党委和政府、专业主管部门、企业、事业单位等，彼此之间互不统属、各自为政，没有法定的业务联系。近年来，一些档案部门自发地加强横向联系与协作，推行"异地查档，跨馆服务"，但参与协同的档案部门仍相对偏少，且范围偏小，区域性或全国性的档案馆信息服务联盟尚未建成，档案馆与图书馆、博物馆之间的跨界信息服务联盟至今还停留在理论论证阶段。此外，目前的政策规范对国家综合档案馆公共服务领域还缺乏一套严谨的评价体系和激励机制，国家综合档案馆的公共服务质量和水平缺乏统一的标尺，造成档案公共服务做好做坏没有明显区别，久而久之，形成了一种不把档案公共服务的质量放在第一位的认知和习惯，从而偏离了档案工作本身的职能定位。同时，由于上级档案行政管理部门没有着重考核档案公共服务指标，从一定程度上忽视了档案公共服务职能的发挥，造成档案部门"重管理、轻服务"的现象突出。

2.2 经济环境：基础设施完善，配套资金需进一步投放

2010 年，国家发展改革委、国家档案局共同实施《中西部地区县级综合档案馆建设规划》，中央投资改善了档案馆面积狭小、功能不全、设备简陋和设施老化等基础设施问题。但各级国家综合档案馆经费均由财政划拨，自身没有其他经费来源，提升档案公共服务能力受财力影响程度很大。因此，经济发展水平在很大程度上决定了政府对档案公共服务的投入。在经济较为发达的地区，政府可能会有更多的资源用于档案公共服务的建设和改善，包括档案管理设施的升级、数字化档案的推进等，以提高服务质量和效率。但

经济欠发达地区，档案公共服务不被人所重视，在经费上能减则减、能少就少，仅能维持基本运转。限于财力保障不足，国家综合档案馆的档案管理系统和技术等配套的"软环境"相对更为滞后，无法及时更新换代、定期升级。

2.3 社会环境：档案意识增强，社会需求需进一步明晰

笔者在调查中发现，国家综合档案馆的公共服务水平特别是档案文化产品的开发、现代服务手段的运用等方面离社会公众的要求仍然有较大差距，受历史等客观原因影响，各级国家综合档案馆收集的档案大多是党政机关和事业单位的文书档案，而与人民群众密切相关的民生档案却接收较少。加之专业档案产生于不同的单位和组织，存在条块分割、多头管理、资源分散等问题，影响着人们对档案的高效利用，制约档案公共服务的提升。此外，对档案公共服务产品的开发缺乏针对性和实用性，特别是缺乏开发的深度，有些档案部门以"文件汇编"或"档案资料选编"的形式出现在公众面前的比较多，带有研究成果甚至是文化产品的开发方面的成果相对比较少，没有从社会的满意度上去评估档案公共服务的有效性，推出的一些档案文化产品没有放在社会上去检验其实际作用和效果，档案公共服务的层次不高。在实际工作中，由于没有重视社会公众对档案服务的实际诉求，从而造成档案部门与公众的心理距离越来越大。

2.4 技术环境：数字技术发展，技术应用需进一步推广

近年来，越来越多的档案部门正在进行数字化转型，将纸质档案转换为数字形式，以便更有效地存储、管理，并随之提供跨馆服务、异地查档等服务，提供了便捷的查询和获取途径。近两年，少部分经济条件好、较发达地区的档案部门甚至还利用云计算和大数据技术，处理和分析海量的档案数据，为深入研究和创新服务提供支持。但同时也应清醒地认识到，在信息技术背景下档案公共服务多元化的供给体系尚未形成，几点问题亟待解决：一是部分档案部门，尤其是许多基层档案馆对先进的信息技术手段还不能很好地掌握，致使档案管理不善，服务效率较低。二是档案服务网络体系尚未建立，全国性，甚至各个省内有效共享的档案资源还处于分隔或者半分隔的状态，存在信息孤岛现象，限制了档案部门的综合服务能力。三是可以公开的、公众普遍需求的档案信息没有通过网络向社会进行发布或者发布得不充分。四是随着数字化程度的提高，数据安全和隐私保护成为重要问题。

3 提升国家综合档案馆公共服务能力的有效途径

总体来说，近年来各级国家综合档案馆的公共服务能力在实践创新中得到了有效提高，但不可否认，其服务层次离经济社会发展对于档案公共服务的要求还有一定的差距。

3.1 完善体制机制

一方面，探索建立档案公共服务的供给体系。比如，在一个省的档案公共服务体系中，把省档案馆确定为档案公共服务的主渠道，而其他档案馆或者档案室可以定性为档案公共服务的参与者或者是协同部门，从而建立以省档案馆为中心的全省性的档案信息资源共享系统，由各档案馆按照规范要求对各自数据进行整理，最后由省档案馆核对后统一导入共享资源库，并达到横向和纵向的互通，公众不论到哪一个档案信息供给点，都可以方便快捷查阅到其所需要的档案信息。另一方面，建立档案公共服务评估和激励机制。对参与档案公共服务产品生产和供给的单位及人员进行效益评估，并进行有效监管，提高其在档案公共服务产品的提供和档案公共服务协作中的自律意识和自控能力，并根据评估结果，及时调整和完善协作机制，不断提高档案公共服务的质量和水平。对于表现优秀的工作人员给予适当的激励和奖励，激发综合档案馆工作人员提供公共服务的内生动力，利用专家、工匠的选树活动进行培养，鼓励局馆多出人才、快出人才，尽快适应档案馆开放性、文化性、服务性的社会要求。同时，建立档案公共服务能力评价体系。以国家综合档案馆的公共服务承诺为内容，以档案公共服务结果为依据，通过建立和发展新的档案公共服务责任机制，推动档案部门提升公共服务能力从一种被动姿态变成一种积极行为，并把档案公共服务的社会满足程度和效率与效益纳入绩效评价体系并作为重要考核指标，由此真实地反映档案部门公共服务的能力与水平，这将提升国家综合档案馆对档案公共服务能力建设的持续重视，并作为档案部门的重点工作进行推进和落实。

3.2 加大资金投入

资金投入是保障国家综合档案馆公共服务质量和水平的重要因素。要积极争取资金支持，将有限的资金投入公共服务手段的优化、公共服务环境的改善、公共服务方式的创新等方面来。大力挖掘档案学会及其他档案社会中介等非政府组织的公共职能，充分发挥这些组织在档案公共服务方面的补充力量的作用，形成档案部门与社会组织在提供档案公共服务中的合力，减轻因档案部门公共服务条件和能力不足所带来的压力。如，可以发挥档案学会专业性和灵活性的优势，开展各种形式的档案公共服务活动，举办展览、讲座、培训等，从而构建多方参与的档案公共服务新格局，发挥社会资源在提供档案公共服务中的作用，政府要通过制定相关政策和法规，提供资金支持、税收优惠等措施，引导和鼓励更多的企业和社会组织参与档案公共服务中来。国家综合档案馆要抛弃档案公共服务的独占心态，主动接纳企业和社会组织参与提供档案公共服务，把一部分能够由其他组织进行承接的档案服务产品交给社会，减轻档案部门经费与人员的不足和负担，以便档案部门将更多的财力和精力投到档案公共服务基础能力建设方面来，并通过宣传教育活动，让公众了解档案的价值和作用，提高公众对档案公共服务的认识和参与度，鼓励他们积极参与档案公共服务的建设和发展。

3.3 贴近社会需求

国家综合档案馆首先要关注用户的公共服务需求和期望值。可结合每年"6·9 国际档案日"等时机，通过网上论坛、调查问卷等方式了解、吸纳用户关于国家综合档案馆公共服务的内容、途径、方式、时限等方面的需求与预期，为公共服务供给的有效性提供基础保障。一方面，要创新公共服务供给方式。要适应自媒体时代用户的喜好，定期以短视频、音频、直播、快闪、动漫等方式向用户展现服务事项、档案文化等。同时还可提供在线查档、预约查档和参观等服务，为开放档案在线查阅和共享利用提供良好的渠道，节省用户往来档案馆的时间、金钱成本，提高档案查阅利用效率。另一方面，要推行公共服务标准化。科学设置公共服务事项，明确办事指南、办理时限、具体流程，通过规范化的服务方法、程序化的服务流程、均等化的服务方式，让用户享受到公共服务的公平性，同时促进公共服务效率的提升。此外，还需全力推进档案开放审核工作。开放档案能让公众获取到宝贵的信息资源，保障公民的知情权，促进知识的传播和共享，进而增强公众对政府的信任。国家综合档案馆要在保证档案不涉及国家安全、个人隐私等敏感信息的情况下，准确、完整地履行审核工作，推动档案公共服务的持续发展。

3.4 注重信息技术

信息技术是推进档案公共服务均等化的重要支撑。在当今电子政务比较盛行的社会，国家综合档案馆重视档案技术型人才的吸收和培养，充分利用现代信息技术手段，采取多种信息服务设施，以更加便捷的方式更好地履行公共服务职能，以提高档案部门公共服务的效率。一是推进档案数字化、智能化转型。通过传统载体档案数字化和电子档案的逐步推广，构建档案公共服务的信息共享平台，实现档案资源的共享和交流，便捷用户远程访问和检索，提高服务效率和质量。同时，利用人工智能技术，如自然语言处理和机器学习，对档案进行自动分类、标注和索引，以提高档案检索的准确性和效率，使用户能够更快速地找到所需信息。二是开发并完善移动终端的各项服务。从用户的需求和角度出发，设计简洁明了的档案服务界面，提供便捷的搜索和浏览功能，吸引更多人关注和参与，增加档案的传播度和影响力，进而促进公众之间的交流和互动，并通过公众反馈不断改进服务，提高公众满意度。同时，开发适用于手机和电脑的档案应用程序，使用户能够随时随地通过互联网访问，以提供档案个性化的服务。三是推进构建协同服务机制。按照统一的政策标准规范、技术方法、数据格式等对馆藏开放档案资源进行整合，通过微信公众号建立首访档案馆受理、档案保管地档案馆审批、依法出证、统一用印的工作机制，打破各综合档案馆档案信息"孤岛"现象，实现异地查档、跨馆服务，提高查档利用服务效率和水平。

4 结语

总而言之，提升档案公共服务能力，就是要建立惠及全民的档案公共服务体系，在"资政"的基础上做好"惠民"，面向社会记忆、面向百姓需求构建馆藏资源，加快档案开放步伐，打造特色档案文化品牌，拓展和发挥档案公共服务职能，为提升档案公共服务能力找到一条新路径，迎来档案公共服务能力全面提升的新景象。

注释及参考文献

[1] 李财富, 靳文君. 档案信息服务体系创新研究 [J]. 档案与建设,2019(9):8-12.

[2] 王向女, 姚婧. 社会治理视角下档案公共服务创新路径探析 [J]. 北京档案, 2020(2):4-7.

[3] 胡吉明, 阳巧英. 我国档案公共服务政策的三维框架构建与分析 [J]. 档案学通讯, 2022(2):39-47.

档案在身份认同中的双重影响探析

王雨晴

上海大学文化遗产与信息管理学院

摘要：档案在身份认同实现过程中具有证明身份来源、保障主体权利，维系集体记忆、促进情感内聚，承载文化标识、增强文化自信等正向价值。然而，档案对于个体、群体的身份认同也存在负面影响，包括隐匿个性特征、淡化成员差异，引发情感创伤、影响身份重塑、弱化群体关系、加剧群际冲突。为消解档案在身份认同中的负面影响，提出加强社群档案建设、鼓励成员参与管理，依托档案叙事外化情感问题、尊重主体遗忘权利，共享档案记忆资源、构建共同内群体认同等实践策略。

关键词：档案；身份认同；群体认同；集体记忆

0 引言

档案参与身份认同是后现代档案学理论的核心内容之一，探讨档案与身份认同的关系已成为学界关注的重点议题。加拿大档案学家特里·库克认为，"认同"是后现代档案学范式的核心话语，档案在构架历史、集体记忆和国家与民族认同方面具有重要作用，因为它涉及我们怎么看待我们的个体身份、集体身份和社会身份。[1] 我国关于档案与身份认同的研究，主要聚焦于身份认同中的档案价值[2]、档案在建构国家认同[3]、族群认同[4][5]、群体认同[6][7] 和自我认同[8][9] 中的作用、档案在身份认同中的作用机制[10][11][12]、某一类型档案对个体或群体身份认同强化的实证研究[13][14] 等方面。然而，我国现有研究主要关注档案对于身份认同的正向作用，或是阐释档案在身份认同中的作用机制，少有研究关注档案对身份认同的负向作用，仅有个别研究从档案消解个体记忆方面[15] 或是针对档案与群体认同问题做出反思[16]，但是上述研究尚未从整体上为档案在身份认同中的双重影响做出辩证阐述。因此，本文在分析档案在身份认同中的正向价值的基础上，对档案建构身份认同过程中可能产生的负面影响做出思考，并提出相应解决策略，以期为学界探讨档案与身份认同关系问题拓展研究视野。

1 档案在身份认同中的正向价值

1.1 证明身份来源，保障主体权利

第十七届国际档案大会指出，档案借助其蕴藏的信息提供某个时刻或整个时期的集体记忆、群体故事以及个人身份，帮助社会与其遗产建立联系，帮助人们保护自身的权利。[17]档案通过为个体或群体身份提供合法性认证，使个体或群体权益得到有效保障。一方面，档案能够以其原始的、可信的、经过固化沉淀的，并以合规方式传承下来的信息，为身份认同提供至关重要的合法性依据。[18]档案中记载的姓氏、籍贯等各类身份信息可以证明个人身份，使个人对于"我是谁"产生明确认知，让自我身份能够得到其他人的认可，使个人在实现自我身份认同的同时也能获得他人尊重。例如，人事档案中包含的履历类材料记录了人们在不同人生阶段中所具有的不同角色身份，能够证实人们当下在单位中的职位角色，明确个体的职业身份。党员档案中的入党申请书、入党志愿书、转正申请书、党员登记表等材料记载了个人入党的全过程，它既是证明个体党员身份的重要材料，也是党员个人能够被基层党组织接纳的凭证。另一方面，档案能够帮助弱势群体和边缘群体维护自身合法权益，使社会承认其群体身份存在的合法性，让群体成员平等地享有该群体所应拥有的合法权利。例如，南亚裔美国人数字档案馆通过记录并保存南亚裔美国人的移民经历，证实了南亚裔美国人与美国社会的历史联系，为南亚裔美国人在美国社会争取合法权利和福祉提供凭证依据。[19]我国的农民工档案能够证明农民工在城市务工的身份，使农民工得以在城市中享有相应的医疗、就业、失业等福利待遇。

1.2 维系集体记忆，促进情感内聚

档案实现身份认同是档案的凭证属性和记忆属性综合作用的必然结果。[20]档案作为一种刻写记忆，记载了个人和群体的往昔经历，不仅成为集体记忆的承载工具，也是人们追根溯源的重要依托。哈布瓦赫提出，集体记忆是一个建构的过程，群体的记忆是通过个体记忆来实现的，并且在个体记忆之中

体现自身，集体记忆可用以重建关于过去的意象。[21]档案内容中真实的历史信息可以唤起群体成员对集体记忆的回忆，集体记忆通过再现历史意象，使群体成员能够感知历史事件，在情感维度上与群体的过往经历建立联系，从而唤醒成员情绪并使其产生情感共鸣。这一过程必然会使身份主体发现自身角色的差异，从而形成"我是谁""我属于哪个群体"的身份认同[22]，也会促进个体实现对所属群体的情感归属。例如，侨批档案作为银信合一的载体，除附有海外华侨寄给家人的汇款凭证外，还承载着他们对所属地及亲人的思念之情[23]。侨批档案承载着海外华侨共同的历史记忆，是海外华侨寻找群体归属的重要凭证，不仅能为其提供根源感、身份感和地方感，更能激发他们的爱国情感和思乡之情，增强他们对群体身份的情感认同。家族档案记录了有婚姻和血缘关系的家族或家庭内的各个成员在家庭或家族中的活动以及社会活动，它是家族记忆的"触媒"，是家族记忆得以构建、重构、强化的重要凭证。[24]家族档案通过呈现家族历史，能够延续家族记忆，使家族成员在精神上获得情感支持并实现情感归属，在情感层面更加认同自我的家族身份，从而增强家族成员对家族身份的认同感。

1.3 承载文化标识，增强文化自信

身份认同不只是简单的心理认知过程，更会受到历史文化的影响。认同包括种族认同、民族认同、社会认同、自我认同、文化认同等多种类型，但核心是文化认同，使用相同的文化符号、遵循共同的文化理念、秉承共有的思维模式和行为规范，是文化认同的依据。[25]档案是人们在社会活动中形成的历史记录，记载着不同国家、不同民族、不同种族所用的文字符号、行为规范等内容，能够区分出不同群体所具有的价值体系，见证了不同群体文化的形成与发展。因此，档案能够帮助人们对个体或群体之间的共同文化进行确认，通过建立文化认同来确证"我们"的共同身份，以进一步加强人们对所属群体文化的认同，增强其对群体文化的自信心。例如，非物质文化遗产档案中包含非物质文化遗产实物、非物质文化遗产活动等材料，记录了地方风俗与民间工艺等独具特色的内容，能够反映出地方群体的文化特征，这些档案为非遗传承人群提供了身份保障和文化传承动力，增强了非遗传承人对地方非遗文化的自信心，强化了其保护与传播非遗文化的责任和使命。红色档案见证了中国共产党在新民主主义革命时期和社会主义建设时期艰辛而辉煌的奋斗历程，凝聚了中华民族的集体记忆，展现出中国人民艰苦奋斗、甘于奉献、不懈拼搏的精神风貌。红色档案作为传承红色文化的重要载体，

具有重要的价值引领作用，其中所传递的中国精神以及民族价值观念等文化标识能够激发我国公民对民族身份的自豪感，增强其对中华民族的认同感。

2 档案在身份认同中的负面影响

2.1 隐匿个性特征，淡化成员差异

美国社会学家米德曾提出"认同对个体的制约性"[26]。社会心理学强调社会对人的影响，认为尽管在社会关系中每个人都是独立的个体，但是人和人之间也互相发生作用，个人会受到规则、期望以及他人主观看法的制约。[27] 受到人为主观因素等影响，档案在建构身份认同之时也存在消解、抹去与隐藏个体差异的可能。[28] 一方面，个体为融入某一特定群体会借助档案来隐藏自我个性，摒弃档案中与群体特征不符合的内容，增加符合群体特征的内容，以使自我具有与群体相同的普遍特征，从而成为该群体成员并获得群体认同。在这一过程中，档案成为主体选择性建构身份的工具，使主体原有的个性特征和历史经历得到隐匿。例如，社会中的弱势群体和边缘群体为融入主流群体，往往会对过往生活进行选择性记录，以得到主流群体认可，提高社会地位。另一方面，个体在利用档案强化群体认同的过程中，档案中所记载的内容和传递的价值标准也会对个体产生潜移默化的影响，使个体在认知、行为等方面逐渐与群体趋同，个体原有的价值观念、行为模式也会发生相应改变，群体内成员的个性差异会逐渐缩小。例如，移居海外的华人在国外就业、生活的过程中会融入新的群体并形成新的档案，这些档案在证明他们海外定居合法身份的同时，也会令其接纳所属群体的文化和行为规范，使华人原有的思维方式和生活习性发生改变，并逐渐与群体其他成员趋同。在当今全球化、多元化的时代，国家认同和民族认同受到挑战，我们更需思考如何运用档案保留原有的身份特征，维持个体差异，防止文化渗透，在差异和趋同之间保持张力。

2.2 引发情感创伤，影响身份重塑

创伤性事件档案中的不实记载或歧视性用语，往往会对记录对象或其亲属、后代等造成严重的情感伤害，成为一种"情感武器"[29]。档案在帮助人们确认自身身份之时，有时也会引发人们对过去的痛苦回忆，令其承受负面

情绪所带来的情感刺激。一方面，战争、大屠杀、自然灾害等灾难性事件都会造成个体或者集体的创伤，从而形成创伤记忆[30]，人们在接触这些承载创伤记忆的档案材料时，容易出现悲愤、难过、伤心等负向情感，这会对人们造成情感层面的创伤。例如，慰安妇档案记载了"二战"时期日军奴役、摧残女性的悲惨事件，承载着慰安妇在"二战"期间的屈辱经历，对于慰安妇群体而言，这些档案是她们永远不愿面对的回忆，不但会加深她们的情感创伤，而且会令其产生想要逃离这一群体身份的强烈倾向。另一方面，在互联网时代，网络信息存档正在以数字记忆的方式建构着集体记忆，网络空间中的信息已成为个人或群体形成身份认同不可或缺的部分，能够帮助人们实现身份重塑。互联网档案记录着人们的身份信息和生活痕迹，但也会裹挟部分过时、失真的信息，这些信息一旦被公开后，便会为人们的现实生活带来负面影响[31]，引发人们负面情绪的出现，影响人们自我身份形象的塑造。例如，中欧某国公民曾声称，档案馆网页的某个文件公开了他年轻时服役于旧政权军事单位的信息，尽管这一信息是真实的，但是他所在国家的政权现已发生更迭，而他的邻居却因为他曾经的身份，凭借其在"对立阵营"中担任职务的优势而经常骚扰他。[32] 这一事件的发生会使该公民深受焦虑、不安等消极情感的困扰，使其个人身份不能被他人正确、完整地认知。

2.3 弱化群体关系，加剧群际冲突

根据泰弗尔的社会认同理论，个体对于群体的认同包括三个基本历程：类化、比较、积极区分[33]人们在建立身份认同的过程中，会不自觉地对不同群体作出比较，并在某种程度上主观夸大群体间的差异，以增加对内群体的"热爱"以及对他群体的"不热爱"。[34]一方面，档案作为记录群体记忆和传承群体文化的工具，在增强群体内部成员对群体身份认同的同时，也会在一定程度上加深其对外部群体的排斥，使外部群体成员难以被接纳。例如，户籍档案会影响主体在跨阶层、跨地域流动过程中能否为新群体所接纳。我国古代曾长时间推行重农抑商政策，商人的身份在档案中得到了固化，令其难以实现向上一阶层的身份跨越。如今我国大量外来务工人员流入新的城市后，由于户籍档案并不在当地，因此他们在子女教育、住房保障等方面的待遇与当地居民相比会存在较大差异，这种差异的存在使其很难融入当地的社会群体，会导致他们身份上的边缘化。另一方面，群体认同被视为造成不同冲突的共同因素，强烈的内群体同情往往导致同样强烈的外群体厌恶，进而助长不宽容和冲突，群体敌意的根源可能是强烈的群体认同，以及由此产生

的诸多态度、价值观与行为[35]。档案见证了不同民族、种族、国家的历史发展过程，在引发群体成员对群内文化产生共情之时，也会令其产生排外倾向，加剧群体间的矛盾与冲突。例如，乌克兰难民在移居波兰后，许多残疾的乌克兰难民即使拥有乌克兰政府颁发的官方文件，但这些却不被波兰官员承认。[36]

3 档案对身份认同负面影响的消解策略

3.1 加强社群档案建设，鼓励成员参与管理

后现代主义思想表现为一种宽容和尊重，即对所有可能性的开放，特别是被权威、精英、中心、本质等置于对立面的边缘、民众、草根等的包容。[37]社群档案是后现代主义发展的产物，在凝聚社群力量、彰显社群特色方面具有显著优势，为边缘群体发声创造了机会。因此，可通过加强社群档案建设来维护群体成员个性特征，缓解个体差异消解。一方面，档案机构需重视群体成员参与社群档案建设的权利，鼓励其参与社群档案形成、保存、管理、利用等多个过程，为群体成员展开身份叙事、表达自我个性提供平台，以增强个体成员在群体之中的话语权，强化成员对群体的归属感。另一方面，在社群档案建立与管理的过程中，应注重收集并记录不同个体的行为经历，维护个体特征的相对独立性，使群体成员能以更加包容开放的心态来看待群体内的个体差异，尊重各成员原有的行为习惯。以美国纽约市皇后区记忆项目（Queens Memory）为例，皇后区的居民大多来源于不同种族，而该项目则授权所有居民记录他们的生活和经历，通过"讲述个人故事"系列特色活动鼓励居民分享自己的数字记忆，居民可以文字、图片、音频和视频等媒介形式上传他们的家庭照片、纪念品等记忆资源，从而分享个人的历史故事。"数字化扫描日"活动为馆员与社区居民提供了面对面的交流机会，居民能在皇后区图书馆中对照片等记录进行扫描，参与到社区档案的加工与整理之中。[38]该记忆项目使当地居民参与社群档案建设成为可能，在保留不同移民文化差异的基础上，既在档案中留存了不同成员的个体记忆，又完成了集体记忆的共建，有利于社区共同体意识的凝聚。

3.2 依托档案叙事外化情感问题，尊重主体遗忘权利

情感因素是集体身份建构过程中一个不可忽略的环节，集体身份认同本

身就是一种情感表达和情感诉求。[39] 因此，档案在参与身份认同建构的过程中，应综合考虑主体的情感诉求以及档案内容中所蕴含的情感力量，重视档案情感价值的发挥。一方面，对于创伤记忆引起主体情感创伤的问题，可借助档案叙事的方式帮助主体实现情感疗愈。叙事疗法强调个人经验以及对意义的阐述[40]，它将问题外化视为一种治疗方法，鼓励人从心理上将压迫他们的问题客观化。在问题外化的过程中，问题变成与人分离的客体，即"人是人，问题是问题，人不是问题"[41]。档案工作者在对创伤类档案记忆资源进行开发利用时，应围绕档案内容从多视角展开叙述，对历史事件予以客观化描述，借助档案"重说故事"，为事件提供诸如激发爱国主义热情、增加对和平的热爱等具有正向意义的诠释，以使创伤性事件的亲历者或相关群体能够转换看问题的视角，将事件中的问题与自我分离，赋予过往事件新的解读，接纳所属的群体身份，在档案中重新定义经历的意义，获得情感安抚。

另一方面，面对网络档案信息影响个体身份塑造的问题，档案机构应尊重个体的遗忘权利。美国学者杰森·希尔认为"个人有权忘记他们来自哪里，以便建立新的、反本质主义的身份认同"[42]。英国学者舍恩伯格认为"对于人类而言，遗忘一直是常态，而记忆才是例外。然而，由于数字技术与全球网络的发展，这种平衡已经被打破了"[43]。在数字时代，被遗忘权起着调节数字记忆的作用，它是个人"身份特质权"的体现，调整的是与现时人格特质不相符的过往形象。[44] 因此，在档案开放利用的过程中，档案机构应重视对个体权益的保护，对档案中涉及个人身份信息的内容做出脱敏处理，允许个体在网络环境中删除那些会对自己产生不利影响的过时信息，以帮助个体塑造符合其特质的身份形象，使他人能够对个体身份建立正确的认知。

3.3 共享档案记忆资源，构建共同内群体认同

共同内群体认同理论认为，两个原本分离的群体形成一个包摄水平更高的上位群体，群体成员身份会从"我们"和"他们"转变为共同的"我们"，对内群体的积极情感也可以延伸到新形成的共同内群体，进而减少群际冲突和竞争，促进群际帮助和合作[45]。集体记忆是对过去事物形成的群体认同的共同表征，可以通过社会信息传播、认同建构、符号互动等途径在社会中被社会成员所共享、内化与认同。[46] 档案参与集体记忆的选择与建构，它所记载的国家、社群以及个体的过往历程正是集体记忆所需留存的内容，借助档案共享记忆能够将个体记忆与集体记忆连结起来，使原来只属于某一群体内部的记忆得以成为一种具有共同历史意识和身份观念[47] 的集体记忆。共享

档案记忆资源能够引发群体成员对共同历史的回忆，当群体成员在文化、情感、个性特征等方面感知到相似时，不同群体成员之间的心理距离便会逐渐缩小，内群体成员对于外群体的印象会变得更为积极，从而会产生更多的接触意愿。因此，可通过共享档案记忆资源来扩大群体认同边界，增强多民族国家的国家认同，缓解身份认同过程中内群体成员对外群体的排斥问题，减少群体之间的分歧与冲突。

具体而言，档案机构需加大对档案记忆资源的开放、共享和传播力度，以档案展览、档案编研成果、档案纪录片等形式，揭示并传递档案中所蕴含的历史信息和情感信息，使集体记忆得以再现和共享，从而强化不同群体成员共有的社会身份，维系和谐的群际关系。以新冠肺炎疫情防控档案为例，新冠肺炎疫情防控档案记录着党和政府带领人民抗击疫情的情况，在疫情暴发期间，北京市、上海市、四川省、湖北省等多地档案馆都举办了防控新冠肺炎疫情主题展览，展览中所呈现的抗疫照片、视频等内容展现了当地百姓的抗疫历程，能够触发公众对自身疫情经历的回忆，令其感悟到抗疫过程中团结协作、顽强拼搏的民族精神，使不同职业、不同地域的群体在历史记忆、情感认知等方面能够产生共同感，认识到共有的中华民族身份，促使不同群体在面对疫情冲击时能够互帮互助，保持国家内部群际关系的稳定与和谐。

4 结语

就身份认同的本质而言，它是同与异的对立统一。身份认同既是个体或集体对一个国家、地域、族群、家庭、职业等属性的认可，又表明与其他国家、地域、族群、家庭、职业等属性的区别与排斥。[48] 档案作为个体或群体实现身份认同的工具，在帮助个体或群体获得身份认可的同时，也会在一定程度上加剧不同个体、群体之间的差异和分歧。为此，在利用档案建构身份认同的过程中，既需重视档案在证明身份来源、维系集体记忆、增强文化自信等方面的正向价值，又需正视档案在淡化个性差异、引发情感创伤、加剧群际冲突等方面的消极影响，并通过鼓励群体成员参与社群档案管理、以档案叙事帮助情感疗愈、共享档案记忆资源等途径，以缓解档案在身份认同中的负面影响，彰显档案在个体或群体身份认同建构中的人文关怀。

注释及参考文献

[1] Cook T.Evidence,memory,identity,and community:Four shifting archival paradigms[J]. Archival Science,2013(2-3):95-120.

[2] [18] [48] 冯惠玲 . 当代身份认同中的档案价值 [J]. 中国人民大学学报 ,2015(1): 96-103.

[3] 高胜楠 , 吴建华 . 档案与国家认同 : 理论基础、作用维度与现实路径 [J]. 档案学研究 , 2021(6):35-40.

[4] 余厚洪 . 族群档案的身份认同论析 [J]. 档案管理 ,2021(4):47-49.

[5] 陆阳 , 蔡之玲 . 档案在族群认同中的价值旨归、功能认知与机制阐释 [J]. 档案学研究 ,2021(6):13-20.

[6] 黄霄羽 , 何雅妮 . 社群口述档案对成员身份认同的作用表现 [J]. 北京档案 ,2020(4): 4-8.

[7] 张晶 , 陆阳 . 档案的群体认同强化功能分析 [J]. 档案学通讯 ,2019(1):9-14.

[8] 罗琳娜 , 陆阳 . 论档案在建构自我认同中的作用机理 [J]. 档案与建设 ,2018(6): 13-16.

[9] 陈坚 . 档案对自我认同的多维作用探析——基于三重自我建构理论 [J]. 档案与建设 ,2022(4):20-24.

[10] [47] 丁华东 , 杨茜兰 . 心理需求、记忆共享与伦理约束——论档案实现身份认同功能的作用机制 [J]. 档案学研究 ,2023(2):4-11.

[11] [22] 刘志森 , 耿志杰 . 情感仪式视域下档案与身份认同 : 理论阐释、作用机理及提升路径 [J]. 档案学研究 ,2022(3):13-20.

[12] 加小双 , 徐拥军 . 档案与身份认同 : 背景、内容与影响 [J]. 档案学研究 ,2019(5): 16-21.

[13] [23] 闫静 , 章伟婷 . 侨批档案与华侨身份认同——以晋江侨批为中心的考察 [J]. 浙江档案 ,2022(4):25-29.

[14] 谢丽 , 冯惠玲 , 马林青 . 转型身份认同过程中档案的功用——以中国农民工群体为例 [J]. 档案学通讯 ,2019(1):4-8.

[15] [28] 闫静 , 刘洋洋 . 档案中的认同悖论——兼论档案对身份认同的作用机制与机理 [J]. 档案与建设 ,2021(3):9-14.

[16] 周林兴 , 章煜 . 档案作用群体认同的反思与策略探析 [J]. 档案与建设 ,2021(12): 6-11.

[17] 杜梅 .2012 年国际档案大会 : 新环境新变化 [J]. 中国档案 ,2011(4):85.

[19] 南亚裔美国人数字档案馆 [EB/OL].[2023-05-23].https://www.saada.org/mission.

[20] [24] 加小双 . 当代身份认同中家族档案的价值 [J]. 档案学通讯 ,2015(3):29-34.

[21] 莫里斯·哈布瓦赫 . 论集体记忆 [M]. 毕然 , 郭金华 , 译 . 上海 : 上海人民出版社 , 2002:69-71.

[25] 崔新建 . 文化认同及其根源 [J]. 北京师范大学学报 (社会科学版),2004(4):102-104,107.

[26] 米德 . 心灵、自我和社会 [M]. 霍桂桓 , 译 . 南京 : 译林出版社 ,2014:299.

[27] 王纯磊 , 何丽 , 冯蕾 . 身份认同与自我身份叙事的认知路径阐释 [J]. 兰州大学学报 (社会科学版),2022(5):122-129.

[29] 曲春梅 . 国外档案学研究的 "情感转向" [J]. 档案学研究 ,2020(4):128-134.

[30] 陈琴 . 档案资源在创伤记忆国际认同中的建构作用及实现路径探析 [J]. 档案与建设 ,2020(2):14-17,8.

[31] 余昊哲 . 记忆或是遗忘 : 档案事业如何应对被遗忘权的挑战 ?[J]. 档案学研究 , 2021(6):64-71.

[32] [44] Ghezzi A, Pereira Â G, Vesnić-Alujević L.The ethics of memory in a digital age[M]. London: Palgrave Macmillan,2014:28-49,67-70.

[33] TAJFEL H.Social psychology of intergroup relations[J].Annual Review of Psychology,1982(33):1-39.

[34] [39] 聂文娟 . 群体情感与集体身份认同的建构 [J]. 外交评论 (外交学院学报), 2011(4):83-95.

[35] 王丽萍 . 政治心理学 : 一门学科 , 一种资源 [M]. 北京 : 北京大学出版社 ,2022.

[36] Wiśniewska-Drewniak M, Lowry J, Kravchenko N. "Maybe in a few years I'll be able to look at it": A preliminary study of documentary issues in the Ukrainian refugee experience[J]. Archival Science,2023(2):247–273.

[37] 赵静蓉 . 文化记忆与身份认同 [M]. 北京 : 生活·读书·新知三联书店 ,2015:10.

[38] Schreiner M, de los Reyes C.Social practice artists in the archive: Collaborative strategies for documentation[J].Urban Library Journal, 2016(2):1-8.

[40] Danner,Beatrice,Meg,et al.Running from the demon: Culturally specific group therapy for depression among women in a family medicine residency clinic[J]. Women & Therapy,2007(30):151-176.

[41] 马丁·佩恩 . 叙事疗法 [M]. 曾立芳 , 译 . 北京 : 中国轻工业出版社 ,2012:102.

[42] Jason Hill.Becoming a cosmopolitan:What it means to be a human in the new millennium[M]. Lanham :Rowman & Littlefield Publishers,2011:5.

[43] 维克托·迈尔 – 舍恩伯格 . 删除 : 大数据取舍之道 [M]. 袁杰 , 译 . 杭州 : 浙江人民出版社 ,2013:3.

[45] Gaertner S L,Dovidio J F,Anastasio P A,et al.The common ingroup identity model:Recategorization and the reduction of intergroup bias[J].European Review of Social Psychology,1993(1):1–26.

[46] 管健 , 方航 . 铸牢中华民族共同体意识的结构面向与心理路径 [J]. 西北民族研究 , 2020(4):17–21.

《档案法实施条例》与《保守国家秘密法》引领下的档案保密责任制建设

马管[1]　李少华[2]

1 湖州学院

2 常州市中级人民法院

摘要： 在当今信息化高速发展的时代背景下，确保国家秘密的安全与档案信息的妥善管理显得尤为重要。新修订的《中华人民共和国档案法实施条例》与《中华人民共和国保守国家秘密法》作为我国档案管理和保密工作的法律基石，为档案保密工作提供了坚实的法律依据和制度框架。本文旨在探讨在上述两部法律法规修订背景下，加强对档案保密责任制的建设，以期达到保护国家信息安全和档案秘密的目的。

关键词： 档案法实施条例；保守国家秘密法；档案保密责任制

0 引言

档案作为历史记忆的载体和国家治理的重要资源，其价值不言而喻。更关键的是，档案中往往包含大量敏感信息，直接关系到国家的政治安全、经济安全、科技安全乃至文化安全。而随着当前信息技术的迅猛发展，档案信息的收集、存储、保管和利用方式发生了深刻变革[1]，这都给档案保密工作提出更高的要求。在此背景下，加快构建档案保密责任制显得尤为紧迫，这不仅是为应对信息时代新挑战，也是深化依法治国实践、强化国家秘密安全和档案管理法治化建设的必然选择。

2024 年 3 月 1 日，新修订的《中华人民共和国档案法实施条例》（以下简称《实施条例》）开始正式施行。[2]《实施条例》着眼于新时代档案事业创新发展，内容涉及档案收集、保管、开放利用和信息化等各个方面，进一步细化了档案管理的具体要求，强调了档案的安全保管与有效利用，为档案保密责任制的建设指明了方向，是对档案事业发展作出的新制度安排。[3]《中华人民共和国保守国家秘密法》（以下简称《保密法》）自 1988 年颁布以来，经过多次修订，最新修订版本于 2024 年 5 月 1 日起施行，是我国保密领域的基础性、综合性法律，其保密范围与内涵更为广泛深邃，明确了保密工作的基本原则、范围、责任与处罚措施，对维护国家安全利益有着重要意义 [4][5]，也为档案保密工作提供了坚实的法律基础。这两部法律法规文件相互支撑，共同构成了我国档案保密责任制的法律框架。

1 档案保密责任制的法律依据与实践框架

如果说档案安全是档案工作的红线和底线 [6]，那么档案保密则是档案信息安全的坚固防线。要构筑这条防线，档案保密责任制理应扮演不可或缺的角色，其法律基础根植于《实施条例》与《保密法》的明确规定之中（如图 1 所示）。

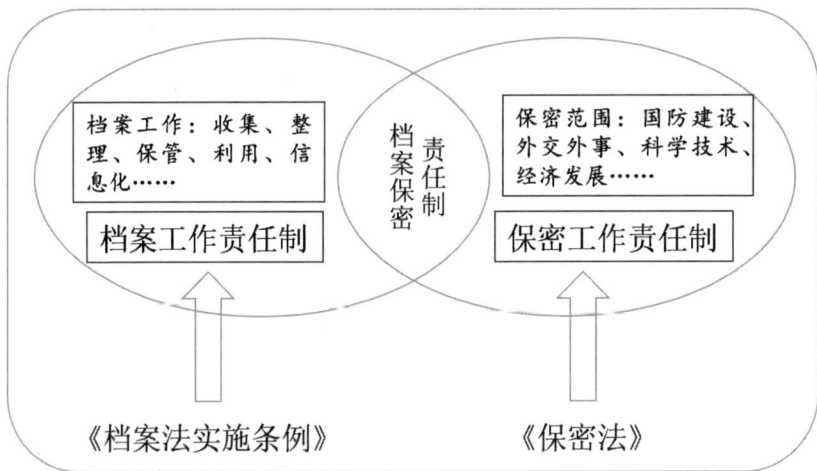

图 1　档案保密责任制法律依据

《实施条例》第十八条清晰划定了档案形成主体的责任范畴，要求"按照国家规定应当形成档案的机关、团体、企业事业单位和其他组织，应当建立档案工作责任制"[7]。该条规定不仅明确了档案工作组织结构与职责分配的必要性，还着重强调了从领导到基层执行层面的档案安全管理的责任归属。紧接着，《保密法》第八条进一步巩固了这一责任体系，规定"机关、单位应当实行保密工作责任制"[8]，确保保密机制的实体化运作。这涵盖了保密工作机构的设立、专责人员的指定、保密管理制度的完善以及保密教育的常态化开展等方面。

通过法律规范的刚性要求，将档案保密责任具体化、层级化，覆盖到每一个涉及档案保密工作的组织和个体单元。需要注意的是，档案保密责任制不仅是一项法律要求和义务，更可作为日常档案保密工作的行动指南，确保信息时代国家安全与利益的实践导向。它要求将法律法规的宏观要求细化为可操作的流程与规范，将责任层层分解，精确到每个岗位与个人，确保在档案的收集、整理、保管、利用等全生命周期中，保密措施得到不折不扣的执行。实践中，档案机构或指定的档案保密负责人可作为档案保密工作的核心[9]，同时与其他管理实体如人事组织、信息技术等部门紧密协作，负责制定、指导和监督执行档案保密政策，共同推进档案保密政策的制定、执行与监督，在协同机制的调节下各方能够适时且有效地传达意愿、行使权力、履行职责，确保档案保密措施渗透到组织的各个方面，形成合力。

2 组织架构设计

针对档案这一特殊对象，档案保密责任制的组织架构与责任主体构建需将保密对象的普遍性和档案的特殊性紧密结合起来。《保密法》第五至七条确立了保密义务的普遍性，尤其强调"国家机关和涉及国家秘密的单位管理本机关和本单位的保密工作"，换言之，涉密机关和单位在保密工作中处于主体位置。由此可推出档案保密责任制的涉及主体——一个立体化、多维度的责任体系对于确保档案保密工作的全面覆盖与深度执行至关重要[10]，这一体系应超越传统界限，将更多的主体要素纳入进来。

多维组织架构确保了档案保密工作的全面性和深入性，具体体现在以下几个关键层面：

（1）党委和政府，居于档案保密责任制的中枢位置，承担宏观层面的规划与监督之重任。党委和政府不仅要对全局保密事业的长远发展进行统筹规划，还直接参与保密机构设置和人员配备，为档案保密工作的组织体系奠定坚实基础。其职责还包括指导并监督保密工作的实施，提供必要的政策导向与支持，确保保密工作的正确方向，进而为档案保密工作的顺利进行提供指引。

（2）保密主管部门，保密工作的直接管理机构，分为国家与地方两级，发挥着制定制度、指导实施与监督执行的桥梁作用。这些部门通过制定适应本行政区域实际情况的保密政策和规范，以及开展定期的检查与评估，确保保密法律法规得到严格执行，也包括对档案保密工作中存在的问题进行及时纠正和处理。

（3）涉密档案存放单位，即档案保密工作执行主体，也是保密责任的直接承载者。这些单位需根据自身业务特性和档案保密需求，细致实施档案保密管理，包括涉密档案的分类保护、流转控制以及涉密人员的管理等，确保档案保密措施融入档案工作的每一个环节。

（4）社会力量，包括非政府组织、行业协会、学术团体及普通公民等。通过参与档案保密知识的普及、提供技术支持、参与监督或提出改进建议等多种方式，为档案保密工作注入社会动能，形成政府与社会联动的保密网络，共同加固档案保密的社会基础，推动形成全民参与的保密文化。

3 构建责任体系的四个阶段

档案保密工作责任体系的构建将以档案保密单位为主体，通过明确、承担、落实与深化四个递进的阶段，从理论构建到实践操作，再到持续优化和自我驱动，环环相扣，确保保密责任在各个层面的有效实施。

3.1 明确责任体系：界定与规范

该阶段为初始阶段，核心任务是基于法律法规要求，结合单位实际情况，聚焦制度与意识两个层面，明确档案保密工作的责任边界、职责范围和具体要求，旨在构建一个清晰的责任体系框架。

首先，需细化档案保密工作的组织结构图，清晰界定各层级、各部门及岗位的保密职责，包括领导决策、管理监督、执行操作等不同层面。其次，制定详细的档案保密工作手册和规章制度，明确涉密档案的分类标准、处理流程、权限管理等，确保每项职责有据可依，各保密主体充分理解自身角色和责任。

3.2 承担责任体系：承诺与认领

明确责任后，仍需通过正式程序让各主体承担起相应的档案保密责任，主要措施包括签订档案保密协议书；举行责任认领会；建立责任公示机制，加强外部监督等。在此阶段，抽象的责任认知将转化为具体的行为承诺，保密主体需主动接纳其被赋予的职责，而不仅仅是对责任的被动接受，更是对档案保密工作责任感的内化，从而在实际行动中完成守密尽责的工作目标，强化档案保密责任的个人化和具体化，形成"我的责任我来担"的担当意识。

3.3 落实责任体系：执行与监督

落实阶段侧重于将责任承诺转化为实际行动与常态监督，建立健全档案保密监督、检查、考核和评估机制，为档案保密责任的落地提供制度保障。与此同时，实施定期的档案保密自查自评，各责任主体对照保密要求进行自我检查，发现问题及时整改。还可以建立保密监督机制，如设立保密审计小组，定期或不定期对档案管理、信息系统安全、人员行为等进行审计与检查。对于未能有效履行档案保密责任的主体，明确问责机制，确保责任追究的程序公正透明，增强制度的约束力。

3.4 深化责任体系：反馈与优化

作为档案保密工作责任体系的高级阶段，该阶段着眼于体系的改进与完善，强调档案保密主体在持续的"明责—担责"循环中不断提升自我要求。建立反馈机制，收集执行过程中遇到的问题、成功的经验和改进建议，定期或根据需要召开保密工作总结会，分析问题根源，探讨优化方案。利用大数据与人工智能等技术手段，对档案保密工作数据进行智能分析，识别风险趋势，预测潜在威胁，为决策提供数据支持[11]。通过不断的反馈循环与优化调整，深化保密意识与实践的相互促进，档案工作者不仅要完成已明确的保密职责，还需主动识别并承担起职责范围内可能未被明确指出的责任空缺，使档案保密成为每位档案工作者的自觉行动，从而形成一套完整的档案保密责任闭环机制。

4 实施路径与保障措施

4.1 上下结合，模式创新

当前档案保密工作主要为自上而下的单向管理模式，一定程度上仍存在责任关系界限模糊、主体责任落实不到位等问题。为了更好地促进档案保密工作的开展，应鼓励自下而上反馈责任落实中的困难和盲区，通过双向沟通不断优化责任分配，消除职责模糊地带。建立跨层级的信息共享和沟通平台，使得自下而上的问题反映和自上而下的指导决策能够快速、准确地传达。通过平台，基层可以及时上报执行中的问题、提出改进建议，上级则能够迅速响应，提供必要的支持和调整策略，形成快速反应机制，提高档案保密工作的灵活性和效率，两种管理模式相融合，进而弥补自上而下管理角度不全的漏洞。

4.2 内外交互，双向循环

首先，持续完善档案保密工作的法规制度，细化责任清单，确保每项保密任务、每个涉密环节都有对应的职责归属，并加强监督检查的频率和深度，确保制度执行到位，形成强有力的外部约束环境。其次，建立反馈和沟通机制，使保密人员能够就保密实践中遇到的问题、建议及时与管理层沟通，管理层也能根据反馈调整策略。最后，加强保密教育培训，不仅传授保密知识技能，更要塑造"保密即安全，保密即责任"的价值观念，将保密意识内化为每个涉密人员的职业操守。这样既能增强保密人员的参与感，又能使制度更加贴合实际，形成内在动力与外部秩序相互促进的良性循环。

4.3 策略目标，动态调整

档案保密责任制不应是一成不变的，应建立在对国家最新保密法律法规和政策导向的深入理解基础上，同时密切关注社会环境的变化和公众对信息安全的新期待，及时吸纳新的法规要求和社会关切，确保档案保密工作的合法性、有效性。此外，随着保密技术的发展和保密需求的多样化，档案保密工作中的任务类型和所需技能也在不断变化。保密主管部门应根据这些变化，适时调整相关人员的角色定位和职责范围，确保每位责任主体都能在最适合其专长的岗位上发挥作用，将相关责任主体对行动过程中的任务安排、角色定位等在不同时段的目标融合进总体计划策略，进而推动档案保密工作开展。

5 结语

　　本文在《实施条例》和《保密法》双修订的背景下，提出构建档案保密责任制，并对其内涵进行阐释，明确了档案保密责任制建设的组织架构和责任体系等，这对于指导相关涉密档案单位科学构建档案保密责任制，确保其落实到位，提升档案保密工作依法治理水平具有一定意义。

　　档案保密责任制的现代化探索与实践，是基于法律框架下的精细化管理与持续优化过程，旨在通过全方位、多层次的机制建设，构建一个既分工明确又协同高效的档案保密工作网络，确保国家档案秘密的安全无虞，进而服务于国家安全和利益的大局。

注释及参考文献

　　[1] 徐拥军,熊文景.档案治理现代化:理论内涵、价值追求和实践路径[J].档案学研究,2019(6):12-18.

　　[2] [7] 中华人民共和国中央人民政府.中华人民共和国档案法实施条例 [EB/OL].[2024-04-25].https://www.gov.cn/zhengce/zhengceku/202401/content_6928164.htm.

　　[3] 中华人民共和国司法部.司法部、国家档案局有关负责人就《中华人民共和国档案法实施条例》答记者问 [EB/OL].[2024-04-25].https://www.moj.gov.cn/pub/sfbgw/zcjd/202401/t20240125_494014.html.

　　[4] [8] 中华人民共和国中央人民政府.中华人民共和国保守国家秘密法 [EB/OL].[2024-04-28].https://www.gov.cn/yaowen/liebiao/202402/content_6934648.htm.

　　[5] 中华人民共和国中央人民政府.国家保密局负责人就《中华人民共和国保守国家秘密法》答记者问 [EB/OL].[2024-04-28].https://www.gov.cn/zhengce/202402/content_6934709.htm.

　　[6] 朱兰兰,段燕鸽.总体国家安全观下电子档案单套制风险治理研究——基于"理念—主体—行动"的三维分析框架 [J].档案管理,2022(6):31-37.

　　[9] 张佳.档案工作的机要性与保密档案的策略研究 [J].兰台内外,2018(9):75-76.

　　[10] 徐拥军,王胜广.《中华人民共和国档案法实施条例》的制度创新与优化 [EB/OL].[2024-05-25].https://mp.weixin.qq.com/s?__biz=Mzg3NzA4Mzc1NQ==&mid=2247488477&idx=1&sn=bc051ddd661d3f8c95e87f3b927f135c&chksm=cf293ed9f85eb7cfba2a868521bd680674322cb9cf96d249bf8d31703161cfb3765ccd9cbfba#rd.

　　[11] 朱学芳.图博档数字化服务融合:理论、方法、技术与实证 [M].南京:南京大学出版社,2021:33-34.

归集脱贫攻坚档案，助力乡村振兴发展

王楠　李开

成都市档案馆

摘要：脱贫攻坚档案是打赢脱贫攻坚战役的原始记录和真实写照，是真实记录和见证扶贫事业发展的宝贵财富，是衡量和检验脱贫攻坚工作成效、接续推动乡村振兴的重要依据和有效载体。本文分析总结脱贫攻坚档案在打赢脱贫攻坚战中的重要作用，提出从精细化、多样化、规范化、信息化、专业化角度入手做好档案接收整理，切实发挥出助力乡村振兴的应有之功。

关键词：脱贫攻坚；民生档案；乡村振兴；档案治理

0 引言

党的十八大以来，党中央、国务院把扶贫开发工作纳入"四个全面"战略总体布局，大力实施精准扶贫精准脱贫。在党的二十大报告中，把完成脱贫攻坚、全面建成小康社会的历史任务列为十年来具有重大现实意义和深远历史意义的三件大事之一。脱贫攻坚，是保证全体人民共享改革发展成果、实现共同富裕的重大举措，事关人民群众根本福祉，事关国家长治久安和党的执政根基，是一项具有政治性、战略性和基础性的重大工程。在扶贫工作实施进程中，需要在全面核查、识别贫困户、贫困人口的基础上建档立卡，逐户分析，从而真正弄清贫困程度、原因，为开准治贫脱困"方子"、防止返贫致贫打好基础。做好脱贫攻坚档案的接收整理工作，建立健全一套规范的脱贫攻坚档案体系，具有重要的现实意义。

1 脱贫攻坚档案作用定位

档案与人类文明的产生及发展相伴，并随着社会文明程度的提高和对档案利用需求的增长，越来越深入地渗透到人类活动的方方面面，并以其历史再现性、知识性、信息性、政治性、文化性、社会性、教育性、价值性等诸多属性，在资政辅政、利民惠民、推动经济、反腐维稳等工作中发挥着重要价值。脱贫攻坚档案，可以理解为在脱贫攻坚工作中形成的，对国家、社会有保存价值的文字、图表、音像、电子数据等各种形式和载体的记录，不仅是完整记录县、乡、村脱贫攻坚全过程的第一手资料，也是消除贫困改善民生的历史见证，是今后工作总结、查考利用的重要依据，更是接续推动巩固拓展脱贫攻坚成果同乡村振兴有效衔接的重要前提和支撑。

1.1 "号脉" —— 科学定位新目标

做好建档立卡工作，能够为科学高效开展脱贫致富工作打好基础、找到良药。2017 年，时任国家档案局局长李明华在河南省精准扶贫档案工作现场会上指出"管好用好精准扶贫档案是我们义不容辞的光荣职责，也是我们服务精准扶贫的基本途径"[1]。成都市精准扶贫工作启动后，档案馆领导带队深入简阳、大邑、邛崃等地的扶贫村调研，走访贫困户，了解精准扶贫工作中产生的档案资料门类、分布等情况，以档案智慧为推进扶贫工作找准目标和方向，得到市委领导"成都市档案馆主动服务市委、市府中心工作，政治敏感性强，服务意识好"的肯定。

1.2 "开方" —— 精准建立新机制

建立健全扶贫档案，能够更好地发挥档案和档案工作的基础性、支撑性作用，有的放矢地针对贫困村和贫困人口特点，制定出切实可行的脱贫对策。为规范管理扶贫工作过程中形成的档案，确保归档材料完整、准确和安全，各级国家综合档案馆强化全局意识、协作意识，出台做好城乡脱贫攻坚档案工作的一系列办法、意见，做好精准扶贫档案工作的统筹规划、业务管理和监督指导，推动档案法规制度在精准扶贫工作中得到贯彻落实，以档案智慧为扶贫脱困开出良方。

1.3 "造血" —— 助力激发新动能

加强对扶贫档案的动态管理和开发利用，能够让档案成为精准开展脱贫攻坚的"参照系"，既辅助深入挖掘致贫原因，又为扶贫对策调整提供决策依据。各级国家综合档案馆主动进入脱贫攻坚主战场第一线，加强对交通、水利、住房、电力、移民、生态建设等精准扶贫项目档案的督导。针对扶贫村和贫困人口情况不同、致贫原因不同，并充分考虑未脱贫户、拟脱贫户、已脱贫户的动态变化，做好精准实施、减贫退出全过程中形成的档案工作，为党委、政府科学决策提供支持，更从扶志、扶智、扶技方面创造"造血"力量。

2 脱贫攻坚档案管理路径

脱贫攻坚千头万绪，档案资料既是各项工作的入口，也是今后考核验收的依据。脱贫攻坚档案管理，是一项重要的政治任务，关系民生大计，关系社会长远发展。必须以钉钉子的精神、绣花针的功夫，确保记录脱贫攻坚这项伟大事业的档案资料完整准确、真实可信、安全可靠，经得起历史检验。

2.1 建档立卡"精细化"

建档立卡，工作人员必须深入一线，点面结合做好筛选、登记、归类等工作，避免出现错报、漏报。在扶贫工程档案管理上，加强对产业扶贫、新村扶贫、生态扶贫、教育扶贫、医疗卫生扶贫、文化惠民扶贫、社会保障扶贫、财政金融扶贫等扶贫工程档案的指导，真实反映扶贫攻坚历程，为脱贫攻坚工作考核评价提供原始记录。

2.2 档案归集"多样化"

围绕"六个精准"，在完善贫困村、贫困人口档案的同时，按照综合文件类、项目管理管理类、特殊载体类，逐步对政府、部门、企业涉及扶贫工作的文书、纸质资料、声像资料、电子文件、光盘等档案进行归集整理，努力做到建档工作全覆盖，确保就业、助学、医疗救助、社保兜底、灾后重建等工作中形成的各种门类和载体的民生档案齐全完整。推进脱贫攻坚项目档案监管工作，进一步强化脱贫攻坚项目档案登记管理和专项验收，保障项目建设成为阳光工程、廉洁工程。

2.3 管理机制"规范化"

深入开展扶贫档案管理工作，需要一系列的制度规则予以规范。在贯彻国家档案局与国务院扶贫办联合印发的《关于做好精准扶贫档案工作的意见》《扶贫档案管理办法》外，针对脱贫攻坚工作参与部门多、涉及面广、民生项目多、档案形成量大的特点，密切部门间的协作配合，联合制发本级行政执法区域的规范性文件，以实事求是的精神记录脱贫攻坚，推动档案法治建设在精准扶贫工作中得到落实。

2.4 利用服务"信息化"

扶贫档案具有内容多、种类多、纸质件多"三多"特点，不易保存和查阅利用，而信息化建设能有效解决这一难题。大力推进基层数字档案室建设，构建全市档案公共服务网络，推进档案资源社会共享和信息服务功能。建立档案远程查询和共享服务工作机制，为查阅利用民生档案提供便捷。努力与教育、交通、文化、医疗、公安、民政、财政等部门进行信息联结和共享，推动民生档案和扶贫信息的有效安全管理、深度开发利用。

2.5 人才支撑"专业化"

脱贫攻坚档案要在记录进程、见证伟业、利民惠民上取得实实在在的效果，档案工作人员是关键因素。针对参与精准扶贫工作的绝大部分一线档案员都是兼职人员的实际，下移工作重心，把更多的关怀投向基层，开展专题培训、召开现场会，通过理论学习、现场观摩、实践操作和座谈交流，进一步振奋精神、明确职责、规范标准、增强信心。在工作进程中，注重提高档案人员的专业化、标准化水平，不断拓宽每个扶贫档案工作人员的档案知识面和思路，为建立健全脱贫攻坚档案体系提供有力的智力支持。

3 脱贫攻坚档案助力乡村振兴的思考

习近平总书记在党的二十大报告中指出，我们经过接续奋斗，实现了小康这个中华民族的千年梦想，我国发展站在了更高历史起点上。我们坚持精准扶贫、尽锐出战，打赢了人类历史上规模最大的脱贫攻坚战，近一亿农村贫困人口实现脱贫。同时，总书记也强调，要切实做好巩固拓展脱贫攻坚成果同乡村振兴有效衔接各项工作，让脱贫基础更加稳固、成效更可持续。

脱贫攻坚与乡村振兴同属于党和国家的工作重心，具有共同的理论渊源，同为我国农村工作的实践要求，二者之间具有天然的内在契合性。[2]目前，脱贫攻坚取得全面胜利，为实现乡村振兴奠定了坚实基础。国家档案局明确要求，做好脱贫攻坚档案的归集工作，高质量推动乡村振兴。

3.1 "三个强化"重民利民

一是强化档案依法管理。完善推动建立县、乡（镇）、村三级密切配合长效工作机制，鼓励有条件地区建立乡（镇）档案馆，有需要的地方实行"村档乡（镇）代管"模式。[3] 重点加强脱贫攻坚进程中形成的重大行政决策、重要会议、重大活动、重点建设项目、民主管理、基层自治等档案的法治化管理能力和水平，为防止返贫监测和深化帮扶机制提供基础性和支撑性作用，助推农村经济、文化、教育、生态、产业等多元振兴。二是强化数字档案馆（室）建设。做到线下档案收集归档与数字档案馆（室）建设同步推动，加快推进乡村数字档案资源聚集，更好地满足不同层次、不同类型、不同内容的用档需求，以脱贫攻坚档案大数据推动农村经济社会发展。以四川省凉山州为例，凉山是全国脱贫攻坚的主战场之一，凉山脱贫攻坚写就了中国扶贫故事的生动一页，凉山脱贫攻坚档案是中国反贫困的生动写照。在国家档案局的帮扶支持下，凉山州开展了成效明显的脱贫攻坚档案数字化工作。[4] 三是强化基层档案人员培养。建立脱贫档案人员上下联系制度，促进各社区（村）档案人员系统掌握村级档案全生命周期管理的业务技能，着力提高独立操作能力，为今后各项工作的开展提供便利。2023 年 5 月，神十六航天员桂海潮"一飞冲天"，使档案人倍受激励。桂海潮出生在云南省保山市施甸县姚关镇，施甸县在 2020 年才摘掉"贫困县"的帽子，走向全面小康。从一个穷娃娃到"中国首位戴眼镜的航天员"，桂海潮的成长，离不开国家对贫困地区教育的大力扶持，也从一个侧面体现出教育精准建档的重要和必要。

3.2 "三个深化"为民惠民

一是深化档案归集整理。以实施"新时代新成就国家记忆工程"为抓手，以"政策推动、部门联动、社会发动、个人主动"为途径，既归集脱贫攻坚全部档案，又注重脱贫攻坚成果巩固档案与乡村振兴战略实施中新生成档案的有效衔接。二是深化档案鉴定开放。围绕乡村振兴中群众最关心、最直接、最现实的切身利益问题，积极审慎做好脱贫攻坚档案鉴定开放和开发利用工作，以档为凭维护农民权益，推动产业发展，助力乡村振兴。三是深化档案资源共享。做好档案信息资源共建共享，推进"互联网＋政务服务"

模式下的脱贫攻坚档案信息社会共享和远程服务，以数字档案力量推动乡村振兴"智"理。

3.3 "三个优化"便民亲民

一是优化查档模式。坚持将档案价值体现在为民所需、为民所用上，帮助解决婚姻、工龄、住房、社保等切身利益问题，提升档案服务品质。二是优化资政模式。挖掘脱贫攻坚、生态文明、民生保障、红色历史等档案资源，通过编报各类参考做好资政辅政工作，为党委、政府决策提供翔实完备的档案信息，促进农业全面升级、农村全面进步、农民全面发展。三是优化育人模式。发挥档案馆爱国主义教育基地作用，以档案故事展现中国力量、中国精神、中国效率，增强村振兴的文化自信和文化自觉。加大档案馆"自媒体宣传矩阵"建设，唱响乡村振兴中的档案"声部"，以档案文化激发全社会积极投身乡村振兴一线的动力。

4 结语

巩固拓展脱贫成果有效衔接乡村振兴是必然的、艰巨的和长期的工作，也是十分重要和紧迫的工作。[5] 围绕乡村振兴战略，档案人必将以极端负责的态度和科学严谨的作风，加强脱贫攻坚档案的接收整理和保管利用，巩固拓展脱贫攻坚档案开发利用成效，为接力推进乡村振兴战略提供档案信息服务，记录好历史、服务好当下、指导好未来。

注释及参考文献

[1] 李明华在河南省精准扶贫档案工作现场会上的讲话 [N]. 中国档案报，2017-08-14(2).

[2] 王文茹. 脱贫攻坚与乡村振兴有效衔接路径探究 [J]. 郑州轻工业学院学报，2021(2):70-75.

[3] 国家档案局. 中办国办印发《"十四五"全国档案事业发展规划》[EB/OL].[2021-07-27].https://www.saac.gov.cn/daj/toutiao/202106/ecca2de5bce44a0eb55c890762868683.shtml.

[4] 全国政协委员达久木甲建议：用好脱贫攻坚档案 扎实推进乡村振兴 [N]. 中国档

案报 ,2022-03-10(1).

[5] 郭芳华 . 巩固拓展脱贫攻坚成果有效衔接乡村振兴分析 [J]. 中文科技期刊数据库 (全文版) 社会科学 ,2023(3):9-12.

新时期档案事业发展路径

——基于"两会"档案倡议的调研分析

曹宇　杨斐越

辽宁大学信息资源管理学院

摘要：我国档案事业发展坚持"人民立场"，人民需求决定并深刻影响着档案事业发展方向。两会是民意通达的重要渠道，是档案部门获取公众需求、了解群众心声的重要途径。以近五年来两会中关于档案的倡议提案为研究对象，利用扎根理论方法提取公众档案需求，构建出两会档案倡议中所反映的公众档案需求模型，从依托民生档案共享、发挥档案文化禀赋、协调新兴技术应用、彰显档案服务理念四个方面为档案事业发展提供思路，助力新时代档案事业高质量发展。

关键词：档案倡议；两会；档案事业

0 引言

2021年，习近平总书记对档案工作作出重要批示，要求档案部门更好地服务党和国家工作大局、服务人民群众。[1]"坚持档案工作为了人民、依靠人民"[2]要求档案工作者知悉公众档案需求，承担"为民服务"重要使命。中华人民共和国全国人民代表大会和中国人民政治协商会议（下文简称"两会"）作为民意通达的重要渠道，意义在于"将两会代表从人民中得来的信息和要求进行收集及整理，传达给党中央"[3]，两会中关于档案的倡议提案层出不穷。调查两会中的档案倡议可为档案工作指明重点，也可为档案民意征集工作提供新思路。基于此，本文拟从近五年来（2019年至2023年）两会档案倡议中挖掘档案需求，通过掌握公众对档案的诉求帮助档案部门以公众需求为导向开展档案工作，为档案事业发展提供重要路径参考。

本文将以扎根理论为研究方法对调查数据进行抽象化处理和分析，分设

"倡议视角、关注角度、具体提案"为开放式编码、主轴编码和选择式编码，帮助分析具体提案内容；以"人大代表提出的档案倡议"为研究对象、《中国档案报》中"专题报道"栏目和档案类微信公众号为数据来源，对两会中的档案倡议进行筛选整合，全面收集并统计近五年内两会中人大代表关于档案的倡议提案，共计 101 条。将两会档案倡议分为倡议主体和倡议内容，宏观角度把控倡议主体与倡议内容的关系，分析倡议内容的可行性以及与实际工作的契合性，有助于档案部门聚焦不同社会群体对档案工作的关注点，再从微观层面分别挖掘公众档案需求，为档案工作提供行动指南。

1 "两会"档案倡议主体分析

借"社会力量与倡导对象"交叉关系的探讨[4]，将倡议主体分为党政机关（82%）和社会力量（18%），其中党政机关包括档案专业政府机构（2%）和非档案专业政府机构（16%），社会力量则涵盖文化机构社会力量（30%）和非文化机构社会力量的企业（27%）、事业单位（14%）、个人（3%）及其他社会团体（8%）。倡议主体来源广泛，具有多元性、社会性。

调查结果显示：第一，社会力量的提案数量远超党政机关群体，且文化机构社会力量和企业提案更多。社会力量的提案数量较多反映出社会大众对档案服务社会的需求日益高涨，档案工作水平更高地解决公众日常生活所需。文化机构收集、保管和提供利用各类型档案是充分发挥档案文化性质的有力证明，体现了档案的文化属性。因此文化机构档案倡议数量较大，档案需求清晰明确。第二，"文化机构社会力量和企业"比"事业单位、个人及其他社会团体"更关注档案工作的影响，倡议数量居多。档案在企业运营中发挥着重要情报价值、维权价值和营销价值，如企业利用档案资料维护自身合法权益等，因此企业倡议数量占比突出，档案需求类型多元。

挖掘各倡议主体的身份背景，探讨其身份背景与其所提出的倡议内容之间存在的关联，有助于了解个体对自身所归属的某个社会群体的认知情况。这在一定程度上体现了个体代表集体观念反映社会现实的自我知觉水平。调研结果显示，倡议主体身份背景与倡议内容关联度极高。近七成倡议者从其社会身份出发提出档案倡议、反映自身所处群体的集体观念；而近三成倡议者以公众视角发声，倡议内容与本人所处行业、工作领域和职业职责不相关。

2 "两会"档案倡议主题分析

2.1 内容角度探索公众关注视角

2.1.1 档案惠及群众

第一，健康为基：关注健康档案，以民生为重。健康是衡量社会发展水平的重要标志。人民持续关注健康档案，从三个方面提出倡议：一是提议加强宏观把控，实现健康档案规范管理。针对健康档案管理部门提出倡议，要求关注病历档案细节管理，或可由国家卫健委牵头统筹规划。二是提议建立电子健康档案，满足信息跨区域共享需求。人大代表反复强调电子健康档案的建立，重视档案信息共享实现便民利民之效，助力"健康中国"建构。三是提议心理健康档案采集，重视心理健康关注重大民生问题。建议针对不同主体建立心理健康档案，包括青少年儿童、大学生这类普通学生群体和孕产妇、留守儿童这类特殊关注群体，协助心理健康和精神卫生系统工程推进。具体倡议内容如图 1 所示。

选择编码	主轴编码	开放编码	选择编码	主轴编码	开放编码
健康档案	健康档案管理	病历数据管理	信用档案	行业信用档案	违纪违规媒体档案
		病历档案管理			环境损害司法鉴定行业诚信档案
	电子健康档案	个人电子"健康档案柜"			工程档案行业造假
		个人电子健康档案			医疗行业诚信档案
		个人电子健康档案			市场主体诚信档案
		电子慢病专病档案			食品监管信用档案
		青少年视力健康电子档案		个人信用档案	一体化个人征信档案
	心理健康档案	"一生一策"心理健康档案			公民个人信用档案信息库

（续表）

选择编码	主轴编码	开放编码	选择编码	主轴编码	开放编码
		孕产妇心理健康档案			个人信用完整档案
		学生心理健康档案			志愿服务社会信用系统
		青少年心理健康档案		特殊人员信用档案	护工护理人员信用档案
		留守儿童心理健康档案			老年介护从业者信用档案
					失信被执行人信用档案
					公费师范生诚信档案
					民企员工电子信用档案
					民企员工人才信用档案

图 1 倡议内容中重点关注档案类型建构表

第二，诚信为本：关注诚信档案，以道德为尺。社会公众高度重视信用档案，期待以"良好的信用关系增强社会的凝聚力和向心力"[5]营造诚信有序的社会经济氛围。根据本次调查，人民群众对信用档案的关注点：一是对行业信用档案建立提出倡议。要求充分发挥档案凭证价值打击行业乱象，净化社会生产生活，如网络环境、医疗卫生、食品监管等。二是对个人信用档案提出倡议。要求建立个人信用档案并达成信用数据共享，避免异地失信行为。三是对特殊人员信用档案提出倡议。要求对诚信需求突出的特殊工种从业人员实施信用监管，如老年介护从业者、民企员工等。

2.1.2 档案依托技术

第一，归档建库与档案数据共享：档案情报价值更加凸显。人大代表主要对民生档案、行政档案、历史档案、文化艺术档案的档案收集与共享提出倡议，倡导有关部门重视档案信息收集和档案数据共享，档案现实价值更加鲜明。第二，档案信息化建设：档案保存价值更加开阔。档案信息化需要"信息、技术和应用场景等多方面融合协调，充分挖掘数据价值，实现从'数字'走向'数智'直到'数治'"[6]。两会倡导中，人民群众重点关注"档案数字化"和"档案依托技术"，建议通过档案数字化实现实体档案云端共享，助力打造"中国村"以及将大数据、区块链和人工智能等新兴技术引入档案工作中，实现档案事业现代化。

2.1.3 档案服务社会

第一，档案赋能社会：档案利用价值更加强劲。人大代表倡导档案部门有意识地培育引导社会档案需求，在政务工作中合理收集、整理、利用档案信息，打造新型政务服务模式。第二，档案法制建设：档案凭证价值更加有力。人大代表持续关注档案法制建设，包括档案凭证价值认定等一系列立法支撑、依法治档、档案监管问题。第三，档案文化传承与档案教育实践：档案文化价值更加丰盛。两会中，人大代表不仅关注到健康档案、信用档案此类现实档案需求，也关注到了文化延续问题——文化保护工作、非遗传承问题和档案记忆构建，也提倡将档案融入教育实践，全方位培养新一代树立正确价值观念。

2.2 时间维度追溯公众关注热度

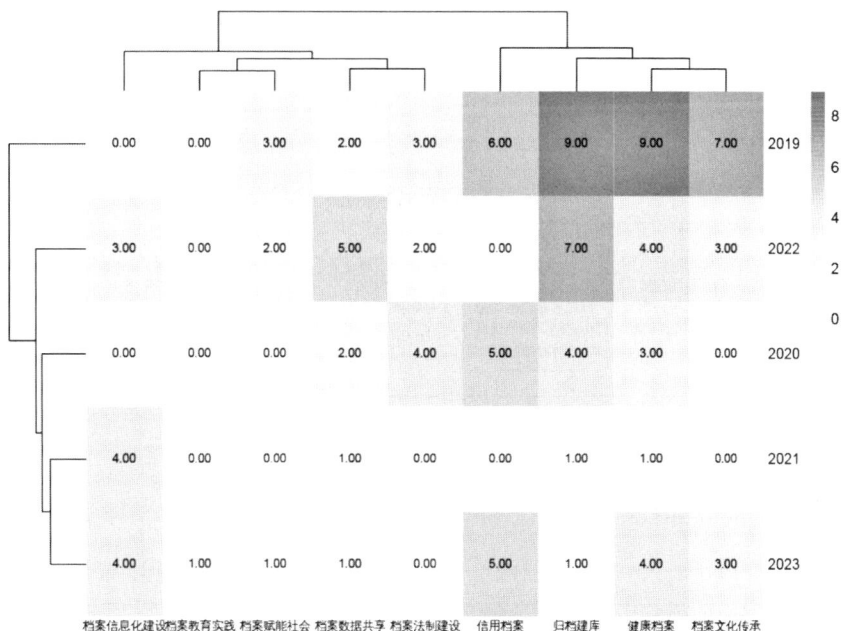

图2 近五年内不同年份关注侧重热图

据图 2 所示，从横向看，五年内关于归档建库的议案数量最多，关注度最高。要求档案工作者进一步落实与拓展档案收集与整理工作，借现代信息技术打造档案数据库，实现档案数据共享；从纵向看，2019 年议案数量最多并逐年递减；前两年更多关注归档建库和健康档案问题，后两年则强调档案信息化建设和信用档案的建立与规范。该数据表明，单纯归档建库已然无法满足大数据时代数据共享需求，因此社会各界逐渐由档案收集归档转而关注收集归档后的数据共享等一系列档案信息化问题，关注重心迁移符合事件发生的因果关系。

3 "两会"档案倡议反映公众档案需求模型阐述

基于编码结果，本文构建两会中档案倡议反映公众档案需求模型，具体见图 3。研究结果显示，公众档案需求核心主要有档案数据共享和档案赋能社会两种，健康档案、信用档案、档案信息化建设、档案法制建设、档案文化传承和档案教育实践都属于公众档案需求的一部分。结果表明，只有从不同角度满足公众档案需求，针对公众档案需求提供档案服务，档案事业才能更加掷地有声地走出档案事业高质量发展之路，并有望逐渐形成中国式档案利用现代化格局。

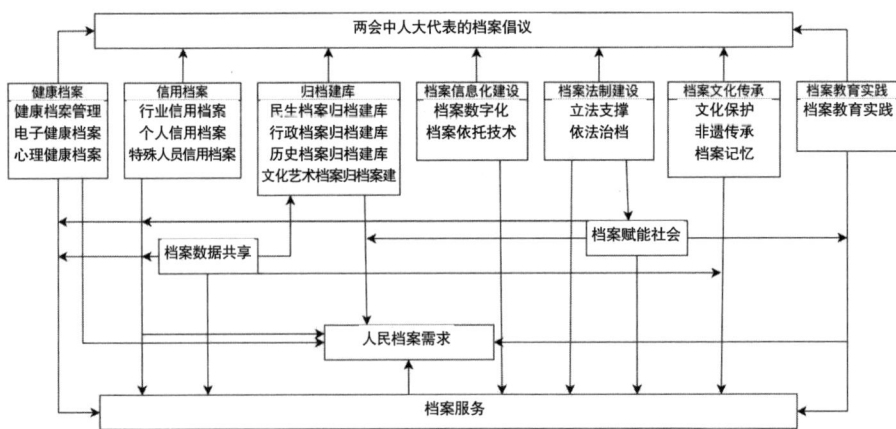

图 3　档案倡议反映公众档案需求模型

4 两会档案倡议赋能档案事业的发展方向

档案事业追求高质量发展，应坚持党的统一领导、坚定档案开发利用工作正确方向，并在此基础上加强档案意见征集，加深中国式档案事业现代化的建构与发展。因此，推进档案事业高质量发展，使档案工作在中国式现代化建设中奋发有为，要求档案部门"坚持政治统领、舆论导向、管理规范、高效推进"[7]，要求档案工作者善用民意调查传家宝，坚持为党管档、为民服务神圣使命。

4.1 依托民生档案共享，深用档案力量服务档案治理现代化

新时代数字化、智能化发展迅速，人民群众越来越重视民生档案的现实价值，对民生档案共享提出新期待。目前我国各地区已建设或正在建设有区域性民生档案数据库（如长三角民生档案区域共享），但均侧重于地区内部档案部门间的数据资源整合，未充分实现互联互通。2021年中办国办印发《"十四五"全国档案事业发展规划》，提出"建设好覆盖人民群众的档案资源体系和方便人民群众的档案利用体系，提高人民群众满意度"[8]的工作原则，要求"依托全国档案查询利用服务平台建立更加便捷的档案信息资源共享联动新机制"[9]。群众有呼声，国家有要求。因此，档案部门要牢固树立"以人为本"的价值取向，以公众需求为导向，建设和完善惠及群众的民生档案共享机制，正视民生档案的现实价值，加大民生档案跨馆利用服务力度，充分实现民生档案共享利用，深用档案力量服务档案治理现代化。

4.2 发挥档案文化禀赋，深耕文化土壤激发档案文化服务效能

发挥档案文化禀赋，深耕文化土壤激发档案文化服务效能，是增强文化自信、建设文化强国的必然之举。人大代表关注文化保护工作、非遗传承问题和档案记忆构建等社会现象，表明公众档案意识由文化自在向文化自觉转变。2021年新颁布的《档案法》提倡档案馆发挥"文化宣教功能"[10]，要求档案部门将档案文化建设看作一项长期性、基础性的工作来推进。因此，档案部门应充分发挥档案文化禀赋，提高文化服务站位，拓展档案文化服务范围，以此来满足人民群众日益增长的档案文化需求和国家宣传思想文化的工作要求。

4.3 协调新兴技术应用，平衡技术与档案事业发展新需求

数字化，为档案工作者赋予新担当。2021 年，《"十四五"全国档案事业发展规划》强调"加快推进档案信息化建设，引领档案管理现代化"[11]，要求档案工作者积极探索知识管理、人工智能和数字人文等新兴技术在档案信息化建设中的深层利用。社会公众对"依托技术实现档案工作智能化"提出明确要求，希望在强化对不同类型档案收集与整理工作的基础上，实现档案数字化采集与管理。这就要求档案工作者科学合理地依托新兴技术进行档案管理，把控好技术与档案事业发展需求之间的平衡，提高公众档案利用便捷度和高效性。

4.4 彰显档案服务理念，书写档案事业高质量发展新篇章

人民是档案内容的书写者，也是档案价值的受益者。《"十四五"全国档案事业发展规划》提出"贯彻以人民为中心的发展思想，坚持档案工作为了人民、依靠人民"[12]的总体要求。"互联网＋"背景下，人民群众对查档范围、查档效率以及查档便捷度的需求日益高涨。但由于档案信息资源的共享度不高，导致社会公众无法有效利用档案信息解决生产生活中的实际需求。社会公众高度关注档案在现实生活中的实际效用，要求档案部门彰显服务理念，围绕人民群众的"急难愁盼"问题提升档案利用服务效能，满足人民群众对档案工作的新期待，以档案事业高质量发展的新成绩提升群众幸福感。

注释及参考文献

[1] 陆国强 . 新时代档案事业高质量发展的根本遵循 [EB/OL].[2023-05-21].http://chinaarchives.cn/home/category/detail/id/36799.html.

[2] [8] [9] [11] [12] 中华人民共和国国家档案局 .《"十四五"全国档案事业发展规划》[EB/OL].[2023-05-21].https://www.saac.gov.cn/daj/toutiao/202106/ecca2de5bce44a0eb55c890762868683.shtml.

[3] 人民网 .2013《人民日报》两会报道特色分析 [EB/OL].[2023-05-21].http://media.people.com.cn/n/2014/0526/c192374-25064740.html.

[4] 黄霄羽 , 管清潆 . 档案事业的新目标 : 档案倡导——基于《"十四五"全国档案事业发展规划》的解读 [J]. 档案与建设 ,2022(1):6-10.

[5] 新华网 . 为决胜全面建成小康社会夯实全民健康之基 [EB/OL].[2023-06-04].http://www.xinhuanet.com/politics/2020-09/25/c_1126539183.htm.

[6] 谌志黔 . 以档案信息化建设推进档案工作现代化 [J]. 档案记忆 ,2023(5):48-49.

[7] 张延军 . 统一思想 凝聚力量 奋力开创新时代档案事业高质量发展新局面 [J]. 陕西档案 ,2023(4):16-17.

[10] 中国档案报 . 深入贯彻落实新修订的档案法 不断推进档案事业新发展 [EB/OL].[2023-12-04].http://www.yueyang.gov.cn/daj/6630/30097/content_1734611.html.

论档案法治化背景下
档案合规管理体系及其建设路径

彭彦强 [1,2]　邓玉淳 [1]
1 华东政法大学政府管理学院
2 华东政法大学上海档案事业发展研究中心

摘要：档案合规管理体系建设是落实依法治档的基本途径，档案合规管理体系建设的实质是各级各类组织将档案相关的法律、法规、部门规章和国家有关方针政策，不断内化到档案形成、管理和服务的各个环节，并转化为该组织机构具体的管理制度和操作规程的过程；档案合规管理体系中的环境要素、组织要素、制度要素和机制要素相互关联、相互支撑，形成一个综合的、系统的管理框架。全面推进档案合规管理体系建设需要国家档案主管部门加强顶层设计，制定出台《档案合规管理体系建设指南》，各级档案主管部门和组织机构应结合自身实际制定具体的档案合规管理实施方案，建立对各类组织档案合规管理体系建设的督促指导机制，为各类组织建设档案合规管理体系提供政策支持，全面推动档案合规管理认证制度建设。

关键词：依法治档；档案合规；合规管理

0 引言

习近平总书记在浙江工作时指出，档案工作是一项非常重要的工作，主要是因为档案工作是一项基础性工作，经验得以总结，规律得以认识，历史得以延续，各项事业得以发展，都离不开档案。档案工作走向依法治理、走向开放、走向现代化是习近平同志对档案事业提出的基本发展方向，其中依法治理是档案事业高质量发展的基本保障，只有通过依法治理才能从根本上保障档案管理工作的规范化、标准化，而档案依法治理必然要求完善档案合规管理体系建设，不断推进档案管理工作的规范化、标准化。

1 档案合规管理体系建设是落实依法治档的基本途径

习近平总书记指出，档案工作存史资政育人，是一项利国利民、惠及千秋万代的崇高事业。档案作为记录和传承历史、文化、知识的重要载体，在新时代肩负着举足轻重的责任。为促进档案事业的更高质量发展，我国于2020年6月新修订通过了《档案法》，并于2021年1月1日正式实施，为档案事业的创新发展奠定了坚实的法律基础。[1]

新修订的《档案法》在原有的基础上进行了诸多改进和完善，更加注重对档案工作的全面、科学、精准保障。该法不仅明确了档案工作的基本原则、任务和目标，还规定了档案管理的具体要求、档案保护的具体措施以及档案利用的具体途径等。这些规定使得档案工作更加规范化、制度化，为档案事业的长远发展提供了有力保障。为了进一步确保《档案法》的有效实施，我国在2024年1月对原有的《档案法实施办法》进行了修改，并更名为《档案法实施条例》。这一修改不仅是对《档案法》的进一步细化，更是对档案工作实践经验的总结和提炼。《档案法实施条例》更加具体地规定了档案工作的操作流程、管理要求以及监督措施等，使得档案工作在实际操作中更具可操作性、可监督性。

法律法规的及时修订，为新时代档案事业的创新发展提供了前提。一方面，这些法律法规的出台为档案工作提供了更加明确的指导和规范，使得档案工作能够在法治的轨道上稳步推进；另一方面，这些法律法规的实施也为档案事业的创新提供了强大的动力和支持，激发了档案工作者的积极性和创造力。

法律的生命在于实施，这是法治社会的基本原则。同样地，法律的权威也在于实施，只有当法律被严格执行时，才能真正彰显其威力和价值。在依法治档的过程中，这一原则同样适用。依法治档是现代社会档案管理的基本准则，其核心在于将档案管理的各个方面纳入法律规范的范畴，确保档案工作的合法性、规范性和安全性。依法治档并非空谈，它需要依靠法律的实施来落地生根。法律的生命力在于实施，这一点在依法治档领域尤为突出。只有确保法律在档案工作中得到切实执行，才能发挥法律在保障档案信息安全、促进档案事业发展等方面的积极作用。

其中，促使各级各类档案馆、机关、团体、企事业单位以及其他社会组织建立完善的档案合规管理体系是落实依法治档的基本途径。档案合规管理体系是指组织机构建立的以法律法规和政策要求为依据，通过制定相应的规章制度、流程和程序，加强档案工作的规范化、标准化和信息化管理，保证档案的完整性、真实性、有效性和保护性的体系。档案合规管理体系建设的实质是各级各类档案馆、机关、团体、企事业单位以及其他社会组织将档案相关的法律、法规、部门规章和国家有关方针政策，不断内化到档案形成、管理和服务的各个环节，并转化为该组织机构具体的管理制度和操作规程的过程。档案合规管理体系需要档案管理单位不断审视和调整自身的管理体系，以确保符合法律法规的要求，保障档案信息的安全和合规性。通过将法律法规精神融入档案管理实践中，档案管理单位能够建立起健全的档案管理制度和流程，加强对档案信息的管理和保护，提高档案管理工作的效率和质量。这种内化过程不仅需要档案管理单位具备法律意识和合规意识，还需要不断加强对法律法规的学习和理解，将其落实到具体的档案管理工作中。通过建立健全的档案合规管理体系，可以确保档案工作各环节都能严格遵守相关法律法规，规范档案管理行为，提高档案管理的合法性和规范性。因此，建设档案合规管理体系是确保档案工作合法、有序、高效进行的基础和保证。

2 档案合规管理体系的构成要素

档案合规管理体系建设是确保档案工作遵循档案相关法律、法规、部门规章和国家方针政策要求的重要措施。在档案合规管理体系建设的过程中，各级各类档案馆、机关、团体、企事业单位以及其他社会组织需要深入理解档案法律、法规的精神实质，将其融入档案管理的各个环节中，确保档案工作的合规性。档案合规管理体系是一个系统化、标准化的管理机制，根据《档案法》《档案法实施条例》等相关法律法规以及政策和标准，档案合规管理体系包含多个构成要素，这些要素共同构成了一个完整的档案合规管理框架。

2.1 环境要素

档案管理相关的法律法规、部门规章、行业标准与国家政策及其动态变化都成了档案合规管理体系的环境要素。档案管理的法规与政策是档案合规管理体系的基石。国家和地方关于档案管理的法律法规、政策文件以及行业标准等为档案管理工作提供了明确的指导和约束。这些政策与法规不仅规定了档案管理的基本原则和要求，如档案的收集、整理、鉴定、保管、利用等各个环节，都需遵循相应的规定。同时，法规还明确了档案管理的责任主体和处罚措施，对档案管理人员的职责和权力进行了界定，为档案工作的顺利开展提供了法律支持。在构建档案合规管理体系时，各级各类组织机构必须深入研究相关政策和法规，包括了解档案管理的基本制度、档案分类的标准、档案保密和利用的原则等方面的内容。通过深入研究，组织机构可以确保档案管理制度和流程符合法律要求，从而避免因违反法规而引发的法律风险。此外，随着社会的不断进步和档案管理工作的不断发展，相关的法律法规和政策文件也会不断调整和更新。因此，各级各类组织机构需要密切关注政策和法规的动态变化，及时调整档案管理策略，以适应不断变化的法规环境。

2.2 组织要素

档案合规管理组织结构与职责要素是档案合规管理体系的重要组成部分，它们共同构成了档案合规管理工作的核心骨架，为档案管理工作的规范化、高效化提供了坚实的保障。各级各类档案管理组织机构应建立专门的档案合规管理部门或岗位，明确档案合规管理人员的职责和权限，确保他们能够全面、准确地履行档案合规管理职责，这是确保档案合规管理工作有序进行的基础。同时，各级各类档案管理组织机构还应建立档案合规管理的层级结构，通过层级结构使各个层级的档案管理人员都能够清楚地了解自己的工作范围和目标，避免职责重叠和遗漏，确保各级管理人员能够各司其职、协同工作，共同推动档案管理工作的规范化。此外，应建立档案管理的考核机制，对档案管理人员的工作进行定期考核和评价，激励他们不断提升业务水平和合规意识。[2]

2.3 制度要素

档案合规管理制度是档案合规管理活动的基础和依据。通过制定科学合理的档案合规管理制度，可以规范档案管理人员的行为，确保档案管理活动的有序进行。同时，档案管理合规制度还可以为档案信息的利用和保护提供有力的保障。

档案合规管理制度不仅包括档案管理组织的职责、权限制度，而且包括档案分类与标识具体操作性制度，以及档案的收集、整理、保管和利用等档案管理各环节方面的制度规定、保密制度、档案数字化管理制度、档案管理人员的合规培训制度等一系列制度规定。这些合规制度集合通过将法律法规的要求具体化和程序化，为档案管理提供一套标准化和系统化的方法，从而保障档案管理的法治化。

2.4 机制要素

档案合规管理体系的机制要素涵盖了内部控制机制、风险管理机制、监督与评估机制，这些机制共同构成了档案合规管理的坚实基础。

内部控制机制是指通过制定和执行一系列政策、程序和措施，确保档案管理活动的规范性和安全性。内部控制机制具体包括制定详细的档案管理政策和操作程序，确保各项档案管理活动有章可循；通过明确档案管理各环节的职责分工，建立严格的权限管理制度，防止未经授权的人员访问或修改档案；对档案的创建、存储、使用、传输和销毁过程进行详细记录，确保每一步都可追溯。

风险管理机制是识别、评估和控制与档案管理相关的各种风险，确保档案管理的安全和合规。它涵盖了档案合规风险识别、风险评估、风险识别措施以及应急预案的制定和执行等一系列过程。

监督与评估机制是对档案管理活动的执行情况进行持续监控和定期评估，以确保其符合规定和目标。它包括定期开展的内部审计、外部审核、绩效评估、反馈和改进等一系列环节和措施。

档案合规管理体系中的环境要素、组织要素、制度要素和机制要素相互关联、相互支撑，形成一个综合的、系统的管理框架。它们之间的关系可以理解为层次化和相互依存的关系，每个要素在体系中扮演不同的角色，共同促进档案管理的合规和高效。

3　档案合规管理体系建设路径

档案合规体系建设作为一项系统性工程，其重要性不言而喻。在信息化和法治化的大背景下，各级档案主管部门和组织机构需要紧密合作，以习近平法治思想和习近平关于档案工作的有关重要论述为指导，全面推进档案合规管理体系的建设，以确保档案工作的规范、高效和安全。

首先，国家档案主管部门应发挥核心作用，会同国家有关部门加强顶层设计，制定出台《档案合规管理体系建设指南》，明确建设目标、原则、路径和方法，使《指南》成为各级档案主管部门和组织机构建设档案合规管理体系、开展档案合规工作的指导性文件，为档案合规管理工作提供明确的方向和遵循。在制定指南的过程中，需要充分考虑档案合规管理工作的特点和实际情况，结合相关法律法规和政策要求，提出具有可操作性的建议和措施。同时，还需要关注档案工作的发展趋势和未来挑战，为档案合规管理体系的长远发展奠定坚实基础。

同时，国家档案主管部门要将档案合规管理体系建设作为档案法治化建设的一项重大任务，制定档案合规管理体系建设的长期规划和年度行动计划，久久为功，不断全面推进档案合规体系建设。

其次，各级档案主管部门和组织机构应结合自身实际，依据国家档案主管部门制定的《档案合规管理体系建设指南》，制定具体且切实可行的档案合规管理实施方案。实施方案具体包括明确档案合规管理的职责分工、工作流程和监管机制，确保档案工作的各个环节都符合法律法规和政策要求。同时，还需要加强档案工作人员的培训和教育，提高他们的合规意识和能力，确保档案工作的规范开展。[3]

各级档案主管部门和组织机构作为社会发展的重要基石，肩负着保障档案信息安全、提升档案管理水平的重任。在制定档案合规管理实施方案的过程中，各级档案主管部门和组织机构需充分考虑到自身的特点、规模、业务需求等因素。例如，大型企事业单位由于其档案种类繁多、数量庞大，需建立更加完善的档案合规管理组织、制度和机制，确保档案管理合规；而中小型企事业单位则可根据自身实际情况，制定简洁明了的档案合规管理方案。

再次，各级档案主管部门要建立对各类组织档案合规管理体系建设的督促指导机制，出台相关措施。各级档案主管部门应深入调研了解各类组织的档案合规管理现状和需求，结合实际情况制定切实可行的指导方案。针对不同类型的组织，如企业、机关、学校等，可以分别制定具有针对性的指导措施，确保档案合规管理建设各项要求能够得到有效落实。另外，各级档案主管部门也可以通过建立档案合规管理体系建设考核评价机制，对各类组织的档案合规管理体系建设工作进行量化评估，并将评估结果作为重要的奖惩依据，从而激发各类组织建设档案合规管理体系的积极性。

最后，各级档案主管部门要为各类组织建设档案合规管理体系提供政策支持，全面推动档案合规管理认证制度建设。各级档案主管部门为各类组织建设档案合规管理体系提供政策支持，是推动档案管理事业持续健康发展的关键所在。通过深入了解组织需求、制定具体政策措施、提供技术支持和培训以及推广成功案例等方式，档案主管部门可以为各类组织提供全方位的指导和支持，推动档案合规管理水平不断提升。而档案合规管理认证制度是对组织档案合规管理水平的一种评价和认可，有助于提升组织的档案管理水平和信誉度。主管部门可以制定详细的认证标准和程序，引导组织积极申报认证，并对通过认证的组织给予相应的政策支持和奖励。

总之，档案合规管理体系建设不仅是法律的内在要求，也是实践中的必然需求。通过建立和实施合规管理体系，档案管理可以更好地预防和控制法律风险，提升管理水平，确保档案工作的合法性和规范性。

注释及参考文献

[1] 蔡学美 . 电子档案要素合规分析 [J]. 档案学研究 ,2020(5):122-125.

[2] 周林兴 , 徐承来 . 信息安全视域下国内档案网站隐私政策合规性研究 [J]. 档案学研究 ,2022(1):85-91.

[3] 张鹏飞 , 自正法 . 数字时代企业档案数据合规体系的基本风险和建构路径 [J]. 档案学通讯 ,2024(2):74-82.

国家文化数字化战略下 档案文化传播力提升研究

杨文[1,2,3]　裴佳杰[1]

1 中国人民大学信息资源管理学院

2 世界记忆项目北京学术中心

3 中国人民大学档案事业发展研究中心

摘要：立足国家文化数字化战略提升档案文化传播力，是顺应时代浪潮促进档案文化传播的必然选择。在国家文化数字化战略引领下，档案文化呈现出博弈与共生、泛在与连通、协同与交互的传播趋势。以贝罗传播模式SMCR作为分析框架，认为档案文化传播受其主体参与力、内容软实力、媒介运用力、受众感召力的影响。亟需通过加强信源协同，推进信息互联，推进信道融合，对接信宿需求，搭建多元主体合作传播网络，优化档案文化传播资源建设，构建档案文化传播创新格局，建立个性化互动式传播模式。

关键词：档案文化；传播力；国家文化数字化战略

0 引言

2022年5月22日，中共中央办公厅、国务院办公厅印发《关于推进实施国家文化数字化战略的意见》（以下简称《意见》），为推进我国公共文化数字化事业发展，实现中华文化全景呈现、数字化成果全民共享指明了方向。档案文化作为"文化"的一个种概念，是以档案为核心而产生形成起来的一种文化，包括档案实体文化和围绕档案实体文化所创造的新的文化[1]。档案文化传播力作为衡量档案文化传播效果的指标，指传播主体通过各种传播行为将档案文化传递扩散给受众的能力和效力。着眼当下，随着文化强国战略的纵深推进，我国档案馆在文化建设事业中的作用日益扩大，档案馆需要适应新形势、迎接新挑战，以实施国家文化数字化战略为契机，推进"一往无前"的技术与"瞻前顾后"的档案的融合，进一步提升档案文化的传播力，助力文化样式活态传承。

鉴于这一问题的现实意义，学界的研究主要体现在三个方面：第一，聚焦档案文化传播的价值 [2]，探讨档案文化传播的理论基础 [3]、影响力 [4]、受众身份认同 [5] 等。第二，以某类档案为专门研究对象，开展档案文化传播的研究，如红色档案 [6]、少数民族档案 [7]、高校校史档案 [8]。第三，以媒介变迁为切入点，围绕融媒体视域下档案文化传播 [9]，探讨档案文化传播的发展趋势 [10] 和优化路径 [11][12]，如立足国家文化数字化战略背景，深入探讨了档案馆的未来发展 [13] 及档案文化的建设路径 [14]，提出图档博（LAM）协同发展 [15]、公共文化服务数字化转型 [16] 等实践进路。现有研究极大丰富了档案文化传播理论，推动了档案文化传播的实践发展。然而，目前研究多集中于从宏观层面针对档案文化传播的价值和发展策略展开探索，尚未对档案文化的传播力进行系统阐释。基于此，本研究以习近平文化思想为引领，贯彻落实文化传承发展座谈会、全国宣传思想文化工作会议工作部署，基于国家文化数字化战略背景，旨在厘清档案文化的传播趋势，分析档案文化传播力的影响因素，探寻档案文化传播力的提升路径。

1 国家文化数字化战略下的档案文化传播趋势

当今世界进入了数字时代，《意见》将文化数字化上升至国家战略。档案馆作为国家文化事业机构，亟需立足国家文化数字化背景，厘清我国档案文化传播趋势，明确档案文化传播的方向和需求。

1.1 博弈与共生：档案文化传播的媒介融合

在国家文化数字化战略引领下，档案文化传播媒介正经历着革命性变革，这一过程不仅体现了传统与现代间的碰撞和博弈，更预示着一种全新的共生关系的形成。

1.1.1 从"传统媒介"到"新兴媒介"

数字时代，数字技术的崛起深刻改变了档案文化传播的媒介环境，为档案文化在数字时代以更加生动、开放、多视角的表现形式传播提供了可能，档案文化传播逐渐从依赖于传统媒介转向更加频繁地利用新兴媒介。从传统媒介转向新兴媒介，并不意味着新兴媒介会取代传统媒介。传统媒介以其权威性、深度和专业性，仍然扮演着档案文化传播和国家意识形态传播的核心角色。新兴媒介尤其是移动互联网的传播力、影响力和渗透力与日俱增，其显著优势正在逐渐显现，预示着新兴媒介将成为数字时代档案文化传播不可或缺的重要补充。

1.1.2 从"单一媒介"到"融合媒介"

在新的传播环境下，媒介融合成为大势所趋，象征着媒介形态由单一向融合的跃迁。媒介融合指各种媒体形态的边界逐渐消融，多功能复合型媒体逐渐占据优势的过程和趋势。[17] 这使得档案文化的传播不再局限于单一渠道，而是通过文本、图像、音频、视频等多种媒介形式的有机结合，提供了更加丰富、动态的传播体验。随着媒介融合的不断深入，报纸、广播、电视、期刊、网络、新媒体等媒介形态构成了一个互联互通、相辅相成的传播网络，在这个网络中，各种媒介都发挥着独特的作用，共同打造出更为全面和立体的档案文化传播模式。

1.1.3 从"媒介离身"到"媒介具身"

长期以来，主流传播理论依托于以"离身"为基底的大众传播范式，强调传播作为一种超越身体局限、以符号文本为载体的精神交流形式，旨在实现信息符号在不同主体间的最佳传达效率。[18] 然而，随着数字技术的突破，传播活动进入了人与媒介跨界交互的新境界：传统的"离身"传播模式已无法解释人与媒介之间复杂的互动关系，档案文化传播逐渐倾向于更加注重体验的"具身"模式，即主张身体的体验是认知与心智的根本来源[19]。基于此，人的身体与传播媒介深度融合，两者的共生体成为新型传播主体。[20] 档案文化传播从简单的信息传递，转向更加重视人的身体感知与传播媒介之间的深层次互动。

1.2 泛在与连通：档案文化传播的时空重构

数字时代，媒介技术的发展打破了档案文化传播的时空局限，呈现出"超时空"特征，突破了时间与空间对档案文化传播的限制，带来人类与时空关系的重新调整。[21]

1.2.1 从"共时传播"到"泛在传播"

数字时代，传播媒介的更迭为文化传播不断创造着新符号，推动档案文化传播正经历一场由"共时传播"向"泛在传播"的根本性转变。传统档案文化传播模式依赖于同步的交流机制和物理的接收环境，受众需在特定时间通过特定渠道接收信息，从而限定了受众接收和理解档案文化的可能性。随着新一代信息技术的广泛应用，档案文化传播正在不断突破传统的共时限制，逐渐实现时间上的全覆盖，向着"泛在传播"的方向迈进，受众无需受限于特定时间，可以通过多样化的手段，随时随地接触和了解档案文化，实现档案文化的持续性传播与共享。

1.2.2 从"局域传播"到"全域传播"

社会变迁是连通规模不断扩张、连通程度不断提高，即连接性不断增强的过程。[22]传统档案文化传播的空间，通常局限于特定地域，如档案馆、文化馆等物理空间。随着数字技术的发展，物联网作为物理世界与虚拟世界间的纽带，正在引领着档案文化传播从"局域传播"迈向"全域传播"。物联网技术将突破档案文化传播的地理限制，实现物理空间与虚拟空间的无缝连通，从而开展档案文化的全域记录与传输、实时传播场景搭建与互动，受众因而得以在全时空的维度中接受档案文化传播内容。这种趋势推动档案文化跨越地理障碍，极大地扩展了档案文化的传播范围，促进了跨文化交流和理解。

1.3 协同与交互：档案文化传播的范式转向

在国家文化数字化战略驱动下，档案文化传播面临着与先前传播范式截然不同的新挑战，向着协同与交互的方向发展。这种转变不仅体现在传播技术和渠道的更新换代，更在于对传播过程中角色定位和互动模式的重新定义。

1.3.1 从"单一主体"到"多元协同"

在传统的档案文化传播范式中，往往是由档案部门作为独立的传播主体，单方面地向公众传递档案文化。档案文化要走向世界，仅依靠档案部门推动是不够的。《意见》提出要"充分利用新时代文明实践中心、学校、公共图书馆、文化馆、博物馆、美术馆、影剧院、新华书店、农家书屋等文化教育设施"，强调了多元主体协同在推动档案文化传播中的重要作用，也为档案文化传播主体从"单一主体"模式转向"多元协同"模式提供了指引。档案文化传播不能仅仅是档案部门"单兵作战"，政府部门、公共文化机构、社会力量，以及公众自身作为档案的形成主体，亟需以更加协同和互动的方式参与到档案文化的传播过程中，与档案部门"联动攻坚"。[23]

1.3.2 从"被动接收"到"沉浸体验"

传统档案文化传播是自上而下的告知模式，公众处于被动接收信息的地位。国家文化数字化战略驱动下，文化与科技融合，已经成为建设文化强国的关键路径，沉浸式演艺、沉浸式展览等新兴文化宣传业态的出现，为档案文化传播提供了全新的动力，使得档案文化传播正从受众被动接收转向提供沉浸式体验。沉浸式体验沉浸、交互、想象三大特点，将原本文化资源转化为文化体验服务，改变了观众对档案文化的认知，档案文化内容从"叙述表达"到"亲眼目睹"，强化了公众对档案文化的认知和情感连接。

1.3.3 从"单向输出"到"双向互动"

传统传播模式的固有单向性限制了表达方式的灵活性和有效性。在传播学理论框架中，任何一种传播都是双向的社会互动过程，传播效果依赖于信息的接收和反馈。[24] 当前，以短视频、网络直播等为代表的移动社交媒介迅猛发展，加速推动档案文化传播模式从"单向输出"向"双向互动"转变，档案文化的接收者同时成为档案文化的传播者。这意味着，公众不再单单是档案文化的接收方，也是参与者和创造者，可以通过评论、分享，甚至是参与档案文化内容的创造和编辑，与传播主体进行实时互动和反馈。

2 国家文化数字化战略下的档案文化传播力影响要素

传播力是把信息传递扩散出去的能力，档案文化传播力意味着要实现档案信息的整合、链接、流动与价值转化。借助数字信息技术，现今人类社会拥有前所未有的能力来采集、创造、存储、处理，以及传播文化元素[25]，这些技术重塑了人类的信息和文化传播模式，激发了媒介平台的效应，拓宽了媒介的边界，进而催生了全民参与、智能化转型的传播生态[26]。在此背景下，分析档案文化传播力的影响因素，回应国家文化数字化战略需求，对于档案文化传播具有重要意义。

1960 年，戴维·贝罗（David K.berlo）提出了传播过程理论，即 SMCR模型，将传播视为一个由信源（Source）、信息（Message）、信道（Channel）和信宿（Receiver）构成的动态的、有结构的信息流动过程[27]，且每一个基本要素由若干因素构成，各因素之间相互联系又相互制约。SMCR 模型作为广泛应用于信息传播领域的理论框架，对构建档案文化传播力的影响因素模型具有极强的解释力。档案文化传播力是一个系统性概念，具有多维属性，是信源、信息、信道和信宿四要素的综合体现。对国家文化数字化战略下档案文化传播力的考察，可以从主体参与力、内容软实力、媒介运用力和受众感召力四个维度进行，如图 1 所示。

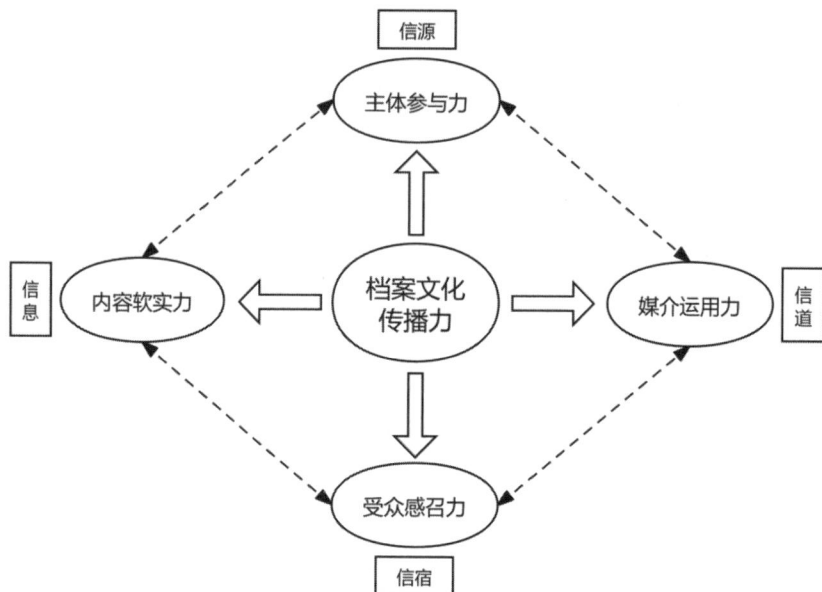

图 1   档案文化传播力的影响因素模型

2.1 档案文化传播的主体参与力

主体参与力指档案文化传播主体的可信度、权威度、专业度和对相关活动的组织参与情况。它反映的是信源指征，是档案文化传播力建构的基础性因素。档案文化传播主体在整个传播过程中扮演着发起者、实践者与把关人的角色，决定着进入信息通道的信息内容、数量与质量。在国家文化数字化战略推动下，信息传播的易达性显著增强，催生了一个人人可为信息传播者的新媒体环境，进而形成了"万众皆媒"模式，标志着媒介环境的全面演变。[28] 该转变涵盖了由公共文化机构及各级政府部门，乃至社会力量和个人多方构成的复杂传播主体网络，这种结构不仅促进了档案文化传播的活跃度，也反映了信源与信宿的相互转化。

2.2 档案文化传播的内容软实力

内容软实力指档案文化传播活动对档案文化信息的诠释体现情况。它反映的是信息指征，是档案文化传播力的核心组成，主要包括传播内容的易读性、可读性和可理解性，影响内容软实力的因素主要包括信息符号、信息内容、信息处理等。信息符号是用于承载档案文化信息的语言、文字、图像与声音等，这些符号必须能够适应多种传播媒介，并在不同文化和社会系统中被理解；信息内容，是指以"符号"为载体的档案文化信息本身，包括数据、事实、观点、故事等，其结构应当组织得当，以保证信息传达的逻辑性和易懂性；信息处理，则涉及信源对档案文化信息选择、编辑和呈现的过程，要求传播主体具备较高的策略性和技巧性，以确保档案文化信息在各种平台上的一致性和针对性。

2.3 档案文化传播的媒介运用力

媒介运用力指传播主体在档案文化传播过程中对传统媒介和新兴媒介的综合运用情况。它反映的是信道指征，是档案文化传播力建构的有效路径。媒介运用力主要考察的是其对借助新、旧媒介技术各取其长的灵活使用情况，以及其对声、像、图、文、表等有形有感多元化传播样态的呈现情况。[29]传播媒介的选择和质量直接决定信息传播的速度、范围和效率。数字时代，信道的内涵已远超传统意义上的档案文化传播媒介（比如纸质出版物、广播和电视等），形成了以"三微一端"（微信、微博、微视和移动客户端、网络平台等自媒体终端）为代表的多维非线性信息传播新模式[30]。

2.4 档案文化传播的受众感召力

受众感召力指档案文化传播过程中，受众对档案文化的认知、认同，以及行为体现情况，它反映的是信宿指征，是档案文化传播力建构的最终实现目标。在传统的传播模型中，受众通常被视为被动接收者，但随着数字传播技术日新月异的发展与应用创新，受众的角色已经发生了明显变化，表现出潜在的动态性与互动性，受众在接收信息的同时，能够参与信息的再创造和再传播，从而模糊了原有的信源与信宿之间的界限。这种自媒体环境下的"裂变式扩展"传播模式，极大地增强了受众的参与度和主体性，赋予了信宿更强的话语权和创造力。

3 国家文化数字化战略下的档案文化传播力提升策略

传播力强，意味着不仅能将信息传得出，而且传得广。面向未来，推动传播主体的深度参与、加强传播内容的优化阐释、着力传播媒介的转型升级、聚焦受众感知的观测反馈，将始终是推动档案文化传播力最大化实现的必然选择。

3.1 加强信源协同，搭建多元主体合作传播网络

信源是传播活动的起始点，加强主体参与力亦是提升档案文化传播力的基础和前提。加强档案文化传播力要从起点发力，搭建多元主体合作传播网络，提升主体参与力，为档案文化传播献智献力。

3.1.1 推动公共文化服务行业协同

2021 年，文化和旅游部、发展改革委、财政部印发的《关于推动公共文化服务高质量发展的意见》要求建立融合发展、协同共进的文化发展格局，并首次使用"功能融合"描述公共文化机构的关系与合作方式。档案馆、图书馆、博物馆等公共文化机构无疑是档案文化传播的核心主体，加强协同是提升档案文化传播质量和效益的必要举措。首先，应建立公共文化机构协作机制，加强机构之间的交流互动，构建圆桌议事的沟通平台和一体化工作格局。其次，可以档案文化爱好者、青少年等为共同传播对象，以红色文化推广、非物质文化遗产传承等为共同目标成效，积极寻求合作支点，构建互搭互嵌的传播体系。最后，可通过资源共享、阵地共建、品牌共创和人才共育深化合作，推进跨区域、跨部门、跨行业、跨机构的档案文化资源整合，努力提供对象全覆盖、资源全渗透、服务全链接、信息全支撑、社会全动员的一站式档案文化传播。[31]

3.1.2 促进档案文化传播主体协同

传播主体是影响传播系统高效运转的核心要素，档案文化传播需要统筹协调各方力量，构建"政府部门—公共文化机构—社会力量—个人"四位一体联动机制。首先，发挥政府部门的鼓励和规范作用。政府部门应秉承与践行平等、公开和包容精神，激发各主体参与档案文化传播的积极性、主动性、创造性，统筹推进档案文化传播规划，敦促各主体充分发挥传播作用。其次，发挥公共文化机构的引领作用。档案馆在档案文化传播中占据主导地位，有责任有义务承担起档案文化传播的使命任务，需推进与其他公共文化机构的协同合作，引领档案文化传播的创新发展。再次，发挥社会力量的支

柱作用，以民间的档案收藏机构、档案文化爱好者团体和具有机构性质的协会、社团为代表，可通过开发文创产品、上传创意视频等，输出富有现实气息的档案文化精品。最后，鼓励善于运用数字媒体的个人积极传播档案文化，将其塑造成为档案文化传播的"火炬手"，以该群体为核心节点带动档案文化全民传播。

3.2 推进信息互联，优化档案文化传播资源建设

提升档案文化传播力，必须确保其传播内容的丰富性、先进性和代表性。为此，亟需梳理汇集全国档案文化资源，实现档案文化资源互通互联，以内容软实力赋能档案文化传播提质增效。

3.2.1 普查汇集全国档案文化资源

推动档案文化传播，首要且必要条件是摸清家底，从全局视角掌握档案文化资源概貌。首先，开展档案文化资源普查。档案文化资源普查涉及范围广、参与单位多、工作难度大，暂无成熟经验可以借鉴。为确保普查工作顺利进行和普查数据真实准确，建议由国家档案主管部门牵头，选取具有代表性、典型性、针对性的地区和单位先试先行，探索总结出可复制可推广可借鉴的普查工作经验，以此为基础逐步扩大范围推进此项工作的全面完成。[32]其次，加快档案文化资源数字化采集和数据化处理。借助现代信息技术，对档案文化资源进行数字化转化和数据化处理，积极对接国家文化大数据体系，实现一次采集多次复用。最后，建设档案文化数据库。以档案文化数字资源为基础，对馆藏档案文化资源进行分类整理，建立以历史文化档案、红色档案、非物质文化遗产档案等专题为主的档案文化数据库，深入挖掘档案背后的文化内涵、思想源流和历史隐喻。[33]

3.2.2 实现档案文化资源互通互联

为破解档案文化资源分散割裂的难题，可通过各级档案馆多馆联动，形成全面共享、重点集成、多库配套的档案文化数据库系统，实现各地区档案文化数据库逻辑关联、快速链接、高效检索。一是建立和实施统一的档案文化数字资源建设标准规范体系，整合贯通各类公共文化机构的数字服务平台和数据中心，推动跨地域、跨层级、跨机构的档案文化数字资源关联、解构和重构，打通公共文化机构数字孤岛，构建档案文化大数据体系；二是依托媒介对档案文化数字资源进行整合，强化馆际资源的共享，实现档案文化数字资源管理由分散到集中、由无序到有序，使之结构合理、配置优化，以便在夯实档案文化传播内容基础的前提下，更好地发掘和阐释档案文化的丰富

内涵和时代价值。

3.3 推进信道融合，构建档案文化传播创新格局

在媒介融合背景下，档案文化传播的媒介运用力的强化必须紧跟国家文化大数据体系建设，依托国家文化专网开展档案文化传播，搭建立体化智能化传播矩阵。

3.3.1 依托国家文化专网开展传播

在国家文化数字化战略指引下，文化机构从倚重互联网向接入国家文化专网转轨，顺应了数字化时代的新趋势。一方面，可将档案文化纳入全国一体化文化数据服务中心建设。文化数据服务中心是国家文化大数据体系的枢纽。档案作为文化资源的重要组成部分，应纳入文化数据服务中心，探索与国家文化大数据东北区域中心、华东区域中心、华中区域中心、华南区域中心、西南区域中心、西北区域中心、东盟区域中心、多语种区域中心的合作机制，探索档案文化传播的有效途径。另一方面，鼓励和支持公共文化机构接入国家文化专网，搭建数字化文化生产线。面向公共文化机构拓展专网接入、数据存储、内容分发的服务，不搞重复建设，引导公共文化机构将档案文化数据库接入国家文化专网，所有档案文化数字化生产加工在闭环系统内完成，在国家文化专网中实现全国范围内的互联互通。

3.3.2 搭建立体化智能化传播矩阵

融媒体技术的日益强大，为丰富档案文化的传播形态提供了更多的可能性与可行性。可以搭建立体化智能化传播矩阵，实现对档案文化的全新赋能和传承创新。其一，推进媒体深度融合，实施全媒体传播工程。这就要求要做强新型主流媒体，充分发挥社交网络媒体的主阵地作用，做到不同媒体间数字化传播的深度融合，实现传统媒体与新兴媒体的共振效果。[34] 其二，借助新兴体验技术，发展数字化文化新体验。依靠人工智能、三维技术、计算机技术、传感等新兴技术所创设出的全息技术、VR、AR 等，不断突破二维空间的固有传播模式，丰富档案文化的数字化展示和应用场景，活态化传统档案传播形式，让受众更好地置身于虚拟仿真环境，体验身临其境之感。[35]

3.4 对接信宿需求，建立个性化互动式传播模式

档案文化传播力提升，离不开对传播效果的精准测量。亟需对接受众需求，激发受众兴趣，打造精准的个性化传播模式和"平等沟通"的交互参与式传播。

3.4.1 打造"需求导向"的精准个性化传播

数字时代，用户的个性化需求日益强烈，以互联网为核心的信息技术为满足受众的个性化需求提供了可能。首先，要结合受众市场进行多维度需求研究与划分，囊括但不限于互联网可触达的信息范围，以使传播主体能够更好地理解用户需求，精准定位目标群体，提高传播效果。其次，以需求为导向，提升需求精细度，打造需求标签，通过聚合优质创作者、传播内容、用户资源，借助先进的算法技术，将优质资源精准匹配给用户，全方位多层次满足用户个性化的档案文化传播需求。最后，以档案馆为代表的档案馆藏机构可根据自身资源优势，与媒体机构合作，以打造特色 IP 为抓手，打造垂直分众的原创文化品牌、栏目等，满足特定群体的偏好。

3.4.2 打造"平等沟通"的交互参与式传播

社交媒体时代，点赞、转发、弹幕等打破了传统传播范式，赋予了个体表达的权利，用户可通过交流分享等互动方式参与内容创作。[36]"平等沟通"的交互参与式传播逐渐成为档案文化数字化传播趋势。在此背景下，首先，扩大参与范围。档案文化传播主体可通过招募、邀请、遴选等吸纳专业人士、公益组织、媒体、档案文化爱好者参与到档案文化的数字化传播中，壮大传播力量。其次，构建交流平台。以微博、微信、抖音等为代表的自媒体平台具有交互、分享、参与的特点，能够为用户提供自由交流的环境，提高其参与热情，从而增强传播辐射效应。最后，设置反馈渠道。可在门户网站设立互动板块，吸引用户评论，在传播主体和用户间建立互动关系，形成良好的反馈机制，倒逼档案文化传播质量提升。

本文系国家社会科学基金青年项目"数字时代档案治理的内在机理与实现路径研究"（22CTQ035）的阶段性研究成果。

注释及参考文献

[1] 王英玮. 档案文化论 [J]. 档案学通讯,2003(2):48-52.

[2] 江晓红. 论档案文化在传播中的价值 [J]. 图书馆理论与实践,2009(9):39-40.

[3] 郑慧. 档案文化传播的理论基础 [J]. 北京档案,2017(9):12-15.

[4] 苏君华, 宋帆帆. 基于情感分析的档案文化传播影响力研究——以《如果国宝会说话》为分析对象 [J]. 档案学研究,2023(1):91-99.

[5] 王向女, 葛帅敏. 基于CAPS理论的档案文化传播中受众身份认同建构研究——以哔哩哔哩网站《档案》节目为例 [J]. 档案学研究,2024(1):93-101.

[6] 常大伟,程芊慧.国家文化数字化战略下红色档案文化传播体系建设研究 [J].档案与建设,2024(1):17-23.

[7] 郑慧.流失海外的瑶族档案文献与档案文化传播 [J].档案学通讯,2017(4):67-72.

[8] 张静,李佳亮,孙宝辉,等.我国高校校史档案文化传播影响因素与模式研究——基于马莱茨克的大众传播模式 [J].情报科学,2019(7):56-60.

[9] 杨茉.融媒体视域下历史档案文化传播研究——基于某清代玉牒相关微博的分析 [J].档案学研究,2022(5):89-93.

[10] 戴艳清,袁安琦.档案文化创意服务"走出去"研究 [J].北京档案,2021(8):34-36.

[11] 周林兴,丁京晶.视觉化的档案服务——档案文化传播新路径探析 [J].档案与建设,2019(12):4-8.

[12] 周林兴,崔云萍.叙事视角下档案文化传播:价值、机理及路径选择 [J].档案管理,2021(1):36-38.

[13] 周林兴,张笑玮.国家文化数字化战略背景下档案馆的建设导向与发展进路 [J].档案学研究,2024(1):20-27.

[14] 周林兴,崔云萍.国家文化数字化战略下档案文化的建设路径探析 [J].档案学通讯,2023(2):10-17.

[15] 周林兴,张笑玮.国家文化数字化战略背景下图档博 (LAM) 协同发展研究 [J].图书馆建设,2024(1):146-154.

[16] 任越,袁蕾涵.国家文化数字化战略背景下档案馆公共文化服务数字化转型的趋向、困境及实践策略 [J].档案学研究,2023(6):10-16.

[17] 李良荣,周宽玮.媒体融合:老套路和新探索 [J].新闻记者,2014(8):16-20.

[18] 龙钰.数字舆情的传播趋势、演化机理、治理进路 [J].深圳大学学报 (人文社会科学版),2023(5):88-96.

[19] [法] 梅洛 庞蒂.知觉现象学 [M].姜志辉,译.北京:商务印书馆,2001:5.

[20] 别君华,周港回.智能传播的具身转向与感官之维 [J].未来传播,2021(1):43-47,121.

[21] 胡正荣,段鹏,张磊著.传播学总论 [M].北京:清华大学出版社,2008:234.

[22] 邱泽奇.连通性:5G 时代的社会变迁 [J].探索与争鸣,2019(9):41-43.

[23] 张文兰,黄星.国家文化数字化战略背景下档案文化传播力提升探赜 [J].山西档案,2023(4):80-88.

[24] 段龙江.我国跨文化传播的困境与优化路径 [J].人民论坛,2021(14):98-100.

[25] 傅才武.数字技术作为文化高质量发展的方法论:一种技术内置路径变迁理论 [J].人民论坛·学术前沿,2022(23):22-31.

[26] 段鹏，宋芹.文化共生与技术赋能：文化类节目高质量发展的思考 [J]. 中国编辑，2022(3):76-80,85.

[27] 洪浚浩.传播学新趋势 [M].北京：清华大学出版社,2014:710.

[28] 隋岩.群体传播时代:信息生产方式的变革与影响[J].中国社会科学,2018(11):114-134,204-205.

[29] 李巨星.智媒时代主流意识形态传播力内涵厘定及四维架构 [J].中国出版，2023(22):22-25.

[30] 徐磊，王庆军.新媒体时代中华武术国际话语权研究 [J].武汉体育学院学报，2020(11):56-63.

[31] 陈颖仪.公共文化机构合作与融合政策法规体系及实施路径 [J].图书馆工作与研究,2023(8):28-35.

[32] 王春燕.国有档案资源普查试点总结暨经验交流会在津举办 [N].中国档案报，2023-12-21(1).

[33] 周林兴.提升档案文化服务能力 铸就社会主义文化新辉煌 [N].中国档案报，2023-2-13(1).

[34] 谈国新，何琪敏.中国非物质文化遗产数字化传播的研究现状、现实困境及发展路径 [J].理论月刊,2021(9):87-94.

[35] 程华薇.中华优秀传统文化数字化传播路径研究 [J].天府新论,2024(1):146-152.

[36] 邱寒，侯迎忠."央视新闻"B 站号视频传播策略研究 [J].新闻爱好者,2023(7):45-47.

聚焦三年行动档案归集工作
加强档案资源体系建设

孙杰

辽宁省档案馆

摘要：档案工作是党和国家事业的一项基础性、支撑性工作。在辽宁全年振兴新突破三年行动中，辽宁省档案馆充分发挥自身资源和业务优势，将档案工作深度融入三年行动中，深入开展全面振兴新突破三年行动档案归集工作，丰富馆藏档案资源，以档案工作记述辽宁振兴发展历程，为打好打赢新时代"辽沈战役"贡献档案力量。

关键词：辽宁；振兴新突破；三年行动；档案

2023年2月，中共辽宁省委召开十三届五次全会，审议通过了《辽宁全面振兴新突破三年行动方案（2023—2025年）》，下达了实施辽宁全面振兴新突破三年行动的动员令、任务书、作战图。档案战线肩负"四个好""两个服务"的神圣职责和使命，辽宁省档案馆坚持和辽宁省委同向发力、同题共答、同频共振，把省委擘画的宏伟蓝图绘制成档案工作的路线图和任务书，科学部署、积极行动，全力开展辽宁全面振兴新突破三年行动档案归集工作，为打好打赢新时代"辽沈战役"贡献档案力量。

1 认清形势、提高站位，切实增强做好三年行动档案归集工作的责任感使命感

档案工作是党和国家事业的重要组成部分，是一项基础性、支撑性工作，只有正确认识形势，准确把握工作大局，才能有针对性地做好新形势下的档

案工作。辽宁省三年行动档案归集工作筹备以来，辽宁省档案馆多次组织召开专门会议，引导全馆上下深刻认识辽宁三年行动档案归集工作是深入贯彻落实习近平新时代中国特色社会主义思想、习近平总书记在新时代推动东北全面振兴座谈会上的重要讲话精神的重要举措，提高思想认识，增强政治站位，强化使命担当，切实增强做好三年行动档案归集工作的责任感使命感。

1.1 开展三年行动档案归集工作是围绕中心服务大局的具体体现

过去一年，在以习近平同志为核心的党中央坚强领导下，辽宁省全力实施全面振兴新突破三年行动，聚焦 10 个方面突破、50 项重点任务，全面打响新时代的"辽沈战役"，向新时代"六地"建设进军，办成了许多事关长远的大事要事，取得了许多鼓舞人心的成果成绩，实现"四个重大转变"，三年行动首战告捷，振兴发展从"蓄势待发"走向"谱写新篇"，交出一张分量厚重、提振士气的年度答卷。其间形成的大量文件资料，是全省上下以超常规举措打好打赢新时代东北振兴、辽宁振兴的"辽沈战役"，奋力推进中国式现代化辽宁实践的真实记录，对于今后总结经验、工作查考和历史研究都具有十分重要的价值，对于进一步打好三年行动攻坚之年攻坚之战具有极其重要的意义。开展三年行动档案归集工作，整合三年行动档案资源，集中于省档案馆统一科学妥善保管，才能更好满足省委省政府决策及社会各方面查考需要。只有把档案工作积极置于三年行动大局中谋划推动，做到中心工作部署到哪里，档案资源体系就建设到哪里，档案服务就延伸到哪里，才能彰显档案工作的价值和作用。

1.2 开展三年行动档案归集工作是落实"为党管档、为国守史、为民服务"使命职责的重要举措

档案工作者要始终牢记"档案工作姓党"的政治属性，自觉扛起为党管档、为国守史、为民服务的使命责任，旗帜鲜明讲政治，履职尽责敢担当。开展三年行动档案归集工作是坚持档案工作政治定位、人民立场和安全底线的内在要求，是我国档案工作性质、宗旨的重要体现。通过开展辽宁全面振兴新突破三年行动档案归集，能够全景式、全方位、全过程记录和展示党的二十大以来全省上下超常规举措打好打赢新时代东北振兴、辽宁振兴的"辽沈战役"，对推进新时代新成就国家记忆工程建设具有独特作用和重要意义，让档案存史资政育人的作用得到充分发挥，真正与中心工作"同频共振"。

1.3 开展三年行动档案归集工作体现了档案工作"统一领导、分级管理"的体制机制优势

习近平总书记指出，我们最大的优势是我国社会主义制度能够集中力量办大事，这是我们成就事业的重要法宝。"统一领导、分级管理"是《档案法》确定的档案工作原则，开展三年行动档案归集突出体现了档案工作这种显著制度优势。[1] 修订的《中华人民共和国档案法实施条例》新增第三条也开宗明义地指出"档案工作应当坚持和加强党的领导，全面贯彻党的路线方针和决策部署，健全党领导档案工作的体制机制"。"统一领导"体现为由辽宁省档案局履行统筹规划、组织协调和统一制定档案归集工作的总体目标、工作要求、归集范围、实施方案、验收标准等，确保档案工作全省一盘棋、上下一条心，形成做好档案工作的强大合力。在省档案局谋划推动下，辽宁全面振兴新突破三年行动档案归集工作推进会于 2024 年 3 月 1 日召开。辽宁全面振兴新突破三年行动领导小组印发了《关于进一步加强辽宁全面振兴新突破三年行动档案归集工作的通知》（辽组办发〔2024〕1 号），对归集工作进行全面部署；"分级管理"体现为在辽宁省档案局统一领导下，各地各单位档案部门分级负责本级本单位三年行动档案归集工作，定期向辽宁省档案馆移交或汇交。

2 明确目标、细化责任，全面完成三年行动档案归集工作各项任务

中共辽宁省委常委、秘书长姜有为在《辽宁省档案馆关于 2023 年工作情况的报告》上批示指出："省档案馆要聚焦辽宁全面振兴新突破三年行动，锚定新时代'六地'建设目标，按照省委办公厅工作整体提升总要求，进一步强化措施、综合施策，统筹推进能力建设、体系建设，不断开拓档案工作新局面。"辽宁省档案馆全面落实秘书长批示精神，紧扣辽宁全面振兴新突破攻坚之年攻坚之战主题，围绕新时代"六地"目标定位，聚焦主责主业，谋划省档案馆业务三年行动目标，将三年行动档案归集工作纳入我馆 2024 年重点工作。

2.1 加强领导，压实责任，为做好三年行动档案归集提供坚强保证

辽宁省档案馆专门成立了三年行动档案归集工作领导小组，馆长任组长，副馆长任副组长，相关部门负责同志任成员，领导小组下设办公室，由档案接收征集部具体负责，全力推进归集工作。同时，制定省档案馆《关于辽宁振兴新突破三年行动档案归集工作实施方案》，建立内部协调机制，统筹安排、全力以赴做好三年行动档案归集工作。

2.2 多措并举，加大指导力度，确保三年行动档案归集齐全完整

2.2.1 精准服务，主动谋划三年行动档案归集工作

文件材料的收集是档案工作的源头，文件材料收集的基本要求是齐全完整、真实可靠和及时有效 [2]，为提高三年行动归集质效，辽宁省档案馆于 2024 年 2 月组建"业务指导百人团队"，为完成归集任务提供人才保障。为提高百人团队业务能力，依托"档案文化"大讲堂平台持续开展了机关档案管理规定、全宗卷编制与管理、档案基础概念、档案信息化建设等多场业务理论培训，课后通过分组讨论，促进成员业务交流；通过库房清点工作，促进成员熟悉各门类档案整理规范；通过部门立卷工作，促进成员掌握档案归档、整理等操作规范，以"理论＋实践"形式不断提升团队专业素养与业务技能。实行包干制度，与省直各部门及各地区结对子，与省档案局定期到领导小组办公室、指挥部办公室、各专项推进组、省直机关、各相关企事业单位及各市档案局、馆进行联合业务指导，深入基层，深入调研，及时解决工作中存在的业务问题，确保全面振兴新突破三年行动档案归集工作全面铺开。

2.2.2 提前介入，确保重点工程档案质量

依据《重大活动和突发事件档案管理办法》（国家档案局令第 16 号）相关规定，辽宁省档案馆今年向省财政申请了专项经费，以项目为抓手，重点关注省级攻坚重大项目，由馆直属单位省图片音像资料中心提前介入全省重大活动、重大工程、重大会议，采取摄影、摄像等方式，直接采集或收集照片及音像档案，进一步优化三年行动专题档案资源结构。

2.2.3 合作协作，与各新闻媒体建立信息共享通道

加强与中央主要媒体驻辽机构、辽宁报刊传媒集团、辽宁广播电视集团等媒体沟通与交流。省委宣传部印发《关于商请提供涉辽重要会议活动报道资料的函》，省档案馆也分别就关于进一步加强重大活动档案资料收集工作

给辽报、辽台发函，建立常态化工作机制，全方位收集报、台、网、端等多平台对三年行动的专题报道，通过各大门户网站进行信息抓取，广泛采集。

2.2.4 开展档案征集活动，丰富特色档案资料

一方面在辽宁日报、辽宁省档案馆官网、微信公众号发布征集公告，面向社会征集三年行动珍贵档案资料。另一方面对三年行动先进个人、特殊贡献工作者等进行口述采集，形成口述史料。

2.3 深度开发档案信息资源，发挥档案资政作用，为省委省政府提供决策参考

2.3.1 建立专题数据库，提高利用质效

分级分类开展重大活动和重特大事件档案数据库建设和数据汇集工作，以数据赋能助力档案工作提质增效。辽宁省档案馆运用新技术、新手段，结合三年行动档案资料特点，建立三年行动专题数据库，按照数据集中、安全保密的原则，接收各有关单位相关档案数据，构建科学的数据库架构，提升档案信息服务效能。按照工作要求，三年行动领导小组办公室、指挥部办公室、各专项推进组办公室将属于归档范围的文件材料，在每年 4 月底前向辽宁省档案馆移交；辽宁省直有关部门和单位、省属国有企业将文件材料，在每年 7 月底前向辽宁省档案馆移交；辽宁各市档案馆将本地区形成的文件材料，于每年 8 月底前向辽宁省档案馆汇交。

2.3.2 创新方式方法，推出档案文化精品

通过展览陈列、文创产品等方式，发挥省档案馆爱国主义教育基地作用，不断推出具有社会影响力的档案文化精品。盘点总结三年行动的非凡历程和丰硕成果，生动展现各地区、各战线、各单位火热奋斗场景和生动实践。对外，宣传辽宁、展示辽宁，打造良好的营商环境；对内，凝心聚力，激发全省广大干部群众想干事、想成事的工作热情。在馆《辽宁记忆》展厅及展览区域，每天循环播放《三年行动首战告捷》宣传片，为做好三年行动档案归集工作营造良好氛围。

2.3.3 编写资政参考，为省委决策提供服务

档案编研是主动提供档案信息服务的一项重要工作，是充分发挥档案价值与作用的重要途径。[3]辽宁省档案馆主动服务中心大局，通过梳理三年行动档案资料，边归集边整理、边研究边开发，总结振兴发展经验，为全省经济发展提供更有价值的政策建议，真正将"档案库"变为"思想库"。

3 统筹协调、齐心协力，营造档案归集工作一盘棋的良好局面

辽宁三年行动档案归集工作凭借档案部门"一己之力"是远远不够的，辽宁全省各有关单位同心发力、协同配合才能完成好。要强化三年行动档案工作组织保障，建立党委统一领导、党政齐抓共管、责任分工明确、部门协同联动的工作机制，确保档案工作与三年行动工作同部署、同推进、同落实。

3.1 坚持把党的领导贯穿全面振兴新突破三年行动档案归集工作各方面全过程

近期，省委办公厅印发《辽宁全面振兴新突破三年行动领导小组办公室工作细则》，第十一条规定：领导小组办公室会同指挥部办公室，配合省档案局、省档案馆等单位，做好领导小组及领导小组办公室、指挥部及指挥部办公室、各专项推进组等档案归集工作。强化组织协调推动，充分发挥地方党委把方向、管大局、作决策、保落实的重要作用，加强指导调度，建立重大项目、重点工程、重要工作专班专人推进机制。全省各部门、各地区要形成上下联动、左右协同的工作机制，确保全面振兴新突破三年行动档案归集扎实开展、取得实效。

3.2 不断完善局馆协同工作机制

在理清职能的基础上，要充分发挥党办的行政综合协同优势、档案馆的业务人才优势，加强局馆协调联动发展，形成"1+1＞2"的工作合力。要发挥馆联席会议制度作用，在三年行动档案归集方面联合部署落实，共同谋划、一体实施，坚持"局馆一盘棋""分工不分家"，共同推进三年行动档案归集工作。

3.3 及时归档，高质量移交进馆

各单位严格按照时间节点，按照相关标准规范整理，将相关档案目录、档案数字复制件、电子档案向辽宁省档案馆移交。突出高质量发展这个首要任务，坚持高质量发展这个新时代的硬道理，移交单位要严把进馆关，辽宁省档案馆验收合格后接收进馆。

党的二十大擘画了全面建成社会主义现代化强国的宏伟蓝图，中共辽宁省委十三届五次全会启动了全面振兴新突破三年行动，号召全省上下、坚决打赢东北振兴、辽宁振兴的新时代"辽沈"战役。记录好、留存好新时代强国建设以及辽宁全面振兴发展的生动实践，是档案部门的使命也是各单位共同的职责，我们要持续深入贯彻落实习近平总书记对档案工作的重要批示和党的二十大精神，牢记嘱托，感恩奋进，胸怀大局，站位全局，真抓实干，埋头苦干，以更大力度和更实举措，为实现辽宁全面振兴新突破贡献档案力量。

参考文献：

[1] 中华人民共和国档案法 [EB/OL].[2020-06-20].https://www.saac.gov.cn/daj/falv/202006/79ca4f151fde470c996bec0d50601505.shtml.

[2] 李明华 . 归档文件整理规则解读 [M]. 北京 : 中国文史出版社 ,2016.

[3] 国家档案局档案馆 (室) 业务指导司 . 机关档案管理 [M]. 北京 : 中国文史出版社 , 2020.

新质生产力视域下档案数据安全治理的逻辑和实践路径

朱武桥

广州市城市建设档案馆

摘要：新质生产力是符合"创新、协调、绿色、开放、共享"新发展理念的先进生产力质态，相比于传统生产力，其技术水平更高、质量更好、效率更高、更可持续。新质生产力与档案工作相结合，对档案安全治理提出更高的要求。本文在新质生产力背景下，研究档案数据安全治理蕴含的高技术、高效能和高质量逻辑，从技术、组织、政策和伦理四个维度梳理研究其实践路径，为档案安全治理建设提供有益参考。

关键词：新质生产力；档案数据；数据安全；档案数据安全治理

0 引言

2023年9月，习近平总书记在黑龙江考察东北全面振兴期间首次提出"新质生产力"这一重要概念，要求"积极培育未来产业，加快形成新质生产力，增强发展新动能"[1]。2024年两会召开期间，"新质生产力"首次被写入政府工作报告，政府工作报告将"大力推进现代化产业体系建设，加快发展新质生产力"列为2024年政府工作十大任务之首。[2] 与传统生产力相区别，新质生产力是对传统生产力的扬弃，是经济新常态背景下出现的生产力新质态，由高素质的劳动者和创新型的生产资料构成，适应新时代、新经济、新产业，是把握新科技革命历史机遇、掌握未来发展主动权、塑造国际竞争新优势的关键之举。[3] 新质生产力代表着科技创新引领下的生产力飞跃和全面升级，其所具备的强大创新能力和高效运行机制也为档案工作的转型升级提供了有力的理论武装和实践指导[4]。档案数据是指各级各类档案机构收集保存的具有档案性质的重要数据记录和重要的社会记忆，而档案数据安全治理是指档案部门通过利用安全技术和管理制度对档案数据进行安全防护，确保档案数据运行安全、存储安全和利用安全，充分发挥档案数据价值，从而达到档案数据善治的过程，确保档案数据真实完整、可用可控、保密保全、安全利用[5]。

基于此，深入研究和把握新质生产力视域下档案数据安全治理的逻辑和实践路径，积极发挥新质生产力的指导作用，不仅有利于推动档案数据治理高质量发展，还有利于实现档案治理体系和治理能力现代化。

1 新质生产力视域下档案数据安全治理的逻辑

1.1 高技术逻辑

高科技是新质生产力重要特征之一。党和国家领导人一贯重视科学技术的创新发展，在不同阶段对科学技术发展提出新要求，这是高技术逻辑的理论渊源，从邓小平同志在 1988 年提出"科学技术是第一生产力"[6]，到江泽民同志在 1994 年指出："现代国际间的竞争，说到底是综合国力的竞争，关键是科学技术竞争"[7]，再到以习近平同志为核心的党中央首创性提出"科技创新是第一动力"，并随着科技创新不断促进生产力发展，习近平总书记提出"新质生产力"新要求[8]。

新质生产力视域下，对档案数据安全治理的高科技要求体现在治理理念的先进性、治理工具的科技性、治理过程的创新性。治理理念的先进性体现在将治理主体思维从传统实体思维转变为数字思维，增强治理主体意识的主动性和能动性。治理工具的科技性体现在紧跟科技发展潮流，应用大数据、人工智能、机器学习、数字孪生等新型先进技术，变革治理工具，提升治理效能。治理过程的创新性体现在档案数据的形成、组织、存储、开发利用、销毁等生命周期内，以及在档案数据的形成、收集、整理、鉴定、保存、管理、利用、传播等业务环节内，嵌入先进技术参与治理，减少重复性工作，压缩业务冗余，优化业务流程，提升治理质效。

当前，世界局势风云诡谲，大国竞争在科技创新领域日益激烈，部分国家试图垄断先发优势的颠覆性技术，对我国科技的崛起进行打压遏制。档案数据安全治理离不开科学技术发展，落实档案数据安全治理高技术要求关键在科技创新，为更好地推进档案数据安全治理工作，须打好关键核心技术攻坚战，集中产学研各方的优质资源和科研力量，形成产学研用深度融合的创新体系，推动关键核心技术突破；布局重大科技基础设施，依托国家战略科技力量，集聚国家战略人才，组织实施战略性、前瞻性和全局性重大科技项目；加强基础研究，强化原创性重大科技创新战略支撑，持续加大人力、资本等要素的投入和支持力度，确保科技创新资源向基础研究和原创性重大科技创新倾斜，加快推动新质生产力的快速形成与发展[9]。

1.2 高效能逻辑

高效能是新质生产力重要特征之一。与传统生产力不同，新质生产力摆脱了低效能、高消耗的生产过程，代表生产力能级跃迁[10]。新质生产力视域下，对档案数据安全治理的高效能要求，从效率维度看，治理主体用最少的时间完成最多的档案数据安全治理任务和项目，在单位时间内获得最大的成果，同时确保治理数量和治理。从能力维度看，治理主体具备丰富的知识和技能储备，能够快速处置档案数据安全治理问题，具备高度的自觉性和主动性。这要求以科技创新为突破点，利用大数据、人工智能、机器学习等技术方法，开发出适合档案数据安全治理的智能化工具，提升治理的智能化水平，实现治理工作的自动化和智慧化，压缩常规性、重复性、技术含量低的冗余治理工作，提升档案数据安全治理工作质效，减轻治理主体的工作负担，降低治理风险。

1.3 高质量逻辑

新质生产力之所谓"质"，关键点就在于高质量[11]。在新质生产力视域下，对档案数据安全治理的高质量要求体现在融入和践行新发展理念，即创新、协调、绿色、开放、共享的发展理念[12]，让治理成果公平地惠及所有人，保障档案事业的可持续发展。在创新层面，积极推进先进技术与档案数据安全治理工作的融合机制，探索人工智能、机器学习、数字孪生、物联网等前沿技术在数据安全监测、网络攻击溯源、安全传输存储、隐私合规检测、数据滥用分析[13]等应用场景，促进档案数据安全治理工作科学化、规范化、合理化发展。在协调方面，识别和协调档案数据安全治理各方利益主体，加快档案数据安全治理工作硬件基础设施建设，引进或开发档案数据安全治理系统平台，促进治理工具的硬件与软件协调发展，实现更高质量的治理效率。在绿色层面，积极探索无纸化、智能化、集约化的绿色低碳数字技术，将绿色低碳数字技术转化为治理优势，节约人、财、物等资源，增强治理专业化和服务质量。在开放层面，发挥档案数据安全治理作用，在遵循合法、及时、平等和便于利用的档案开放原则，确保档案数据安全，助力建立健全档案开放制度，稳妥地推进档案开放。在共享层面，通过开展档案数据安全治理工作，保障人民群众享受档案信息利用和文化共享权利，切实提升档案公共服务能力，推动档案服务在基层的普及。

2 新质生产力视域下档案数据安全治理的实践路径

2.1 技术创新

技术创新是档案数据安全治理的关键。当前，我国在芯片、传感器、高端材料和设备、系统软件和专用软件等很多领域的核心技术凸显"卡脖子"的被动局面[14]，这些核心技术是档案数据安全治理的物质基座。为更好地促进技术创新，一方面，要坚持自力更生、艰苦奋斗，增强自主研发能力，加大颠覆性技术创新和"卡脖子"技术创新投入力度，以带动和支撑全面的创新发展。另一方面，要以不断完善国家、区域和产业三方面创新体系，持续优化创新环境，以制度保障和促进颠覆性技术创新和"卡脖子"技术创新，突破关键核心技术。在宏观层面，建立健全关键核心技术攻关体制，充分发挥市场机制作用，大力提升科技攻关体系化能力，优化创新资源配置，实现突破一批关键核心技术，全域提升全要素治理水平。在要素层面，以数据技术赋能治理主体、治理客体、治理工具、治理过程和治理目标[15]等要素，将治理主体思维从传统实体思维转变为数据思维，切实增强治理主体档案数据安全治理能力，提高档案数据安全治理的新质效。

2.2 组织支撑

组织是为了实现共同目标，按一定结构形式相互协作而成的集体或团体[16]。组织对实现档案数据安全治理目标起到至关重要的作用，一是吸纳合适的人才参与治理；二是通过组织结构管理人才和其他资源，激发创新创造，对治理起着正向促进作用。为更好地实现组织支撑作用，一方面，建立健全跨领域跨部门的多主体协同机制，拓宽参与渠道，完善参与条件，合理处理好档案数据安全治理参与各方的关系，统筹各方力量，打破传统科层制[17]条块分割、信息孤岛等负面固化局面。另一方面，组织构建合理的组织结构，明确不同层次不同内设机构的职责职能，增强组织整体规划、决策、执行和监督能力，推动档案数据安全治理工作的开展。再一方面，建立健全激励机制，通过正向激励，营造组织创新氛围，提高组织成员对档案数据安全治理工作的认同感，激活组织内部活力，强化组织学习，转化学习成果[18]，激发组织成员创新行为，促进组织的技术创新活动，追求档案数据安全治理的高质效。

2.3 政策保障

档案数据安全治理的有效运行离不开完备的政策保障。为更好发挥政策保障作用，一方面，制定有利于推进档案数据安全治理工作的制度，完善立法层面的法律法规，完善行政层面的行政法规，完善司法层面的司法解释和规范性文件，完善业务层面的标准制度构成的制度体系，增强治理的内生动力，提高治理质效，解决治理难题，将制度优势转化为治理行动力。另一方面，制定档案数据安全治理战略，要站在国家战略高度，要充分考虑档案数据安全治理的内外部运行环境现状，积极发挥规划引领作用，制定顶层设计，在战略规划、组织设计和战略实施等方面加强统筹谋划，制定切实可行的档案数据安全治理方案。再一方面，出台加快数字基础设施[19]、人工智能、大数据等关键设施建设和关键技术发展的政策，优化产业布局，加快形成新质生产力，夯实治理技术基础和物质基础，推动档案数据安全治理高质量发展。

2.4 伦理规范

伦理是调整人伦关系的条理、道理和原则，是人类实现个体利益与社会整体利益协调过程中，处理人与人以及人与自然的关系的价值标准和行为体系，充当人类认识社会现实和调节社会关系的功能[20]。伦理作为一种节制[21]手段，能在参与档案数据安全治理的多利益相关主体之间有效调节利益关系。然而，随着大数据、人工智能、物联网等技术飞速发展，存在人类决策自主受控、侵犯隐私、偏见和歧视加剧、安全责任划归困难与失当、破坏公平、生态失衡等伦理风险[22]。为有效应对上述潜在伦理风险，一方面，健全档案数据安全治理管理体制，建立完善档案数据安全治理伦理管理体制，压实档案数据安全治理参与各方伦理管理主体责任，发挥非营利社会团体伦理治理作用，引导参与人员自觉遵守伦理要求。另一方面，加强档案数据安全治理伦理制度保障，制定完善档案数据安全治理伦理规范和标准，建立档案数据安全治理伦理审查和监督制度，提高档案数据安全治理伦理法治化水平，加强档案数据安全治理伦理理论研究。再一方面，强化档案数据安全治理伦理审查和监管，严格开展档案数据安全治理伦理审查，加强档案数据安全治理伦理监管，监测预警档案数据安全治理伦理风险，严肃查处档案数据安全治理伦理违法违规行为。最后，深入开展档案数据安全治理伦理教育和宣传，重视档案数据安全治理教育，推动档案数据安全治理培训机制化，抓好档案数据安全治理宣传，夯实档案数据安全治理的伦理底座。

3 结语

新质生产力给档案数据安全治理带来许多机遇，档案数据安全治理正朝着高技术、高效能和高质量方向发展，这也对档案数据安全治理提出了更高的要求。为了满足新形势下的发展要求，从技术、组织、政策和伦理四个维度提出实践路径。首先，重视技术创新，一是要坚持自力更生、艰苦奋斗，增强自主研发能力，技术创新投入力度，以带动和支撑全面的创新发展；二是要以不断完善国家创新体系、区域创新体系、产业创新体系，持续优化创新环境，突破关键核心技术。其次，重视组织支撑，一是建立健全跨领域跨部门的多主体协同机制，拓宽参与渠道，完善参与条件，多主体合作协同，打破传统科层制[23]条块分割、信息孤岛等局面；二是组织构建合理的组织结构，明确跨层级跨部门的职责职能，增强组织能力；三是建立健全激励机制，营造组织创新氛围，提高组织成员认同感，激发组织成员创新行为。再次，重视政策保障，一是制定有利于推进档案数据安全治理工作的制度，将制度优势转化为治理行动力；二是制定档案数据安全治理战略，制定切实可行的档案数据安全治理方案；三是出台加快关键设施建设和关键技术发展的政策，优化产业布局，加快形成新质生产力，夯实治理技术基础和物质基础。最后，重视伦理规范，一是建立完善档案数据安全治理伦理管理体制；二是加强档案数据安全治理伦理制度保障；三是强化档案数据安全治理伦理审查和监管；四是深入开展档案数据安全治理伦理教育和宣传。通过上述实践路径，我们能够规范档案数据安全治理行为，化解治理难题，构建适应新质生产力背景下档案数据安全治理现代化要求的治理新模式。

注释及参考文献

[1] 习近平主持召开新时代推动东北全面振兴座谈会强调 牢牢把握东北的重要使命 奋力谱写东北全面振兴新篇章 [N]. 人民日报 ,2023-09-10(1).

[2] 政府工作报告［EB/OL］.［2024-02-01］.http://www.news.cn/20240312/a4bc7208e1 f046199a7fcb9e6bfdfa59/c.html.

[3] [8] 蒲清平 , 黄媛媛 . 习近平总书记关于新质生产力重要论述的生成逻辑、理论创 新与时代价值 [J]. 西南大学学报 (社会科学版), 2023(6):1-11.

[4] 马仁杰 , 殳圣薇 . 新质生产力赋能档案工作 : 内在联系、价值意蕴与实践路向 [J]. 浙江档案 ,2024(4): 28-33.

[5] 金波 , 杨鹏 . 大数据时代档案数据安全治理策略探析 [J]. 情报科学 ,2020(9): 30-35.

[6] 邓小平 . 邓小平文选 : 第 3 卷［M］. 北京 : 人民出版社 ,1993:274.

[7] 宋健 . 现代科学技术基础知识 : 干部选读 [M]. 北京 : 科学出版社 ,1994:1.

[9] 彭绪庶 . 新质生产力的形成逻辑、发展路径与关键着力点 [J]. 经济纵横 , 2024(3): 23-30.

[10] 沈坤荣 , 金童谣 , 赵倩 . 以新质生产力赋能高质量发展 [J]. 南京社会科学 , 2024(1):37-42.

[11] 胡洪彬 . 习近平总书记关于新质生产力重要论述的理论逻辑与实践进路 [J]. 经济 学家 ,2023(12):16-25.

[12] 邵彦敏 . 新发展理念 : 高质量发展的战略引领 [J]. 国家治理 ,2018(5): 11-17.

[13] 田五星 . 提升数据安全治理效能 [J]. 中国报业 ,2023(17): 5.

[14] 肖广岭 . 以颠覆性技术和"卡脖子"技术驱动创新发展 [J]. 人民论坛·学术前沿 , 2019(13):55-61.

[15] 李宗富 , 董晨雪 . 档案数据治理 : 概念解析、三重逻辑与行动路向 [J]. 档案管理 , 2022(5):36-39.

[16] [美] 威尔逊 . 官僚机构 : 政府机构的作为及其原因 [M]. 孙艳 , 等 , 译 . 北京 : 生 活·读书·新知三联书店 ,2006:3.

[17][23] [德] 马克斯·韦伯 . 支配社会学 [M]. 康乐 , 简惠美 , 译 . 桂林 : 广西师范大学 出版社 ,2010:11.

[18] 陈建勋 , 凌媛媛 , 王涛 . 组织结构对技术创新影响作用的实证研究 [J]. 管理评论 , 2011(7): 62-71.

[20] 刘松 . 数字基础设施——数字化生产生活新图景 [EB/OL].[2024-05-10].https:// www.cac.gov.cn/2020-04/28/c_1589619537926557.htm?from=groupmessage&wd=&eqid=838d9 4eb00058772000000036497b65e.

[20] [22] 赵志耘, 徐峰, 高芳, 等 . 关于人工智能伦理风险的若干认识 [J]. 中国软科学 , 2021(6): 1–12.

[21] 晏玉荣 . 节制内涵的演变及其德性特征——从古希腊的荷马至阿提卡演说家时期 [J]. 中南大学学报 (社会科学版),2015(4):20–26.

美国《国防部文件战略》解析及启示

段荣婷[1]　王大青[2]　孙筠[1]

1 国防大学政治学院军事信息与网络舆论系

2 32365 部队（档案馆）

摘要：综观国际军事领域，文件被视为重要的战略资产，如何提升文件在联合作战中的支撑效能，为各国所关注。论文在对美国《国防部文件战略》进行深度解析的基础上，基于充分发挥信息优势和全谱优势的视角，总结借鉴其经验，得出启示，科学制定与实施我军文件战略，应包括：（1）文件战略的确立要重视文件管理动机的分析；（2）文件战略的确立要应用 TOGAF 架构开发方法；（3）文件战略的确立要注重电子文件的管理；（4）文件战略的实施要强化督导评估策略。

关键词：文件战略；电子文件；体系架构；美国《国防部文件战略》

0 引言

近年来美国出台了《国防部数字现代化战略》[1]《国防部数据战略》[3]等。为进一步顺应美军信息环境的快速变化，2023 年 5 月美国《国防部文件战略》[3] 正式发布，作为美国国防部第一部文件战略，其也成为美国国防战略体系的有机组成部分（如图 1 所示）。

美国《国防部文件战略》为妥善、规范管理文件提供了根本遵循，并由此为文件提供可信、具备历史一致性且经严谨分析的背景信息，从而获取决策优势。

该《国防部文件战略》的功能作用主要包括以下三方面：

一是构想了国防部文件管理信息体系。此体系的目标为实现文件专业化保管、文件管理过程自动化、文件治理责任明晰。

二是明确了文件管理信息体系的四大关键推动因素。在此体系中所有文件都能够实现全生命周期的系统管控，都能够被各行动与决策层的授权用户所发现利用。

三是概括了在整个国防部环境中将文件作为国家资产进行管理的成熟方法。

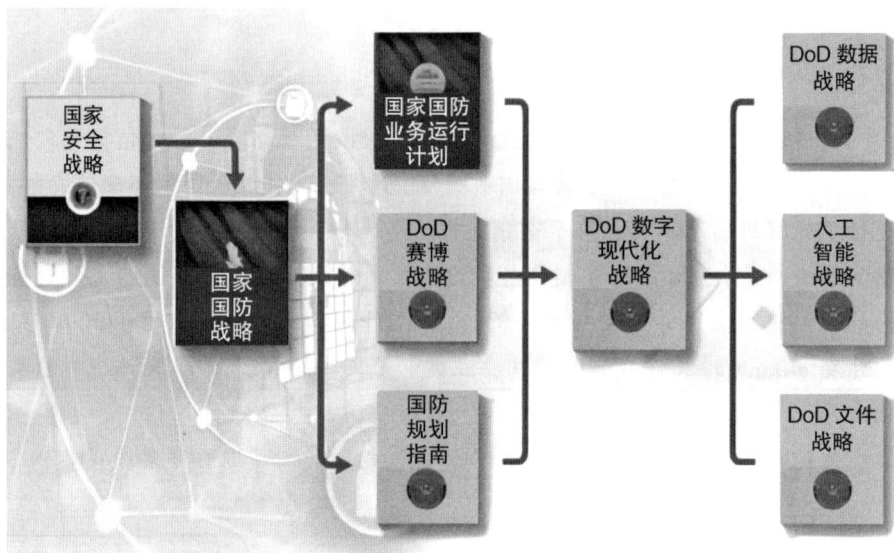

图 1 美军信息化领域系列战略之美国《国防部文件战略》

1 美国《国防部文件战略》主要内容概述

1.1 美国国防部文件管理愿景与目标

1.1.1 总愿景

该《国防部文件战略》的愿景是预设了一个国防部信息体系（Information Enterprise，简称 IE），从而为战术与战略决策制定者提供全谱文件以决定其行动。该现代化决策制定过程的愿景能够在以数据为中心、零信任环境中得以实现，在此环境中信息记录了国防部的职能与任务，且被作为文件而得到妥善管理。决策制定者必须拥有妥善管理的文件，才能得到具备可信、历史一致且分析严谨的相关背景信息，并基于此采取行动（如图2所示）。

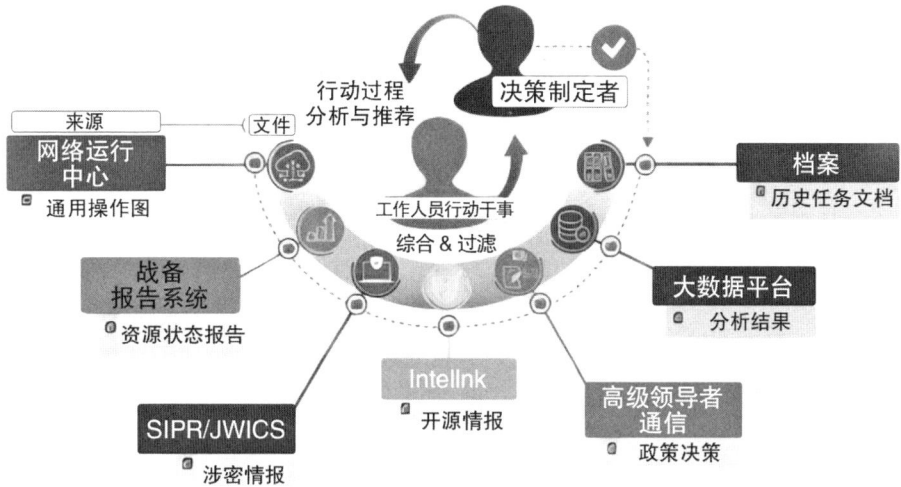

图2　使用国防部文件获取决策优势示意

如图2所示，使用国防部文件获取决策优势，首先需由行动官员过滤与综合多来源、多类型、多时段文件的全谱信息，进而，决策制定者能够基于此进行行动过程分析并提出建议。

1.1.2 三大目标

《国防部文件战略》明确表达了文件管理的愿景，并充分利用了《国防部数据战略》《国防部数字现代化战略》及美国管理与预算办公室（OMB）、国家档案与文件管理署（NARA）联合发布的备忘录《更新过渡到电子文件》[4]。基于此，《国防部文件战略》提出了如表1所述的目标，以在美国政府与国防部利用文件的价值及其唯一性，目标概括而言就是：文件得以妥善保管、文件管理过程得以自动化，且文件治理职责明晰。

表 1　美国国防部文件管理目标

目　标	说　明
信息消费者可利用文件价值以作出决策。	文件保管是对国防部文件的识别、评估与背景化，促进对其自捕获至处置的整个生命周期的管理。保管是通过评估文件价值、捕获文件标准化特征与来源，及利用特征管理文件生命周期来实现。保管的速度与范围应适应数字时代。
信息消费者能够提供文件创建、接收或管理流程的自动化支持。	文件的创建、接收、管理或处置均嵌入至信息技术系统与服务中。随着向电子文件的转型，迎来了利用 IT 使 DoD 所有用户以最小化的负担履行其记录美国政府事务、保存美国历史职责的机会。
信息消费者能够确保文件在其整个生命周期由责任组织机构来管理维护。	文件整个生命周期都被分配了责任。文件治理过程提供了确保问责、实施度量标准，并进行宣传的架构。

1.2 实现美国国防部文件管理目标的关键推动因素

实现国防部文件管理目标的路径是复杂的，且需要在国防部文件相关人力、流程、技术等方面进行改进和转型。该《国防部文件战略》明确了加速国防部实现其目标的四大关键推动因素：

1.2.1 国防部文件保管期限表的战略使用

文件内容决定文件寿命。目前，此《国防部文件战略》提供了将国防部文件保管期限表逐渐发展演变为战略工具的重要机会。

1.2.2 文件及其共享元数据

随着文件量的持续增长，元数据成为发掘电子文件信息价值的关键，文件管理元数据支持文件管理目标。元数据支持文件检索的查找与浏览方法，确保文件的可信性，关联文件的背景，且减轻用户的负担。国防部信息体系包括文件管理元数据，提供了一个体系化路径，使国防部各个部门得以采纳文件元数据并在其 IT 文件夹中自动捕获元数据。

基于 NARA 的《电子文件管理通用需求（Universal Electronic Records Management (ERM) Requirements）》，有助于文件管理的元数据包括五组：标识元数据（identity metadata）、描述元数据（description metadata）、利用元数

据（use metadata）、事件元数据（event metadata）及关联元数据（relation metadata）。图 3 提供了这些元数据组的定义及其元数据元素实例。

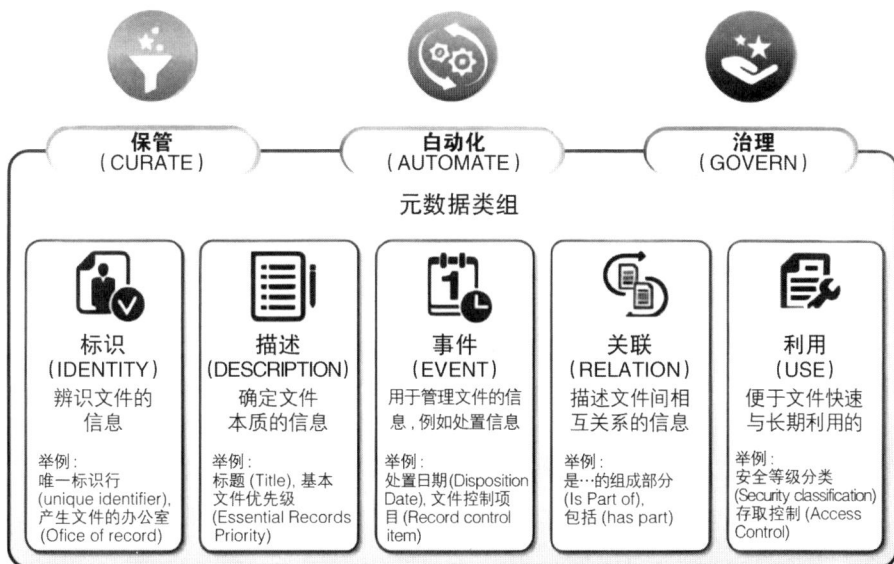

图 3　满足文件战略目标的元数据

1.2.3 联邦体系架构中的电子文件管理

　　为了能够实现文件管理的自动化与高效性，可以利用当今向以数据为中心环境（软件能够作为云环境中的服务而被提供）的发展演变。所有这些方法在应对国防部信息体系范围文件与电子化存储信息的管理挑战方面都起到作用。

　　为满足文件管理需求并发挥检索利用任务文件的潜力，需要一种架构方法，能够为文件在其整个生命周期期间提供存储地。松耦合数据结构能够创建数据优势，该架构方法可以与松耦合数据结构相结合，从而实现存储文件的管理，并在零信任架构中实现不同用途的文件发现。

　　如图 4 所示，必须以现代化电子文件管理指导以满足软件开发过程的需求。无论是传统开发抑或是灵活开发、安全与运维（DevSecOps），都需要电子文件管理相关指导解决元数据需求、交换格式及流程定义。解决这些专门的需求，将为 IT 操作与信息专家提供信心，能够使长期文件（如百年的医疗文件）在其整个生命周期得以管理。此外，也支持将永久性文件向国家档案馆移交的需求。

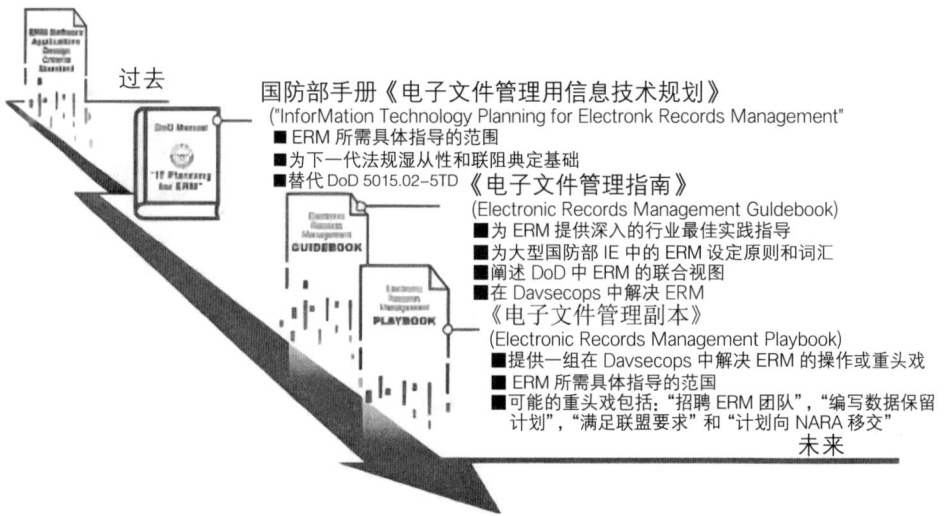

过去

国防部手册《电子文件管理用信息技术规划》
("InforMation Technology Planning for Electronk Records Management")
■ ERM 所需具体指导的范围
■ 为下一代法规湿从性和联阻典定基础
■ 替代 DoD 5015.02-5TD 《电子文件管理指南》
(Electronic Records Management Guldebook)
■ 为 ERM 提供深入的行业最佳实践指导
■ 为大型国防部 IE 中的 ERM 设定原则和词汇
■ 阐述 DoD 中 ERM 的联合视图
■ 在 Davsecops 中解决 ERM
《电子文件管理副本》
(Electronic Records Management Playbook)
■ 提供一组在 Davsecops 中解决 ERM 的操作或重头戏
■ ERM 所需具体指导的范围
■ 可能的重头戏包括:"招聘 ERM 团队","编写数据保留计划","满足联盟要求"和"计划向 NARA 移交"
未来

图 4 电子文件管理现代化指南

1.2.4 21 世纪的文件管理人员队伍

高管
一般领导
职员

功能
专家

IT
管理者

**文件
管理
队伍**
·程序管理 (Program Managemert)
·文件保管 (Record Curation)
·电子文件管理 (Electronic Records Management)
·信息治理 (Information Governance)

采购
专家

数据
管家

图 5 文件管理团队的愿景

人才及其技能的缺乏为数字时代美军的文件管理带来了风险和挑战。该《国防部文件战略》重点提出了应建设文件管理的多维从业人员队伍。图5就展示了美国国防部所需文件管理从业人员队伍的高层级愿景。文件管理从业人员队伍的支柱是文件官员，其也将成为组织机构文件管理团队的领导者。文件官员必须具备规划管理技能，以指导文件管理活动并向领导宣传文件使命。根据机构大小，一个文件管理团队必须是文件专家与技术专家的结合。该愿景需要在电子文件管理领域创建明确的IT专业。由于国防部联邦计算环境的复杂性及对文件共享与互操作的需求，只有技术专家才能将所需的文件管理功能转变成任何IT采购或应用的特定环境。为了取得成功，该电子文件专业必须有能力吸引IT专家，使其将此角色作为其IT职业的一个构建模块。

1.3 实现美国国防部文件管理目标的方法

为实现国防部文件管理目标，该战略定义了一系列的方法。这些方法需要国防部首席信息官及来自国防部、影响转型的各个团体相关人员的共同努力。

1.3.1 实现"文件保管"目标的方法
（1）方法：创建以用户为中心的文件鉴定指南
（2）方法：定义面向文件互操作的元数据标准
（3）方法：制定国防通用文件保管期限表
（4）方法：设计支持文件作为国家资产的文件管理从业人员队伍
（5）方法：跨数据与文件源设置默认删除政策

1.3.2 实现"用户文件管理流程自动化"目标的方法
（1）方法：为电子文件管理定义IT专家角色
（2）方法：过渡到一个新的带有指导的遵从性体系
（3）方法：使文件管理IT服务可用
（4）方法：部署自动分类能力
（5）方法：制定电子文件管理指南与操作手册

1.3.3 实现"文件全生命周期治理管控"目标的方法
（1）方法：将文件考虑因素纳入采购政策中
（2）方法：在国防部各部门中任命文件管理高级官员
（3）方法：采取文件组合管理
（4）方法：部署文件管理计划的健康状况框架
（5）方法：界定数据、文件、信息、知识等术语及其关系

（6）方法：提供体系数字化服务

总之，国防部文件官员将同国防部所有部门一起积极参与使用该战略，以确保文件得以妥善保管、业务流程自动化与治理。尽管该战略提供了政策实施与更新的指南，战略上仍有大量工作需要使用国防部文件保管期限表，定义面向文件及其共享的元数据，在联邦体系架构中应用电子文件管理，且组建一支 21 世纪文件管理从业人员队伍。该《国防部文件战略》提供了将文件跨国防部所有环境作为国家资产进行管理的长期且体系性方法。

2 美国《国防部文件战略》的特点分析

2.1 具战略性、权威性与合规性

该《国防部文件战略》同《国防部体系架构框架》[5]《国防部数字现代化战略（DoD Digital Modernization Strategy）》《国防部零信任战略》[6]等都属于国防部首席信息官所负责的架构与战略。

该《国防部文件战略》由美军权威部门制定、由国防部副部长签署，由首席信息官负责其实施等，内容涵盖战略愿景与三大文件目标、确保目标得以实现的四大关键要素与方法，及战略实施步骤等。其严格遵循、继承并发展了美国国家文件管理相关法规及《国防部数字现代化战略》《国防部数据战略》等，如通过表 2 就可以明晰《国防部数据战略》中所提出的国防部数据目标在《国防部文件战略》中是如何被解释与相关联的。

表 2 美国国防部文件背景下的数据管理目标

国防部数据目标[2]	文件背景下的讨论
消费者能够定位所需数据。	恰恰同数据一样，使文件可见的目标也在于能够使授权用户发现所检索相关文件的存在。
消费者能够检索数据。	正如消费者能在零信任架构中检索数据，消费者同样能够检索文件。使数据可被授权用户检索利用的目标允许国防部文件以数字形式为其检索利用。
消费者能够找到数据的描述，以识别出内容、背景及适用性。	通过描述使数据可理解，提供了特定文件背景中的文件同所有数据背景中的数据具有同等的价值。描述包括通过文件鉴定与实践而判定的数据对使命任务的价值。

国防部数据目标[2]	文件背景下的讨论
消费者能够通过固有关系利用互补数据元素。	关联性数据目标在文件管理中是通过由国际标准化组织所定义并被 NARA 所采纳的"关联（Relation）"这个元数据类别概念来表示的。文件背景下所发现的关系实例包括项目案卷与案件文件。
消费者在做决策时能够信任各个方面的数据。	被申明为完整文件的数据被置于文件控制之下，从而限制其内容更改的能力。在文件控制下的数据增强了其可信度。
消费者与生产者对数据有共同的表示与理解。	就文件而言，数据的适当交换包括标准，及带有数据的文件背景的格式。
消费者知晓，数据得以保护免遭非授权使用与控制。	在静止、活动及使用中对国防部数据的保护对于保护文件而言都是关键的。

2.2 为国防部各机构的文件管理提供了高度的可操作性

首先，该战略基于国防部文件总的愿景提出了三大具体目标，为战略实施提供了可操作的方向。其次，围绕目标的实现，该战略还指出了四大推动因素，及具体的解决措施与应对挑战的方法。最后，该战略还涉及了具体的案例研究，如包括：将文件目标应用于军事力量跟踪文件（如图 6 所示）、临床文件生命周期的转换、拥有专门文件管理技能的组织机构等。

COP 上可视化的军事力量跟踪数据用于计划和监控正在进行的任务，任务完成后的审计取证，以及在行动撤离后为美国政府提供历史价值。需要捕获 COP 快照的力量跟踪文件，以支持同一地区新行动的热启动。此外，这些快照确认并支持指挥官的决策过程，并用作调查行动中的证据。下面讨论如何应用文件目标来捕获和保存这些文件：

保管文件
军事力量跟踪文件对任务具有重大价值，归入行动系列 0500-04-C14 的文件类别，法律要求永久保存。作为保管的一部分，国防部职能部门、IT 和文件专家必须评估记录该数据快照的频率以及完整文件中可能包含哪些其他背景信息。

为所有用户自动化文件流程

作为 IT 采购流程的一部分，系统创建的军队跟踪数据的快照已被确定为文件。自动捕获并向这些文件添加背景信息的功能包含在系统要求中，并在 IT 系统或服务中得以实现。这种对 ERM 的自动化支持将终端用户的负担降到最低，同时降低了 DoD 文件的风险。

治理整个生命周期中的文件

根据国防部指令（DoDI）5015.02 附件 2 第 5 节，作战文件的责任由相应的作战指挥官承担，军事力量跟踪文件在其有效寿命内属于作战司令部的职权范围。作为永久文件，这些文件将在 30 年后合法转移至 NARA 进行持续保存。在这一点上，NARA 对这些文件向公众负责。

图 6　案例研究：将文件管理目标应用于军事力量跟踪文件管理

对于美国防部文件战略的实施，短期而言，国防部首席信息官的角色在于提供文件管理政策与监督，其将采取如图 7 所示的步骤。此外，制定了战略路线图（文件管理各主责办公室近 5 年规划），提供了向该战略所设计愿景迈进的方法，以获得其同短期效果目标之间的平衡。

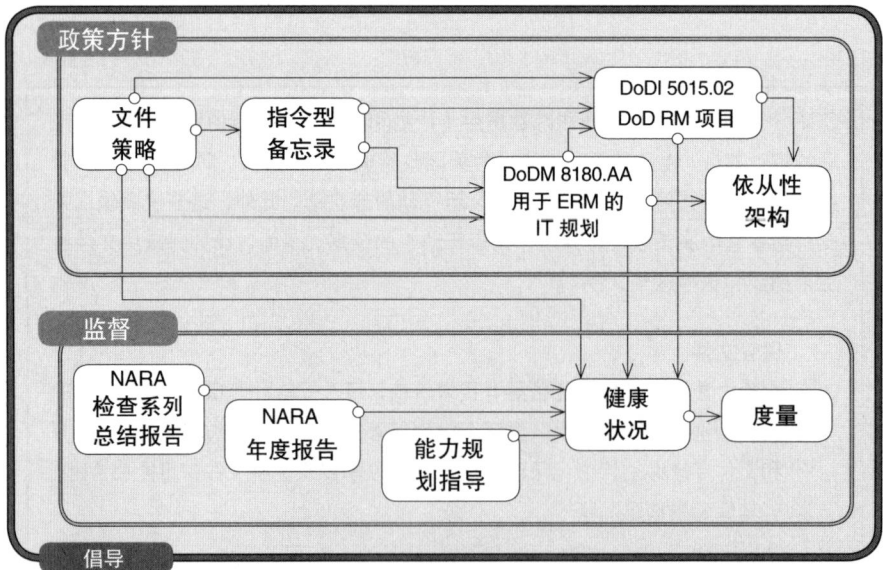

图 7　DoD CIO 为达成 DoD 文件目标而实施的初始步骤

2.3 战略实施仍面临诸多挑战

当然，面向成功实现该《国防部文件战略》的愿景目标，美国国防部仍面临着某些挑战。比如，在确保文件合规性方面存在终端用户文件管理合规情况随意、确保文件管理合规性的资源不足等挑战，在电子文件管理方面存在文件官员未介入直接影响电子文件管理的过程、电子文件管理实施指南有缺陷等挑战，此外，还存在缺乏对信息角色与国防部整个职责的共识，以及目前的解决方法未利用体系效能等挑战。针对这些挑战，国防部正在积极探索应对方法，值得进一步关注。

3 对我军文件战略确立与实施的启示和建议

综上可知，根据国际标准《信息与文献—体系架构中的文件管理》[7]，美军文件战略将文件管理置于体系架构视阈中，其对于我军文件战略的确立启示如下。

3.1 文件战略的确立要重视文件管理动机的分析

积极推进文件管理战略及其实施，需要科学设计文件管理体系架构，其逻辑起点是需求，即需要对其动机要素（包括目标、能力及原则等）加以明确。动机视角下美军文件战略及其实施的逻辑如图 8 所示：

图 8　动机视角下的文件管理战略及其实施的逻辑示意

其中，目标，即实现文件的有效管理。能力，涉及不同的责任人员，如文件管理者、项目管理者及各种首席管理者等，具体包括：文件鉴定能力、文件处置能力、文件捕获与创建能力等。对应地，文件管理架构的原则，包括文件凭证的原则；文件元数据原则；文件风险感知原则；文件泛在性原则；文件鉴定原则及文件处置原则。

借鉴美军经验，我军也必须做好文件管理体系架构的顶层设计，以动机需求为牵引，兼顾信息化建设当前需求和网信体系、数据空间建设发展需求，基于业务、人员、信息、动机、应用等多维视角，科学规划设计文件管理战略，使其符合我军未来一定时期内建设发展及使命任务支撑需求。

3.2 文件战略的确立要应用 TOGAF 架构开发方法

美国《国防部文件战略》揭示出其文件管理战略得以实现的逻辑链条为目标—要素—方法—实施，这恰恰是因为其应用了 TOGAF[8] 架构开发方法（Architecture Development Method，简称 ADM）。借鉴美军经验，并结合国际标准《信息与文献—体系架构中的文件管理》，我军文件管理战略及其实施也须应用架构开发方法（如图 9[8] 所示）。

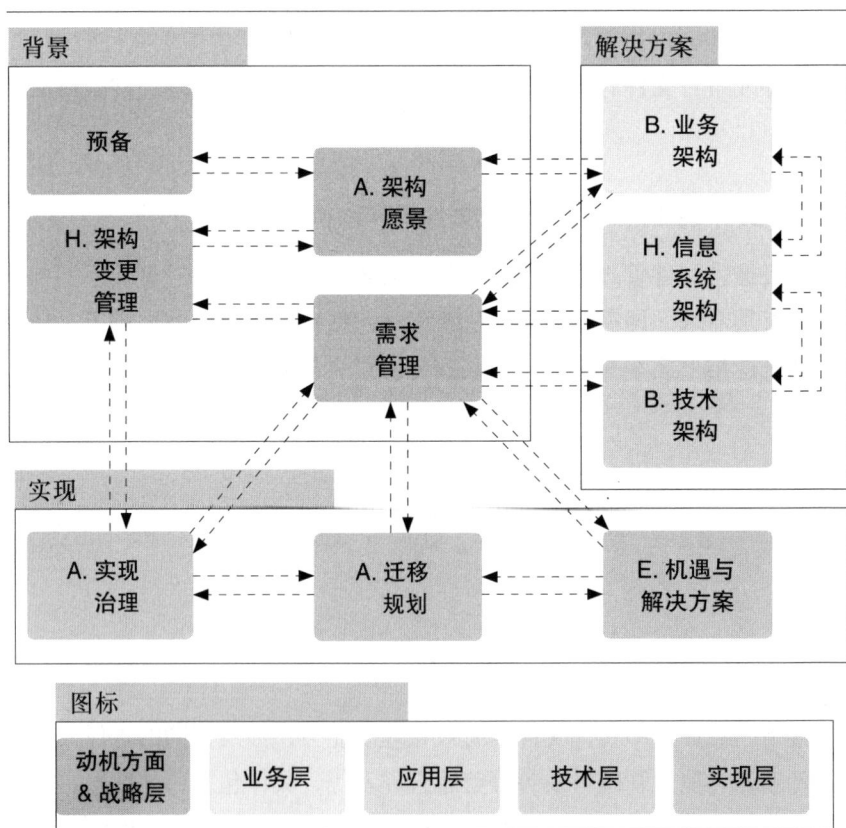

图 9　遵循架构开发方法的文件（需求）管理

总体而言，文件需求管理的目标在于：一方面通过文件的恰当鉴定，确保其成为业务活动的证据；另一方面在文件管理过程中，确保能够保护文件的真实性、可靠性、完整性及可用性。基于 TOGAF 提出的架构开发方法，文件需求管理涉及的阶段包括：动机与战略层的预备阶段，"A. 架构愿景"阶段、解决方案中的"B. 业务架构"阶段、"C. 信息系统架构"阶段、"D. 技术架构"阶段，实现层的"E. 机遇与解决方案"阶段、"F. 迁移规划"阶段、"G. 实现治理"阶段及"H. 架构变更管理"阶段。对应不同阶段与层次，文件管理的具体目标不同。

3.3 文件战略的确立要注重电子文件的管理

随着向数字时代的演进，美军电子文件大量产生，需要对其进行高质效管理，美国《国防部文件战略》中明确规定应修订文件政策（如 2023 年 8 月美国已正式发布了国防部手册《电子文件管理 IT 规划》[9]），应用最新的诸如人工智能、云服务等技术，并开发相关工具，推动文件尤其是电子文件管理现代化。我军在文件管理战略确立过程中，也应注重电子文件的管理，增强其参考价值和凭证价值的维护与发挥。

3.4 文件战略的实施要强化督导评估策略

美军在明确实现文件战略愿景目标一系列方法的基础上，提出文件管理计划的健康状况评估框架，对于确保文件战略的实施效果具有跟踪监督作用。我军在文件管理战略架构中，也应根据基础法规，嵌入配套的、体系化的文件管理战略实施效能督导评估策略，区分阶段督导与最终目标检查评估，明确优化、奖惩措施，以确保文件管理效能。

注释及参考文献

[1] Department of Defense.DoD Digital Modernization Strategy: DoD Information Resource Management Strategic Plan FY 19–23[EB/OL].[2024–06–06].https://media.defense.gov/2019/Jul/12/2002156622/–1/–1/1/DOD–DIGITAL–MODRNIZAITON–STRATEGY–2019.PDF.

[2] Department of Defense.DoD Data Strategy: Unleashing Data to Advance the National Defense Strategy[EB/OL].[2024–06–06].https://media.defense.gov/2020/Oct/08/2002514180/–1/–1/0/DOD–DATA–STRATEGY.PDF.

[3] Department of Defense.DoD Records Strategy[EB/OL].[2024–06–06].https://dodcio. defense.gov/Portals/0/Documents/Libary/DoDRecordsStrategy.pdf.

[4] OMB and NARA Memorandum M–23–07.Update to Transition to Electronic Records[EB/ OL].[2024–06–06].https://www.whitehouse.gov/wp–content/uploads/2022/12/M_23_07–M– Memo–Electronic–Records_final.pdf.

[5] Department of Defense.DoD Architecture Framework[EB/OL].[2024–06–10].https:// dodcio.defense.gov/Library/DoD–Architecture–Framework.

[6] Department of Defense.DoD Zero Trust Strategy[EB/OL].[2024–06–06]. https://dodcio. defense.gov/Portals/0/Documents/Library/DoD–ZTStrategy.pdf.

[7] ISO/TR 21965:2019(E).Information and documentation — Records management in enterprise architecture [S].

[8] THE OPEN GROUP. TOGAF 9.1[EB/OL].[2024–06–10]. https://publications.opengroup. org/standards/togaf/specifications/g116.

[9] Department of Defense. IT Plannig for ERM (DoDM 8180.01)[EB/OL]. [2024–06–06]. https://www.esd.whs.mil/Portals/54/Documents/DD/issuances/dodm/818001m.PDF?ver=XpSBW– oiSiVObMHkwOxbzQ%3d%3d.